上海抗战与世界反法西斯战争系列丛书

淞沪

淞沪抗战史料丛书续编 Ⅰ

第五辑

女义勇军 | 汪剑鸣 编
一二八之夜 | 少年书局 编
淞沪抗日阵亡战士追悼大会会刊 | 佚名 编

上海科学技术文献出版社
Shanghai Scientific and Technological Literature Press

图书在版编目（CIP）数据

淞沪抗战史料丛书续编．第五辑 / 汪剑鸣等编． —上海：上海科学技术文献出版社，2017
ISBN 978-7-5439-7258-2

Ⅰ．① 淞… Ⅱ．①汪… Ⅲ．①一·二八事变—史料 Ⅳ．① K264.310.6

中国版本图书馆 CIP 数据核字 (2016) 第 298402 号

本书由上海市哲学社会科学规划课题资助出版

责任编辑：张 树 李 莺 王倍倍
封面设计：周 婧

丛书名：上海抗战与世界反法西斯战争系列丛书
书　名：淞沪抗战史料丛书续编第五辑：女义勇军、一二八之夜、淞沪抗日阵亡战士追悼大会会刊
汪剑鸣 少年书局 佚 名 编
出版发行：上海科学技术文献出版社
地　　址：上海市长乐路 746 号
邮政编码：200040
经　　销：全国新华书店
印　　刷：虎彩印艺股份有限公司
开　　本：889×1194 1/32
印　　张：12.375
版　　次：2017 年 3 月第 1 版 2017 年 3 月第 1 次印刷
书　　号：ISBN 978-7-5439-7258-2
定　　价：98.00 元
http://www.sstlp.com

《上海抗战与世界反法西斯战争》系列丛书总序

徐　麟

伟大的中国抗日战争，是近代中国人民反对帝国主义侵略并且取得第一次完全胜利的民族解放战争，是开展时间最早、持续时间最长的世界反法西斯战争东方主战场。在这场历经十四年之久的抗日战争中，中国各族各界人民同仇敌忾、共赴国难，经过艰苦卓绝的浴血奋战，以巨大的民族牺牲，打败了穷凶极恶的日本法西斯侵略者，取得了辉煌的胜利。正如习近平总书记所指出的，中国抗日战争“为拯救民族危亡、实现民族独立和人民解放，为争取世界和平的伟大事业，作出了彪炳史册的贡献”。中国抗日战争是在中国共产党倡导的以国共合作为基础的抗日民族统一战线旗帜下进行和取得胜利的。以爱国主义为核心的伟大民族精神是中国抗日战争胜利的决定因素，中国共产党的中流砥柱作用是中国抗日战争胜利的根本保证，全民族抗战是中国抗日战争胜利的重要法宝。

上海抗战是中国抗日战争的重要组成部分。在中国抗日战争与世界反法西斯战争中，作为中国共产党的诞生地，上海这座具有反帝反封建光荣革命传统的英雄城市，发挥了独特的重要作用，作出了重大的历史性贡献。

20世纪三四十年代，上海这座国际性的大都市，已经成为中国与世界各国通商贸易的主要港口，成为中国经济、文化中心和政治、外交副中心。同时，上海又是当时中国最大的军港和守卫长江的大门，具有重要的军事战略地位，因而始终成为日本法西斯军国主义觊觎的一个战略要地。1931年九一八事变后，日本法西斯军国主义进而在上海挑起了一·二八事变，发动了对淞沪地区的武装侵略，驻守上海的十九路军和前来增援的第五军与上海人民奋起抵抗，给予日本侵略者以沉重一击，成为中国局部抗战历史进程中承前启后的关键性一役。九一八和一·二八时期的抗日武装斗争和民众抗日救亡运动，在世界上率先举起了反法西斯的旗帜，揭开了中国抗日战争和世界反法西斯战争的序幕。1937年七七事变后仅一个月余，日本法西斯军国主义又把侵略魔爪伸向上海，遭到中国爱国军民的顽强抵抗，形成了以上海为中心的一场气壮山河、震惊中外的八一三淞沪抗战。七七卢沟桥事变和八一三淞沪会战，标志着日本法西斯军国主义全面侵华战争的开始。在中国共产党的积极倡导和推动下，抗日民族统一战线正式形成，揭开了中国全民族全面抗战的序幕，也标志着世界反法西斯的第二次世界大战在亚洲的东方战场正式形成。在八一三淞沪抗战历时一百多天的日日夜夜，中国军队和上海人民以其鲜血和生命，筑成了一座民族自卫的血肉长城，谱写了一曲民族团结、共御外敌的壮丽史诗。上海沦陷后，上海民众在全国人民和全世界爱好和平的各国人民的声援、支持下，面对极其艰辛险恶的环境，仍然以大无畏的英雄气概，坚定不移地继续投身于全民族抗战的洪流，对日伪的法西斯统治进行不屈不挠的斗争。中国共产党始终高举抗日民族统一战线的伟大旗帜，发动民众，团结上海各界人士，从人力、物力、财力等方面支持抗日民主根据地和抗战大后方的斗争，冒着腥风血雨，迎接抗日战争的最后胜利。

两次淞沪抗战及上海民众在十四年中不间断的抗日救亡运动，构成了一幅幅上海抗战英勇悲壮的画卷，也铸就了上海在中国抗日战争和世界反法西斯战争中的重要历史地位：上海不仅是中国对日作战的一个坚强的军事战略重镇，也是中国抗日救亡运动的前期中心和中国抗战文化的发源地；不仅是支援抗战大后方和抗日民主根据地的重要基地，也是世界反战反法西斯人士和中外难民的庇护所，是世界反法西斯舆论战、情报战的东方主要阵地，又是中国联系国际反法西斯阵营的纽带和桥梁。更为重要的是，上海抗日战争凸显了其重要的历史意义：它在外敌入侵、民族危亡的关键时刻，全面地、全方位地弘扬了以爱国主义为核心的民族精神，折射了中华民族有同侵略者血战到底的气概、有在自力更生的基础上光复旧物的决心，有自立于世界民族之林的能力，上海抗日战争在中国抗日战争和世界反法西斯战争历史上树立了一座永不磨灭的丰碑。

今年是中国抗日战争暨世界反法西斯战争胜利七十周年。在中共上海市委的领导和支持下，上海学术界和理论界，经过多年的努力，联合推出了《上海抗战与世界反法西斯战争》系列丛书。这套系列丛书分为三个子系列，**一是上海抗日战争史丛书**，内中包括上海抗战史通论、一·二八淞沪抗战、八一三淞沪抗战、日军在上海的罪行与统治、上海人民抗日救亡运动、上海郊县抗日武装斗争、上海人民支援新四军与抗日根据地、抗战时期的上海经济、抗战时期的上海文化、上海抗战与国际援助等；**二是淞沪抗战史料丛书**，选辑和汇集民国时期有关上海抗战的具有代表性的通讯、纪实、回忆录及报告文学等鲜为人知的孤本、藏本影印重版。**三是上海抗战与世界反法西斯战争研究丛书**，其中包括：资料性著作：如记忆中的淞沪抗战、淞沪抗战中文报刊资料选编、淞沪抗战档案史料选编、上海抗战历史文献选编等；专题性著作：如中国共产党与上海抗战、当代学者论淞沪抗战、国外学者论淞沪抗战、一·二八淞沪抗战画史、八一三淞沪抗战画史等；工具性著作：如上海抗战与世界反法西斯战争大事年表、上海抗战与世界反法西斯战争事件人物录等；通论性著作：在上述论著的基础上完成一部通论性著作，即上海抗战与世界反法西斯战争全史。这三个子系列丛书各有千秋、各具特色，在集结出版后，更能起到互相参照、取长补短的作用。可以说，这套系列丛书是上海学术界和理论界研究上海抗日战争和世界反法西斯战争的一项重大的学术成果，是对上海抗日战争史研究的一个重要总结和一次集中展示，也是向中国抗日战争暨世界反法西斯战争胜利七十周年献上的一份厚礼！

“疑今者，察之古；不知来者，视之往”。历史是最好的教科书。《上海抗战与世界反法西斯战争》系列丛书的出版发行，更是为了向社会提供一部能够弘扬时代正能量、培育与践行社会主义核心价值观的好教材。让我们站在新的历史起点上，进一步铭记历史、缅怀先烈、珍视和平、警示未来，为实现中华民族伟大复兴而奋斗，为促进世界的和平和发展作出我们应有的贡献。

出版说明

《淞沪抗战史料》丛书续编充分利用南京图书馆馆藏资源，将已见或未见的关于淞沪抗战史料以影印的形式出版，内容涵盖两次淞沪抗战，即一·二八淞沪抗战和八一三淞沪抗战，力求比较全面、翔实和生动地反映淞沪抗战的全貌。

两次淞沪抗战，是中国人民伟大的抗日民族解放战争的重要组成部分，特别是八一三淞沪抗战是在中国共产党的抗日民族统一战线政策的指引下，以国共两党的合作为中心，全国各爱国党派团体、中央和地方各系抗日军队、各界爱国民众以及海内外侨胞，在抗日御海、共赴国难的基础上发动和进行的，堪称民族自卫战争史上的伟业。它体现了中国人民血洒战场、拼死抗战的决心和民族团结精神。在抗战胜利70周年之际，阅读这些史料，重温那段中华民族优秀儿女面对强敌、誓死抗争的精神，就是最好的爱国主义教育。两次淞沪抗战展示了中华民族奋起改变自己国家命运的伟大信念，爱国主义激发出全体中国人民的巨大力量，这种信念和力量，在今天仍然弥足珍贵，令人心怀激荡。两次淞沪抗战中那些大气磅礴、气壮山河的史诗故事，均在本套丛书资料中有翔实的记录和质朴的史料作为佐证。

由于各种原因，原书中存在着印刷错误，而且有些细节也与史实不符，对书中的一些观点我们也不完全赞同，为了给读者提供最原始的抗战史料，对上述问题未做任何处理，希望读者能够给予理解。

编者

2016年9月

目录

松滬血戰寫真

女義勇軍

上海

出版

淞滬血戰寫真

女義勇軍

第一節　尷尬的年夜飯

吳國起這天一大早便起身了。他向來是個睡慣早覺的人。非有急得巳十分要緊的事來催促他。從不破他睡早覺的先例。他今天起身得早。當然是有很要緊的事情了。原來他數日前曾在滬江日報編輯部裏。和幾位朋友約定。今年的年夜飯。數着他家第一個辦。他的夫人是個大家閨秀。開門七件事。從不關心。家中一切內務。皆是娘姨蘇媽負責去辦。有時國起在家裏。都是國起指東劃西給他夫人代表勤勞。今天辦年飯的小菜。自與尋常不同。當然要親自出馬了。他在盥面漱口的時候。便籌算着今天買幾色小菜。怎樣烹調。他沉吟了半天。覺得手續實在麻煩。而且今天來的幾個朋友。都是大西洋同興樓的老主顧。自家辦的小菜。是否合他胃口。倒是一個問題。不如到酒菜館去叫上一個普通的席面來吧。但是這個主意打定。未過五分鐘。忽然又轉過念頭來道。這樣究竟有些不妥。一則利權外溢。再則要惹得他們說我太會敷衍哩。如果是自家辦出來的小菜。任他如何不好。足見我誠心誠意招待他們。他於是決定不將這一筆錢。給菜館裏賺去。便命蘇媽提一隻高脚菜籃。隨他同到三角小菜場去買了些雞魚蛋肉之類回來。洗剝燒煮。忙得不亦樂乎。直到下午四點多鐘纔將大致忙得就序。國超這才到會客室裏。稍作休息。剛在沙發上坐下。瞥見寫字檯上。放着一份當日送的時報。他便隨手取過來。還未展開。就看見封面上印着一行極大的紅字。乃是今天下午六點鐘難關……

他看到這九個字之後、十分驚奇詫異。暗自躊躇道。這可怪極了。我們市長。不是預備如數應了倭領的要求嗎。這一會又是那裏來之難關呢。敢是倭方又有了變卦不成、他便將時報第一版緊要新聞仔仔細細的看到底。不禁啞然笑道。原來是這樣的一個難關。不要緊。不要緊。祗須日領接到我們市長的正式復文。自然不會發生其他的變動了、他正在暗自忖度的當兒、一個着獺領珠呢大衣的少年朋友。含着一枝雪茄煙。慢慢的踱進來。向國起笑道。老吳。小菜辦得齊備麼。喫客到了。國起滿口答應道。早就齊備了。請坐請坐。那個少年一面答應。一面在一張彈簧椅子上面坐下。國起笑道。密司脫李。我們眞是商女不知亡國恨了。那少年道。這是什麼話。國起道。當着這種多事之秋。中倭戰事一觸即發。我們仍然好整以暇興不淺。還在作迎春餞臘的歡讌。非商女而何。老李微微的搖頭說道。時事糟到這種地步。胸懷開達的人們。都抱着今朝有酒今朝醉。明日無酒再商量的主義。有一天樂的機會。便儘量的樂上一天。不要輕輕的將一天拋棄了。管什麼中倭風雲。華夷亂治。須知正式應當管的人。倒在漠不相關。又何需我這無尺寸權的小民。來拒無謂的風火呢。國起笑道。話雖如此。可是爲自身計。亡國奴究竟不好做啊。他說到這裏。猛聽得天井裏有人說話道。老郝你們府上在這風聲緊急的時候。喬遷也未。：　遷到那裏。你眞是一個膽小如鼷的朋友。我決不學那些庸人自擾。國起在裏邊聽得這句說話的聲音。知道是徐小園與郝松古兩個到了。他忙起身出來迎接。將他倆讓到會客裏。徐小園向李紅雁笑道。你倒來得很早啊。紅雁道沒有事。便早點來。省得主人家盼望。像你們公幹極忙。當然不能和我一概而論了。郝松古呼了一口雪茄煙。皺眉對紅雁說道老李可曾聽得外邊風聲。紅雁道。不曾。是什麼風聲。松古低聲道。聽說今天下午六點鐘。有爆發戰事的可能。當我由家裏出來的時候。只見馬路上搬箱運籠。十分紊亂。無數的人們。皆向租界方面而去。你想這或者眞有其事。也未可知。李紅雁嗤的笑道。恐怕未必吧。據我所知。我們市長已經應許倭領所要求的條件了。那裏還會再起風波。而且上海這個地方。樓閣連雲。房屋蓋地。斷沒有作戰的區域。更有一層。此地五方雜處。集萬國之視聽。倭人雖惡。斷不致在列邦聽視之下。自暴其短。徐小園搖頭說道。這可不能預料。須知天有不測的風雲。人有立時的禍福。倭人狡黠。反覆無常。滬事前途。正未可加以武斷。吳國起道。你倆現在可別紛爭議論。橫豎現在已到五點二十分了。還有四十分鐘。究竟戰與否。當然可以明白地判斷了。如今且拿酒來喫。專候六點鐘的消息如何。他三個齊聲稱是。國起忙命人將酒菜一齊送到客堂。四人入座。一面喫酒。一面便開始暢談了。李紅雁道。我發誓也不明當軸諸公。葫蘆裏裝的什麼藥。將東三省拱手讓人。倒也不要說了。倭人以步進步。派出許多軍艦在我沿海各省到處挑撥欺凌。頗怪我們當軸諸公。生得性兒太好了一讓再讓。忍耐鎮靜。的確有唾面自乾的遺風。倒是我們老百姓。却都抱着萬分憤慨。倒底怎麼樣兒結局呢。松古微微笑道。老李你要知道。這鎮靜不抵抗的主義。便是名利的護身符。我可要說一句笑話。你老李現在是一個沒有多大名望同財產的份子。所以敢言所欲言。假使你有千萬財產。再膺着一個總司令或是副主席的頭銜。那麼包你便會畏首畏尾。顧前慮後。不肯作無畏的犧牲了。富人命重。窮人膽大。你祇消將我這兩句話仔細去揣度。當知我言不謬。徐小園正色說道。老郝的話未免有些婦孺之見。太也不負責任了。要知道當局並非甘受倭人侵略。而不加以反抗。實在是寓抵抗於不抵抗。國際戰爭。自不比剿共滅匪。隨時隨地都可以施發號令。至少先得通盤籌算一下。經濟方面是否完備。物質方面。是否堅銳應用。運輸方面。是否便利。如此已有三大問題。此外更有許多小問題附屬着。簡而言之。有一個問題不解決。便不能實行抵抗。及宣戰。我很相信中央現在的宣言。就是通盤籌算的第一步。至於將國府遷洛。越發可以證明作長期抵抗的表示。你且拭清兩眼候着吧。到了時機成熟的當兒。那時中央自有顏色給你看便了。紅雁正待開口。國起搶着笑道。通盤籌劃。當然是不差。可惜太遲了一點吧。待到口渴。纔去掘井。還濟什麼事呢。倭人覬覦我們的領土。也不是今朝爲始。我們國中三歲孩童都能知道。難道那一班出頭露角領袖羣倫的大人物先生們。難道反而不知道倭人的原委嗎。常言道。當局者迷。我想雖迷。也未必便迷到痲木不仁失了知覺的地步吧。依我看來。當局如果眞個有抵抗的決心。那麼應該早爲預備。絕不至刀戮到身上。才呼痛咧。小園仰起頸子。將盃子裏餘酒喫了笑道。這也難怪。我們國內的禍亂頻年不息。未始不是引起外患之原。如果舉國上下一心一德。那麼倭人也不致猖獗至此了。紅雁笑道。這話倒是從實際說。總而言之。今日之局面。實爲自私自利者所造成。他說到這裏。壁鐘鐺……鐺　已敲六下。小園道。六句鐘到了。最好差一個人到外邊去望望風色。如果實行要開火。那麼形式上自然有所表示的了。國起便命包車夫阿三到寶山路北站附近去探望一下。阿三唯唯出去。不多時回來向國起說道。沒有什麼變動。不過北站方面。好像添了不少肩懸雨篷的兵士。國起向他三個笑道。你們聽見麼。如果有開火趨勢。此刻六時已過。難道一些動作還沒有嗎。可見是杯蛇市虎。空氣謠言罷了。我們趕快不要擔擱了喫酒的晨光。你們更別作無謂的憂愁。我住在這兩軍接觸焦點的寶山路。還不怕咧。不開火則已。旣開火我這裏首當其衝。我却早有定見。絕對不隨那班神經過敏的朋友。盲從一切。他說着拿起酒壺。在各人的盃中。又斟滿了。紅雁笑道。我的主見也是這樣。休道無開火的可能便是開火。難道還無處可逃嗎。待到正式開火的時候。再逃未晚。徐小園道。對不起。我雖然住在公共租界的北四川路。但是內人的膽子太小。她今天。午後看人家搬場絡繹於途。她便逼着我叫上兩輛搬場汽車。將傢什一齊運到南市新北門去。現在已在那裏賃好了房子。萬一你們認眞逃起難來。那倒不須下旅館。統共搬到我那兒去吧。松古笑道。眞個照你的話上來。那可糟天下之大糕了。李紅雁將胸脯一拍說道。徐先生並非李某說一句大話。如果眞的開火。那麽我決心去投軍。以身許國。落一個馬革裹屍。名揚萬古。究較一個畢三文丐式的新聞記者高超的多。國起笑道。這話恐怕不能算數吧。紅雁正色道。怎麽不算數。國起笑道。便是你有這樣的志願。恐怕令尊令堂不能由你自主。而且你那位未過門瓦哀夫。也未如你所願吧。李紅雁慨然說道。大丈夫以身許國。還能爲屑屑小節所拘嗎。家父母頗解時事。我可料定斷不來阻止我持刀殺敵的壯舉。談到我的未婚妻曼華。她更是一個胸懷開拓的人。也未必來阻撓我。松古道。此刻由你說的嘴響。可是果眞到了那時。兩行情淚。便是你絆牢腿脚的鐵繩。紅雁笑道。你這倒不要給我發愁。我可料定斷沒有這樣不幸的事情發生。並非我說句放肆的話。賤內雖然是一個女流。但他受過了高等教育。自不比一班普通的女子。而且我聽說她對於愛國的思想。比任何女子高出一等。

每一次國恥紀念日。她的學校內舉行愛國運動。出頭領導的必然是她。由此點更可以知道她贊成我的行動了。吳國起道。這樣的說。眞可算一對志同道合的賢伉儷了。我們怎能不羨煞妬煞呢。松古笑道。我還有一個小疑問要請教。便是滬江日報在倚你如左右手。你也曾和經理卜先生說過的。你有一分力量。一分才識。全完貢獻於滬江日報。言猶在耳。如今你投筆從戎。難道將滬江日報從此置諸腦後嗎。對於卜老板。好像太也有些兒說不過去吧。紅雁笑道。這個問題。可更容易解決了。你想吧。那一次打仗沒有隨軍記者呢。前數次江浙戰事。國民軍北伐。皆有隨軍記者。在下也曾附驥尾。不過隨軍記者。也不過徒具一個虛名而已。誰肯將一條性命預備着。到前線去訪新聞呢。大都避在後方彈火不及的地方。撕長了耳朵。聽着槍聲緊。便做下一篇大戰的稿子。槍聲稀疎。便做一篇前線小接觸。

槍聲沒有。便做一篇前線沉寂無戰事。至於稿子的內容。那是不用說。描寫得興會淋漓。比較親自過目的還要詳細十分。報館裏接到這篇稿子。當然將牠擺在第一篇。特號字的標題。並且在稿首增加本報特派戰地記者專電一行字。表示這消息。千眞萬確。唯我家有的色彩。讀者看得目眩心駭。皆道一聲這位記者先生的苦膽。比姜維還大。竟能在槍林彈雨中訪新聞。眞是開新聞界未有之壯舉。其實還不知道這位新聞記者。是一個銀樣蠟槍頭哩。我不去投軍則已。旣去從軍。決定將前線所見所聞很詳細報告滬江日報。使這樣從未出過風頭的滬江日報。也出出風頭。他說到這裏。吳國起正待答話。猛的天井裏發出一陣閣閣閣的高跟皮鞋聲音來。原來是吳國起的夫人。剛由王少奶奶那裏喫完年夜飯回來。但見形色慌張。很快的走進來。向衆人說。你們此刻還在這裏喫酒麼。大禍臨頭了。……她的話未完。靶子路口砰砰砰一陣機關槍聲音。接着劈劈拍拍的快槍聲音。……
大家這才嚇得放下酒盃。面面相覷。半晌不能說話。倒底是紅雁有些膽識
。他趕緊向衆人說道。打了打了。我們還在這裏等死嗎。快走。快走。他
說到這裏。大家如夢初覺。一齊擁出大門。出了弄堂。只見北河南路的鐵
門緊閉。道不能通過。只得向北逃去。剛走到西寶興路附近。猛聽得有人
高聲喝道。什麼人……口令……口令……再不答應便開槍了……

淞滬血戰寫真 **女義勇軍**

第二節　拚命價的大家逃難

他們一行人。正在拚命向西逃去。猛聽得這種聲音。倒將他們一齊嚇得怔了。倒底是紅雁有些膽子。先將雙手豎起。走過去。幾步。高聲說道。請同志們檢查。我們是從危險區域逃來的。說到這裏。天通菴路口十幾個哨兵。每人手裏都提着快槍。很快的走過來將他們仔細的盤查一下。便命他們走過去郝松古將舌頭伸了一伸。對紅雁說道。好險。好險。萬一他們將我們認做倭人的便衣隊。那可要受罪了。紅雁道。我們倒沒有要緊。因爲面貌身材都與倭人不同。祇有你先生的尊容。有些倭化。而且台甫叫松古越發與倭人名字符合。更加上你那上唇的一撮小鬍子。的確要使人疑竇咧。小園苦着臉說道。快走。快走。此刻是什麼時候。還有心腸說笑話麼。眞是叔寶全無心肝之流了。紅雁笑道。說是說。走是走。顯係兩個事。不論說什麼。祗要雙足不停止便得了。他們由天通菴路而入共和新路。再折入長安路。到了松古家中。已是一點多鐘了。郝夫人提心吊膽的蛇伏在樓下的灶間。待到松古等到來。這才稍放一些心。松古道。松田昨晚到內外棉第〇廠裏去領薪水。回來沒有。郝夫人道。沒有回來。松古聽得。不由的便愁上眉梢。對國起說道。你道他不回來。要不要緊呢。國起道。還倒不妨。內外棉第〇廠不是在租界上麼。這或者租界上的鐵柵門關得早。他來不及回來吧。松古道。別的我皆不愁。祗恐他遭了倭人的暗算。那可糟了。國起道。那倒不會。倭人和我們軍隊接觸。未必仇視我們毫無抵抗的老百姓吧。他倆在談話之間。外邊已經下雨了。吳夫人向郝夫人說道。好了。下雨了。我想雨下得大。他們仗也可不打了。郝夫人道。對咧。下了雨。便是他們要打仗也打不成了。紅雁聽得不禁嗤的笑道。我們這兩位嫂嫂。眞是十二世紀以前的人物。打仗這個夠當。也不是普通不要緊的事。却是拚死拚活的啊。如果開了火。不論下雨落雪。便是天上下了鐵錐也要打的。雨越下得大。他們越好趁此機會。進襲與反攻。吳郝兩夫人聽得。不由的異口同聲說道。阿彌陀佛。照這樣的說。還是不要下雨嗎。衆人聽得。不由的開笑起來。紅雁道。此刻已是四點半了。新大橋的柵門。或者已經開放了。也未可知。且讓我到外邊去探視一下兒。小園忙道。你總要小心些爲妙。須知此刻混亂不堪。隨時隨地。皆可以發生危險的。紅雁點頭道。這倒不用你來關照。我可見機而作便得了。他說着輕輕的開門。冒着雨出去了。小園等一起人都在翹着脖子。等候他的囘信。說也不信。直候到六點以後。還未見他囘來。松古便自着急起來。對國起說道。老吳你瞧紅雁這會還未囘來。祇怕出了岔事呢。新大橋距離這裏很近的。不消十分鐘。便可來去一次了。國起皺眉道。可不是麼。這準是有了其他的變動了吧。郝夫人獨搖頭說道。我想李先生是一個很靈滑的人。不像你們分外的呆夯。我可保險。沒有什麼岔事出。或者新橋的栅門已開。他來不及囘來告訴我們。先自過去了吧。小園連連的擺手道。郝嫂嫂。猜測得錯了。我很知道紅雁的脾氣。他不是一個自顧自的朋友。而且他向來以自己有羣衆思想向人宣傳。對絕不會獨自先逃到租界上去。最好我們大家一齊出去、在週近尋他一下。松古道。我們一面尋他。一面尋找出路。向租界上逃。不要因爲他一個人失蹤。連累我大家不能脫險。國起等都道這個主還不錯。於是他們冒着大雨出門。向新大橋趕來。這時天空裏有四架敵機。在他們的頭頂上盤旋偵察。倒是松古有些急智。忙對衆人說道。快些避到光復路上去。敵機飛得這樣的低。恐怕擲炸彈了。他這兩句話將衆人提醒。大家放快了脚步。向蘇州河邊逃來。松古與國起以及包車夫等跑得還不慢。祇苦了小園與吳郝二位夫人了。因爲小園的眼睛近視得很厲害。平時皆使賴着一付克達透的鏡子。離了鏡子。却無異於睜眼盲人。不巧得極。在他們像賽五千米般地狂奔當兒。小園脚上穿的是猪皮底的呢鞋。一不留心。踏到了泥濘。轟隆隆跌了一個倒栽葱。大衣皮袍。滿塗了泥漿污水。額角同時碰起老大一個肐膊。這些還是很小損失。最大的損失。却是那付克達透的鏡子。經到這樣的重大震動。可不得了。自動和小園的雙目宣告脫離。小園失去鏡子。無異瞎了雙眼。當然是不能行動了。談到吳郝兩位夫人。雖然未跌倒。但是苦楚的受用。已不亞於小國。因爲這兩位夫人向來酷愛時髦。一年三百六十日。無一日不穿高跟皮鞋。諸君。這高跟皮鞋。確是摩登婦女不可須臾離也的要物。因爲時髦婦女的最大的目標。便是能引起異性的興奮與追求。於是她們的願望已足。怎樣才能引起異性的興奮與追求呢。除掉從事於摩登裝飾外。當然沒有其他的伎倆了。談到裝飾品。多於牛毛。日新月異。隨時更換。不過她們所穿的高跟皮鞋。受她們歡迎的時間最長。自有摩登婦女以來。高跟皮鞋從未落伍。由此可見高跟皮鞋實爲摩登裝飾品中壽命最長。勢力最大者。就高跟皮鞋本身說。却有意想不到的效力。譬如一個最漂亮的女郎。不着高跟皮鞋。走起路來。屁股不扭。便不能引起異性的興奮和追求。反之便是一個不漂亮的女郎。祇要穿了高跟皮鞋。走起路來。婷婷嬝嬝。扭扭揑揑。越是走得快。屁股扭得越是扭得婉轉有致。在不知不覺中。已引起異性的興奮。天下事有一利。必有一弊。高跟皮鞋祗適用於時髦。却不適用急難。吳郝兩夫人的高跟皮鞋。在這急難的當兒。不思一報主人向日寵顧之恩。反而乘人之危。一變以前的態度。左欹右側。極力和兩位夫人的尊足爲難。再加上七高八低的石子路。還有一處一處落雨的積水窪。越發難走。横一傾。豎一閃。彷彿是初學溜冰。她倆見小園跌得像落水判官一樣。不由又急又好笑。只得一齊蹲下身子。將小園從地上扶起來。也不顧骯髒汚穢。一個人架着他一隻臂膀。好不容易才逃到光復路蘇州河口。國起見小園這般模樣。喫驚不小。忙道。怎麼啦。跌倒了嗎。郝夫人努着嘴說道。還向什麼。你們大手大脚的。祗顧自己奔逃。顧什麼別人。吳夫人同時也氣匆匆的說道。和這班無情無義男人們說什麼。在這種生死關頭。倒沒有一些幫助。其他也就可以概想了。松古道。在未逃出來的時候。我已再三奉勸你倆。別再穿高跟皮鞋。你倆直是不相信。要知道此刻逃難。不是出頭風的時候。祇要逃得快。保全自己的性命。還要什麼時髦呢。郝夫人聽得這話。越發怒不可遏。冷笑一聲道。你也不要來揎排我們了。我們不怕死。你要逃。儘自先逃。我們索性回去。但看打得死。打不死。她說着。一捽手回身便走。吳夫人也附和着道。我也不逃了。一道回去。說着卸了小園的膀臂。也自走了。松古和國起兩個。這可急得一佛出世。二佛昇天。忙趕上去溫言勸說。誰知這位郝夫人綽號叫做河豚魚。一碰便生氣。而且生起氣來。非同小可。饒你怎樣的勸說。總是不行。有時氣之不足。繼之以餓。餓之不足。繼之以哭。哭之不足。又繼之以睡。更有剪頭髮做尼姑。拿繩子去上吊。這些本領。無不兼全。郝松古從前也是一個火燎毛的壞性兒。經他的夫人幾經挫折。完全屈服。所以對於他的夫人。一則以喜。一則以懼。向不敢逆着她的意旨行事。這樣的百依百順。他的夫人雖然有脾氣。至此也不常發了。他這一次爲着言語不愼。反了夫人的項毛。他夫人這才將常久不發的老脾氣。拿出來在這生死關頭發上一發。松古和國起兩個。先是婉言勸告。不生効力。不得已由勸告而變哀求。仍然沒有結果。他倆可沒了主意。祇得實行硬的手段。伸手去拖。吳夫人倒有些半推半就的趨勢。只是那位郝夫人難纏得緊。松古方拖了一把。她乘勢便往地上一睡。打了一個滾。爺天娘地的嚎哭起來。這麼一來。松古和國起越發沒了主意。眼看郝夫人渾身的衣服被泥水塗濕得一榻糊塗。尤其是那一件火狐閃光緞的旗袍。剛上身兩天。就此糟了糕。怎不叫松古心疼肉痛。正東的槍礮聲音。好像由疎遠而迫近了。嗚……刺……嗚……刺……國起頓足道。不得了不得了。子彈聲音這樣厚密。眼見近在咫尺。再不走。眞夠大家要拚死在這裏了。松古急得祇有連連搖頭嘆氣。可是郝夫人聽到子彈聲音。已經將哭聲放得低了。又聽得國起這麼一說。竟會止住哭聲。說時遲。那時快。她正預備坐起來。猛見火光一閃。路北一家石庫門的房屋。轟天價倒坍下來。接着哭聲大起。有人喊着。快逃。快逃。倭人的飛機丟炸彈了。松古只嚇得兩腿搖鈴。吳夫人忙向郝夫人道。走吧。危險得很啊。國起見她回過口來。也不暇答話。便將她背到肩上。向松古道。你還不背她動身嗎。松古正待走過去。背她。誰知郝夫人此刻。一不哭。二不氣。三不打滾。很快的由地上起來。七跳八跌的隨着國起等走了。這種矛盾的舉動。却使郝松古十分詫異。暗想他的夫人。竟會自己回心轉意。將剛發了的脾氣收起來。不發。眞是意想不到。殊不知郝夫人之所發脾氣者。完全係壓制他丈夫所致。並沒有其他觀念雜夾其中。如今礮火臨頭。倒底是性命要緊。脾氣祇好暫時收起。以待將來再發。如不然。則性命不保。脾氣當然發不成了。所以郝夫人才有這樣奇怪的舉動。話休煩屑。且表國起等一起人逃到新大橋附近。便瞧見鐵柵門閉得和鐵桶相似。柵門這一邊。有許多的難民鵠立雨下。伸長着頸子。等候開門。可憐一個個的身上。皆被雨落得和落湯鷄也似的。叵耐那幾個守柵門西捕。沒一些人道觀念。不但不開方便之門。有時還要出柵來驅趕這一班難民。驅趕不足。更要用木棍在他們的頭上亂擊。這一種情形。到了國起等的眼裏。自然是敢望不敢即。敢怒不敢言了。吳夫人對國起說道。你瞧見麼那裏還能夠去嗎。不消說是去去討兩棍喫着。仍舊不能過去。却是何苦呢。國起沉吟着說道。這裏過不去。祇好再尋別地方了。小園忙道。你們可仔細瞧一下兒。紅雁在不在柵門的外邊啊。松古道。沒有。沒有。立在橋上的人們。大都是貧苦工人模樣。更沒有一個穿西裝的朋友。由此可見沒有紅雁在裏面了。小郝皺眉說道。照此看來。紅雁恐怕……凶多吉少吶。園夫人搖頭說道。此刻還管什麼王三張四。祇先自己尋着生路便好。而且紅雁又不是三兩歲的孩子。還怕走失了麼。這裏沒有或者他到別處去尋出路了。兀自牽記着他。他到別處去尋出了。兀自牽記他也沒有用的。這裏走不出。趕緊到別處尋生路是正經。松古道。這裏不通。祇好沿蘇州河向東尋去。或者有小船便僱上一隻。渡到浜南罷。衆人都道便得。便迤邐向東行來。在新閘橋下面。果然給他們尋着了一隻小船。松古便和船主去商議。言明送他十元代價。擺上一次渡。誰知那個船家的架子比當鋪裏的老闆還要大。扳着一副八人扛不動的鐵青面孔。冷笑答道。你先生要知道。此刻蘇州河裏斷絕擺渡了。祇有將船搖出蘇州河。到外灘去停泊。還能碰碰運氣。能夠如願。談到對面登岸。說一句忠直的話。請你不要見怪。你便是外國兵老子爺。都不行的。松古聽得他的話。確有答應的可能。不過未曾明白表示。便又婉轉向他說道。老闆。你要知道像這種緊急的時候少。太平日子多。請你幫幫忙兒。一則算你做了好事。……那船家不待他說完。便搶着道。談到做好事。可錯了。常言道。有錢焚香拜佛。無錢沒香沒佛。我們窮得和叫化子差不多。那裏還有做好事的力量。松古忙道。老不要誤會。我所說的好事。不過老闆能將我們送到浜南。便是極大的好事了。他又叉着雙手冷笑道。我們靠船喫飯。如果拿船去做好事。我們的嘴。先要用線縫好。不喫飯才行。松古道。我們僱你的船隻。並不敢白勞。自要送上相當的代價。那個船家剔起眼睛。你不要混纏。你方才所說的十塊錢價目。和我所要的差得遠呢。我不告訴你。諒你也不知道的。現在一隻空船在蘇州河裏行走。已是不容易的事。休要談到裝載十幾個人了。萬一人船均被外國兵扣留起來。或者將我的船充了公。也說不定。你們是乘船的客人。外國兵隨便野蠻到什麼地步。想來絕不爲難你們。終要放了你們的。那不過做我不出頭就是了。算想我也不過爲了幾個錢。遭這大禍。値得嗎。你說給我十塊錢。我合算麼。難道我眞夠爲着這區區的十塊錢。去闖禍麼。松古聽得他這一排話。知道是嫌代價太少的緣故。便道。依你說要多少數目才能夠去呢。他笑道。不能依我說。依我說起來。你們一則不肯出。再則還要動氣。祇好留一個下次見面的交情。祇要五塊錢一個人。郝松古聽得回頭一數。連包車夫娘姨共是十個人。便又向他說道。方才你討的這個代價。並不算大。不過我們都是倉卒間逃出來的。誰的身邊也不帶多少錢。祇好叨你的光。些稍再減去一點罷。那個船戶將一顆腦袋搖得像潑浪鼓也似的說道。不行不行。再叫我讓價是不能的了。松古暗忖。可恨這個狗頭。硬敲竹槓。如果在平時我早已就要動手拷他一頓。但是此刻需着他用。不能這樣對付他。可是不出這一筆錢。十個人便不能到安全的區域。在這裏徘徊。終於不妥。萬一發生了危險。那麼還不止五十元的損失哩。倒頭打算。雖然出了五十元。却救了十人的性命。未爲太貴。他想這會便對船戶說道。老闆所討的價目。我們依從了。不過要將我們送到浜南安全登岸。才能將錢付給你。撐船的說。這又不行。先要付錢。然後開船。先生們但請放心。我們受了你們的錢。當然要盡我們的力量。將你們送到浜南。萬一途中有了阻攔。不能過去。仍然將五十元還給先生們。斷不敢短分文的。松古聽得。只得將五十元的鈔票。如數點給船主。和衆人登船。那個船主得了這一票大宗進帳。不由的精神抖擻。將他的女兒阿二喊到稍上。幫着他搖櫓。可巧正碰着落潮的時候。順水下去。船如箭發。不消十分鐘。已出了白渡橋。在黃浦公園的東南一角靠近碼頭。總算一些兒阻礙也沒有。安安穩穩的一齊上岸了。國起等眞像出水火而登衽席。各人心頭一塊石頭。至此完全拋掉。互相在草地上休息一下。小園便道。你們此刻也無須去住旅館了。皆到我那裏去吧。國起道。你那裏地方如果大。我們便老實一些到你那裏去。要是地方不甚麼寬敞。那麼我們租界上的親友儘多。隨處皆可以暫住的。小園忙道。寬大得很。休道你們這幾個人。便是再來一兩倍也有住處的。吳國起夫妻倆倒願意隨小園回去。但是郝松古的夫人。却不願意去湊熱鬧。在背地和丈夫一商量。決意到愛文義路去。

評曰倉皇逃難中。寫出形形色色。惟妙惟肖。著者如未身歷其境。吾不信也。高跟皮鞋。近視眼鏡。尤寫得淋漓盡致。調和讀者之緊張情緒。

紅雁失蹤。雖未明其去向。然已爲投軍作服線矣。

淞滬血戰寫真　女義勇軍

第三節　一個新聞記者去投軍

因爲愛文義路有一個小姐妹住在那裏。是自造之房屋。這個小姐妹姓張。丈夫是一個資本家。張太太和吳夫人是手帕交。自幼便和吳夫人在一起廝混。十分投契。至各自嫁人後。依然不絕往來。這一次吳夫人打定了念頭。一定投奔到她那裏去。郝松古便和小園說明了來意。小園見他們有處投奔。當然不犯着多事。便和吳國起夫婦倆動身了。這裏郝氏夫婦和娘姨包車夫沿着北京路向西走來。剛走到泥城橋附近。便見許多的工人們蜂擁由新閘路上來。一齊喊着口號道。打倒日奴……收回租界……十九路軍萬歲……一唱百和。那種吼喊的聲音。震動了遠近。此刻有許多的難民。也立路邊吶喊助威。在承平的時代。馬路有了這樣的騷擾。巡捕一定要出來干涉的。但是在這個緊急當兒。一班西捕。皆分派在各處的要隘口留守着。各馬路皆是華捕來維持秩序。華捕一樣是中國人。不過爲生活問題。才低頭去做外國人的公役。但是他們的腦筋中。却不曾忘却了中國。上海事發。稍有一些知識的朋友。莫不氣憤塡膺。將倭人認爲不共戴天的仇寇。在首路上喊口號的一起人。皆是無槍階級。他們何嘗不知道空喊無補於事實呢。但是這空喊。也可稍出胸中的惡氣。當他們且行且喊的時候。許多華捕被愛國心迫着。也不來强加干涉。致落一個（甘爲亡國奴）的頭銜。所以見他們到了。反而假癡假呆的走開去。如今我且說這一羣人湧到北京路口。恰巧碰見了郝松古。內中有一個人縱身出來。一把抓住松古的領口。拚命向後一拖。松古立足不穩。咕嚨咚跌倒。那人不管三七二十一。揮動栲栳大的拳頭。雨點般向松古的頭部落下。一面打一面喊道。弟兄們快來打東洋人啊……打死這個東洋烏龜……這兩句不喊猶可。一喊立刻湧近許多人。你一拳。他一足。有兩個還用報復的口氣說道。我們許多的小百姓。被你們便衣隊慘殺。打殺你一個。總算不犯法吧。砰通……砰通……郝夫人立在一傍。只嚇得渾身發抖。一句話也說不出來。幸虧那個包車夫有些膽子。他見主人被衆人撳倒。在地上打得祇有出氣的分兒。他奮不顧身衝上去。將衆人推開大聲喊道。諸位快住手。他是中國人啊。……他這兩句出口之後。當下便將動手打的一班人嚇得怔住了。當下便有兩個向包車夫詢根底。包車夫便說了出來。大家知道誤打了。倒很替松古叫屈。於是便一鬨而散。祇賸下包車夫一個人。蹲在地上問長問短。郝夫人在衆人散了之後。這才敢走近來。眼見松古的頭上鮮血直流。雙眼發白。一件鼻煙色的珠呢大衣。被血染成醬紫的顏色。郝夫人從來不曾爲丈夫流過一次眼淚。這一次竟會淚如雨下。泣不成聲。一會子由馬路邊聚來許多的行人。打了一個圈子。望着。不多時來了兩個華捕。郝夫人忙上去報告事由。那兩個華捕聽得打錯了。便道。兇手呢。郝夫人哭道。兇手早已逃掉了。華捕道。旣逃了。祇好慢慢的偵緝。如今先醫傷人要緊。他們說着便打了一個電話到巡捕房裏去。不多時開來一部救護車。將松古扶上了汽車。郝夫人等一齊隨着送到新開路一個醫院裏去醫治了。列公方才這班人。將松古這樣一頓惡打。究竟是有心還是無心呢。原來首先動手的那個人。便是內外第〇棉紗廠的工人。松古平時和第〇紗廠的管理。很有些來去。因爲兄弟松田在裏面充收帳員。不得不和管理員敷衍敷衍。因此便時常在第〇紗廠裏進出。所以許多的工人皆認識他。疑心他是日本人的走狗。這一頓打。却便是這走狗兩個字作祟。其實松古雖然和東洋人接近。却完全爲着兄弟的飯碗問題。並沒有其他的性質。這一頓打可算無妄之災。在下也不去仔細說了。再說松古被兩個華捕護到醫院裏之後。郝夫人便到愛文義路去尋小姐妹想先假幾文用用。誰知張公館裏早已搬到香港去避難了。郝夫人這才急得一身汗出。沒奈何領着包車夫娘姨到新北門去尋徐小園。小園和國起聽得松古遭了這樣大的横禍。自然十分震驚了。忙一同到醫院裏去慰問松古。松古的傷勢漸輕。住的是第八號病房。對面是十七號。住着一個傷兵。他悶倦起來便和那個傷兵遙遙問答。倒也不感覺什麼寂寞。這一天午後小園和國起到了。松古已能起床。小園對松古說道。你遭了一場無妄之災。到現在已經全愈。總算是運氣。這幾天李紅雁的父母。每日在我家問長問長問短。求神拜卜。好像要瘋癲了。實在可憐。但也不能怪他。家中擁着四五十萬的家私。祇生這麼一個兒子。平空地失蹤了。怎能不心疼肉痛呢。更有一件事情。令人奇怪。便是紅雁的未婚妻。胡曼華女士。在紅雁失蹤之後。未上三五天也不知去向了。胡公館烏亂了一天星斗。四處着人尋覓。登報招尋。尤其是那位胡老太太。在愛女失蹤之後。終日以淚痕洗面。粒食不進。聽說服事胡小姐的一個大丫頭阿慧。也宣告失蹤。有人說他倆或者爲匪徒綁去。有的說或者因爲紅雁失蹤她倆去尋覓了。也未可知咧。究竟到那裏去。無從知悉。松古忽地坐起來向小園說道。老徐我倒得着一個消息。好像與紅雁有關。小園忙道。先告訴我聽聽。大家參詳參詳。松古便道。前兩天我們對面十七號病房裏着一個傷兵。時常和我談談戰時的情況。有一次他對我說。他們的旅部裏。新添一位礮手。描準十分可驚。據說不發礮則已。一發礮祇少要得到相當的代價。他的礮才發。尤其是用高射礮的手段高明。眞可算百發百中。這礮手的年紀很輕。生得十分漂亮。頭髮梳的范倫鐵諾式。身上穿的紫呢的西裝。當他投到旅部裏的時候。原有第三團龍團長給他介紹。龍團長自己在三年前曾和這投軍的少年在德國軍官大學礮擊部同窗過。所以很爲我們旅長所契重。說到這裏。徐小園忙立起身來。一拍屁股。說道。對了。你想呢。李紅雁不是這麽一個模樣兒罷。一定是他。再也不會錯的。而且他十七歲就到德國軍官學校裏去留讀。由此想來。無疑是他。不知那個傷兵現在還在這裏麽。松古道。前天已經出院了。小園道。你可曾問起這個礮手。現在第幾旅駐防。在什麽地方呢。松古搖頭道。這倒不曾仔細去問他。小園道。這可不對了。如果問了一個仔細。現在不是按圖索驥去將他尋回來了嗎。國起很懊喪的說。如果你仔細問一下兒。也好給我銷掉一層公案咧。松古道怎麼啦。現在難道李家要向你要人麼。國起道。雖然未曾向我要人。但是因爲我請他喫年夜飯。才發生這種變動。究竟其咎在我。如果我不請他喫年夜飯。便是失蹤。也與我沒有什麼關係的了。李老太太雖然不好意思彰明較著的埋怨我。可是話語之間。自不能推我出範圍之外。松古道。李老太太如果真夠埋怨你。那麼便是一個不明白的人。請他喫年夜飯原是朋友關係。大家聚聚首。誰曉得有這樣的禍亂發生。人家再也不來請他喫飯了。人失蹤總有辦法。除非遇害。祇要活着。難道還愁不出來嗎。我想滬江日報此刻定有幾個隨軍記者訪事的了。不妨暗地裏拜託他們。到前線去尋訪着。一方面再在滬江日報上面登一段招尋的告白。不是行了嗎。小園道。隨軍記者。倒有兩位。只是他們到不到前線去。我却不能知道。現在我先依照你的話去幹。能夠發生效力。那是最好。萬一不行。大家再設別法。松古道。這也使得。但是我還有一事。要和你商量。便是我明後天大約可以出院了。現在經濟拮据。預備先到你的府上去擠軋擠軋。小園忙道。多說的什麼。並非我說一句現成話。那天你如果聽我的話。直接到我家去。倒沒有這禍事出了。明天我派包車來接你便了。說着和國起動身了。到了第二天。果然派一輛包車到醫院裏將松古接了去。按他慢表。如今在下要騰出筆來寫李紅雁了。他究竟到那裏去了。原來他從松古的家裏出來。沒有走上幾步。便碰見十多個由寶山路方面逃來的難民。蹲在太平里口一間過樓的下邊。避雨。和幾個里中幾個人正在閑談着他們逃難的情形。有一個二十上下的小夥子。悲憤着說。我家中的房子被炸彈炸燬。傢什被倭人搶去。銀錢搶去。都不可惜。只可憐我的女人。帶着六個月的身孕．被倭鬼從房裏拖出來。硬要强姦。我妻子是一個三貞九烈的婦人。當時就一面哭喊。一面拒抗。說到這裏。紅雁立在雨地裏插口說道。那時你在什麼地方。那小夥子道。我已被他們趕到門外。紅雁道你既聽得你的妻子哭喊求救。你爲什麼坐視不理。那小夥子嘆氣說道。你先生那裏知道。那時我如果去救他。還不被他們槍打殺了麽。紅雁忙道。呸……好一個少年漢兒。怕什麼槍。怕什麼刀。他有槍便奪他的槍。他有刀。便奪他的刀。如果槍刀奪不着。便用牙齒咬。還要咬他一口咧。就輕輕的望着他欺忤你的女人了嗎。那個小夥子繼續說道。我的女人在拒抗的當兒。被倭人用刀戳死了。李紅雁恨得咬牙切齒的說道。這一起惡賊。幾時撈到我的手裏。定將他們一個個碎屍萬段。給我被難同胞服仇。那一起逃難的人們。聽得他的話。大家倒不約而同的發了一陣子冷笑。意思是瞧你這個樣兒。不消倭人一槍一刀。便到老娘家去了。祇好在背地裏說說大話。嚇一碗猫飯喫罷。紅雁在兩地裏聽那個小夥子說得可憐可憎。他也聽得呆了。渾身被雨落得濕淋淋的。還不曾知覺。待到那個小夥子打斷了話頭。這才覺得渾身涼濕。衣服淋透了。忙拔步走了。還沒有走到新橋。迎頭遇見一隊十九路軍。大約有三百多名。每人都有兩蓋油衣。荷槍上刺。一式穿着草鞋。一個個精神抖擻。在雨下向東開去。那一種慷慨悲壯的態度。無形中又引起了紅雁的欽敬與羨慕。忙立在馬路傍邊。讓他們走過去。紅雁暗自尋思道。人家說中國的兵隊多少都帶着一些萎靡不振病夫的樣兒。這種話完全是無稽之談。我們這十九路軍的精神。多麼佌滿。多麼雄壯。這一隊軍到前線去。還愁不打勝仗麼。他正在胡思亂想的當兒。冷不防有人將他的肩頭一拍。操着廣東的官話道。密司脫李。長久不見了。你好吧。李紅雁倒是一驚。忙回過頭來一望。不禁驚喜交集。原來是一個德國軍官大學的硯友。龍入雲。忙伸手過去。和他握了兩握說道。雲哥。你好吧。你什麼投身軍界。現在在十九路裏。幹一些什麼差使。龍入雲微笑道。談起來。十分慚愧。我在去年三月間便投身十九路了。那時不過不過當一個上士而已。我呢。本來是以身許國為前提。並不因位置高下為目的。在江西展轉和共產黨打了數十仗。嗟幸旗開得勝。我們蔡軍長十分看得重我。屢次擢升。現在已升到團長了。憑我這一點學識。得到這樣大的職任。總算不辜負我了。但是時常惕然自警。祇怕斷了我的職務吧。紅雁聽得不禁咳聲嘆氣的答道。老兄你總算壯志得酬。從此前程無量。可是小弟向後祇好等於一個廢人。於國於家。於社會。毫無一點貢獻。慚愧殺人。龍入雲笑道。老弟並非是我說一句調皮的話。那一種養尊處優的生活。除掉你們有產階級去享受。更有誰呢。

我給你仔細一想。還是在租界上作世外的寓公。省却多少驚惶懊惱。何苦來多管閑事呢。紅雁聽的。便撒手說道。龍大兄。你做了團長。是你的才識本領換來的。別人斷不能來穃佔你的位置。便是換一句話說。要請你介紹。入軍界。也要願意才行。更不能强迫你的啊。何必一見面便說出這些拒人於千里之外的話來呢。談到我的志願。和人格。不消說。你早巳知道。我更不須多說。有產階級是我的父親。並不是我。而我極力反對以金錢壓人的富翁。……龍團長猛的聽得他說出這一番話來。不禁丈二的金剛。一時摸不着頭腦。便怔怔的說道。老弟。你敢是罪怪我的話說得憨直。衝撞了你麼。紅雁忙笑道。你不要誤會。我是在發揮牢騷。龍團長道。我可不知你有什麼來意。紅雁道。實在告訴你。現在我要請你給我介紹到十九路裏去領一桿槍。領一把刀。到前線去殺賊。殺掉一個倭賊。我們便輕了一份侵略的惡勢力。殺了兩個倭賊。我們便少了兩個仇敵。如果倭賊被我們殺盡了。那可沒有人敢再小覷我國。同時我們的國際增高。一洗弱稱病夫之恥。那不是快心的事情麼。龍團長正容答道。老弟你的願望。間闊清明宏大。値得我拜服。不過你的環境確實不能比較我。像我的父母。時時勗勉我立志上進一些也不留戀。正合効命疆場。爲國殺賊。你們介尊介堂。未必有這樣的開達呢。便是你自己有這樣的雄爲壯舉。祇怕伯父母未能讓你來作無謂犧牲吧。紅雁聽得。不由的嗤嗤笑道。龍大哥你這算是什麼話呢。我不犧牲你不犧牲。誰來救國呢。祇要我決心幹。任他是誰。也不能阻撓我的前進啊。龍團長笑道。軍中生活很苦。恐怕你過不來罷。紅雁道。一切均可犧牲。還計及到生活嗎。我很願意你立刻便帶我去。龍團長笑道。這可不能。我要請你先商准了伯父母。然後我給你介紹給軍長。

大約目下用人之際。一個營長的位置。都有。紅雁忙道。你不要任意來留難我了。我已商准了我的父母。談到位置。我不願意高。我很願意當一個小兵。因為小兵可以到前線去殺賊。龍團長見他一片至誠。如果推諉了。好像太難為情。不推諉。帶了他去。位置萬一尋不到高尙的。好像也說不過去。正在兩難。忽聽得紅雁願意說充當小兵的話。龍團長這才決定了主意。便道。此刻我還到前線去指揮。沒有工夫多說了。你既決心要幹。我自當力贊其成。你且隨我動身罷。紅雁聽得。他這一聲。直夠如得將軍令。說不出一股高興。險一些要笑出來。忙隨大隊動身了。他一面走。一面暗想道。我此刻不要到松古那裏去告訴他們吧。因為告訴了他們。必然要勸阻止我。尤其是徐小園那個老頭兒。必然要極端反對。我又何必自尋敗興呢。他想到這裏不由的自欣自慶起來。巧得很。一出門便碰到了龍團長。

眞是個機會。他隨着龍團長走到共和新路鐵路口。便聽得寶山路的機關槍和快槍的聲音。彷彿年初一的開門爆竹。密如聯珠。他聽得不但不怕。並且添了幾分興奮。忙問龍團長道。這是什麼地方開火的槍聲。龍團長道。大約是虬江路寶山路一帶罷。紅雁道。這幾個鐘頭裏面。我們打勝了沒有。龍團長道。現在正自勝負不分。因爲我們的前線上弟兄們太少了的緣故。又因我們的重礮未曾運到。這其間受了敵人的壓迫不少。方才我們運到大礮四尊。高射礮三門。在前線助戰。

評曰。郝松古誤會被毆。反襯出國人愛國之熱。然松古不接近倭人。或能免此橫刦。若於登岸後卽隨小園以去。則文法太直率無味。且又不能呼起下文。故必欲松古被毆。毆後入醫院。於傷兵口中徵得紅雁消息。行文殊有匣劍幃燈之妙。

淞滬血戰寫真 **女義勇軍**

第四節　高射礮與坦克車的表演

龍團長正在和紅雁說話的當兒。猛聽得嘘哩哩……一陣警笛聲音。那三百多名的陸戰步隊。立刻跌伏下地。龍團長忙將紅雁拖了一把。也自伏下。紅雁道。敢是敵人開重礮來轟擊我們嗎。龍團長在衣袋裏取出一架望遠鏡。向前面望去。口中說道。敵人的礮手。太幼稚了。連方向都沒有認清。還想阻止我們的援軍。豈不可笑麼。原來他們的大隊開來。早被靶子路口倭兵用望遠鏡照出來了。便開重礮。想將三百多名陸戰隊。一礮掃光。誰知勾股尺算得不准。礮口又斜了七寸多。便打中了共和新路的民房。直坍了十多間。三百多名兵一根汗毛也沒有碰到。龍團長便下令向前衝去。那班兵士一個個俯下身子。直向前衝。霎時已衝到旱橋第二防線。龍團長便令大隊在沙袋下作暫時休息。他自己却和紅雁向北車站而來。此刻天空裏有六架敵機。盤旋拋彈。北站的積貨棧房。已經中彈起火。黑烟蔽空。當他倆走到月台附近時。曾見一顆炸彈。由天空當頭落下。再也沒有逃避的可能。可是他倆究竟有軍事學識。知道不能奔跑。立刻俯伏在月台的側面。便聽得轟的一聲。將賣票房炸去三四丈。木柱磚石飛激到半空。他倆却沒有分毫的損傷。很快的起身。又走了一段路。前線已近在咫尺。龍團長便對紅雁道。老弟。那邊紅屋側面・有礮兵一小隊・重礮二尊・高射礮一門・由你去指揮。最要緊的・便是千萬不要以意氣用事・務要鎮靜・須有了充足的目標。然後再開大礮。否則徒自浪費子彈。於事無補。他說着在懷中取出一個小日記簿子。來用鉛筆寫道。

新派到第一礮隊第三支隊隊長李紅雁。前來指揮一切。仰爾第十七分支隊全體同志恪遵號令。毋違。　團長龍入雲。

他將名字的下面又蓋了一顆圖章。撕下來。遞給紅雁道。此刻時機急促。無暇發符號證章給你。待到休息的時候。再補發吧。紅雁接了。唯唯稱是。龍團長便分道到虬江路去了。紅雁也就向淞滬售票處而來。不多時。走到迫近。便聽得有人大聲喝道。什麼人。……快走回去。……紅雁恐怕他們誤會開槍。便揚聲答道。是自己人。我是第三支隊長李紅雁。……說到這裏便有兩個小兵迎上來。紅雁很快的將龍團長給他的一張紙條兒交給小兵們。送到守礮的兵士們那裏去。守礮的一隊兵。正苦經驗不充足。不敢濫自發礮。聽說支隊長到了。當然表示十分歡迎。紅雁到了那裏。一隊礮兵都給他行一個最敬的禮。紅雁也慰問一聲辛苦。當下便有一個正目送上一隻雨蓋來。給他戴上。紅雁道。這裏扶助發礮的傢伙全麼。那幾個小兵齊聲應道全的。都在礮根下面的皮箱裏。紅雁道。打得這樣的緊急。還不拿出應用嗎。那一個正目不敢說自己沒有經驗。忙去將箱子開了。將應用的傢伙一齊取了出來。紅雁先將望遠鏡取到手中。向對方仔細照了一回。又拿出密達尺和勾股尺及縮遠針算了算。便以靶子路德隆煙廠附近爲發礮的目標。他親自將礮口移得準。然後上足彈藥。兩尊大礮預備停當。又去將一架高射礮安好位置。對衆兵士說道。你們且用心守着兩尊大礮。讓我先將這幾架敵機。驅逐動身。在這裏擾亂軍心。實在討厭得極。那些兵士正要領教他的本領。大家唯唯答應。目不轉睛的望着他的動作。紅雁先仰首朝天空裏一望。便見兩架敵機。在北站的大禮堂上面。盤旋着。飛渡極低。似要丟擲炸彈了。紅雁很快的移轉了礟口。一拉關捩子。噴通……說也不信。那架轟擊機的右翼。竟被擊中。損壞。在半空中一斜一側。十分狼狽。那一架未被擊中。早已很快的向東北逃去。這一架擊損的轟擊機。在天空裏正待撑持圖逃。說時遲。還未曾扳轉了機頭。那時快第二礟又到。這可實實在在擊中了機頭。將潑風旋轉槳打壞。再也不能行動。刷的倒頭栽落下來。一個機師早被機中的炸彈炸得屍骨無存。還有兩個倭兵皆被炸得半死。機身落地這一震盪。已由半死而成爲全死了。機裏所藏的二十餘枚炸彈。陸續爆炸。早將機身炸得七零八落。瓦解冰消。那一班礟兵。不消說自是十分拜服。便是第一第二兩道防線上的兵士見敵機一架被擊落。也增加了不少的勇氣。在前線指揮的龍團長。見敵機一架被擊燬。料定是紅雁所發的礟。因爲他的目光敏銳準確。算學深邃曲折。在做學生的時代。已負盛名。何況別後又經數年。不消說自己一定更研究得精奧的了。龍團長想到這裏。不禁深慶在這需才孔殷的時候。得着這麼一個極大的助手。紅雁擊落飛機。還是他有生以來第一次。也便是他用了五年苦功。研究射擊學第一次實地試驗成功。心中自是說不出的一種快樂。和興奮。自從他將一架轟擊機擊落之後。其餘的敵機。果然不敢再到北站附近來盤旋。便是來也祇得很快很高。一瞥即去。紅雁知道敵機暫時一定是不敢來。便命人守着高射礮。自己到大礮邊休息一下。在懷中掏出一包白金龍香烟來。正預備點火去吸。猛聽得前線排山倒海價的吶喊起來。槍聲還夾着轟隆轟隆的唐克車聲音。他忙丟去香烟。爬上沙袋一望。便見靶子路口倭兵。如潮水一般地湧出來。還有四輛坦克車蠢蠢的向前線開來。前線防守的兵士。此刻已一齊開槍應戰。機關槍掃射到那裏。便見那裏的敵人倒斃。

可是敵人倚仗着坦克車的厲害。依然前扑後繼湧上來。眼見那四輛坦克車。開到寶山路口。紅雁一翻身。描準了方向。轟天價的一礮開去。為首的一輛坦克車。正當其衝。當時將上蓋完全揭掉。車心裏的重要機械。損毀殆盡。立時停止不能前進。後面三輛見勢頭不對。也就趕緊開倒車。向原路逃去。第一道防線的士卒們。見敵人忽地開出坦克車四輛。倒也有些喫驚。因為坦克車這東西。厲害得緊。機關槍。快槍。奈何牠不得。除非重礮。手溜彈兩種。能夠遠近抵抗而外。別種軍火。却沒有效力的。因大礮的彈火力來得猛烈。在可能的範圍裏面。祇要擊中。那麼定要炸毀。手溜彈用在追近。也能夠將牠炸壞。當敵人遺棄這一輛損壞的坦克車向原路逃去的時候。我壕中兵士。立刻出壕去追殺一陣。寶山路口敵人的屍骸狼籍。大約有七八百名。這一仗打勝。可算完全是紅雁一礮之功。不獨龍團長等深服他瞄準得力。便是界路南邊許多英美的防兵。也深深詫異。中國竟有這樣發礮的聖手。他們在鐵柵門除下了帽子。遙遙的向紅雁招展着。似乎慶祝他開礮成功。紅雁也舉手致謝。敵人經了這一次重大挫折之後。已失却不少的作戰勇氣。祇在靶子路北四川路各處。用稀落的槍聲。破沉寂的空氣。這樣的拖延到下午一時。仍然沒有甚麼重大的接觸。紅雁見沒有目標。也落得休息休息。天空裏的愁雲漸漸的散去。露出日光來了。寶山路商務印書館。與北站貨房兩處的火頭。直衝霄漢。將前線的將士們統統籠罩在紅光裏。冷風依然習習的西北吹來。紅雁的腹中。已經餓得發慌了。除掉熱水和香煙外。更沒有其他的食品。香煙這樣東西。助飽不扶餓。你在飯後吸了一枝。倒覺得心曠神怡。有些趣味。如果在饑餓的時候。祇消吸上兩口。立刻便頭暈眼花。增加餓的成分。談到熱水。更不能救餓。

喫到肚裏。不但不適意。並且要呼嚕發響。紅雁有生以來。也沒有受過這樣的奇餓。暗自說道。如果再餓下去。怕不將人餓得發軟。還能幹什麼呢。他便想開口問問那些兵士。何處有食物可喫。但他轉面一想。似乎此舉太無謂。而沒有勇氣。他們不是同樣餓到這會麼。一個也沒有什麼餓的表示。依然精神抖擻。我如果向他們開口。一定要惹得他們笑我經不起餓的了。而且我又頂着一個隊長的頭銜。越發要以身作則。不能叫他們輕視。他想到這裏。便咬緊了牙關。將腰間的皮帶兒束緊了一段。偶一回頭。便看見一輛二號卡車。滿裝着食物。停在北山西路柵門裏面。那裏的外國防守兵。提下兩籮麵包。數十聽罐頭食品四簍橘子。紅雁看見未免有些眼熱。不一會。只見四個英國兵並肩坐着。一面喫牛肉。一面飲着白蘭地。紅雁自歎不如。同時又埋怨後方辦事的人員。太也不顧及前方將士的痛苦了。他正在沒處出氣的當兒。猛見鐵柵門裏走出一個英國兵來。手裏捧着一瓶白蘭地。四隻麵包。一罐牛肉。向紅雁招招手。紅雁又驚又喜。暗自說道。這可奇了。難道他和我認識嗎。不然斷不會送食品給我的啊。如說另有用意。也不致在形色上表示呀。他此刻眞是饑不擇食。也不管認得與否。立起來。打着英語問道。喂。你手中的食品送給誰的。那個英兵道。送給你的。你由早晨到這一會沒有進食。大約餓了罷。紅雁見他來意不惡。便說道。謝謝你。停一會我們的食品也好送到了。不願意分掉你們有限的食品。那個英兵忙道。我們的食品很多。這一份算是我個人的私誼。送給你的。我更料到你們正在鏖戰的時候。後方絕對不會輸送食品來的。紅雁這才過來將他的酒肉麵包接了過來。可巧這時有一個倭人便衣隊。從北山西路經過。瞥見英兵將酒肉麵包送與紅雁。心中便十分不自在起來。隨時便向那個英兵責問。指他不應將食品接濟華軍。可是這位英國丘八倒也很調皮。便道。那一點東西。是我個人的私誼。談得到接濟嗎。你先生未免太也多事了。類如我和你們倭人隊中。誰有交情。一樣也能餽送。這是表示我的私人情感。無關大局。那個倭國便衣隊便聲勢洶洶的說道。你幹了這種不道德的事。還在和我辨白嗎。英兵聽他這種口吻。未免動氣了。冷笑一聲道。管他道德不道德。我已幹了。便是說。有什麽用處呢。那便衣隊。仍然不知進退。還要與英兵爭詞奪理。惱得那英兵性起。一伸手將倭國便衣隊。抓住開了柵門。將他往界路北華軍的陣線裏一推說道。你要扳駁道理。去和密司脫李扳駁吧。休要和我囉哆。那便衣隊這可嚇得三魂落地。七魄昇天。拔步要逃。有兩個礮兵大聲喝道。那裡去！那便衣隊知道逃不了。只得將兩腿打定了樁子。立在那裏。伸長頭頸等死。兩個礮兵跑上去。也不和他客氣。便將他拖了過來。到了礮壘附近。紅雁便放下了白蘭地酒瓶。向那便衣隊笑道。老兄。你太也多事了。我餓到這會沒有喫。得着一些意外的食品。險些兒給你吵得掉了。老兄你要知道。肚皮餓。是沒有辦法的呀。那個便衣隊本是在北四川路開水菓店的。上海話他也會說。不待紅雁說完。便雙膝撲地跪下。沒口價的哀求。紅雁却不去睬睬他。將熱水瓶的蓋盅取下來。權作酒盃。傾了一盃白蘭地。打開牛肉罐頭。和正目兩個人對面飲了起來。直到他倆將酒肉麵包喫完。那便衣隊依然直挺挺的跪在那裏。不敢起來。紅雁便笑道朋友。我說一句笑話。你不要動氣。你可算自尋苦趣。好端端的活得不耐煩。定要撞到死路上來。罷、罷、罷、我且留一條活路給你。趕緊將起事的先後告訴了我。立刻便放你回去。如果有一字隱瞞。那可休怪我以衛生丸奉敬了。那個便衣隊聽得。

仔細一想。倒底是性命要緊。也顧不得一切。便將起事的先後說了出來。原來倭國垂涎我們的東北滿洲。已經不是一日。去年的九月裏。竟悍然不顧一切出兵將滿洲三省吞併了。他們並無心再來吞併別處命上海這一次事起。原是一個人從中慫恿出來的。這人是誰。便是上海倭僑的領袖名叫不倒翁。這個不倒翁僑居到上海數十年了。凡是上海一切的情形。他皆瞭如指掌。人情時勢。越發窺視得透切。自從倭國侵佔我們東北三省之後。他便時常對人說。如果倭政府想吞併上海。極其容易。可惜倭皇未曾想到上海是世界著名的商埠。否則吞併到手。擴大商埠。爲所欲爲。豈不是妙而不可味之素麼。這些話也不過是不倒翁個人的理想吧。誰知天從人願。倭國政府因爲上海發生了一些極小的糾紛。便派了大隊人馬聲勢洶洶預備到上海來尋事。本來尋事有事。派來的這個大將名叫糖瓜。恰巧便是不倒翁的東床快婿。糖瓜初奉命到上海來。一切的情形當然是不得明瞭。便來請教於丈人峯。不倒翁便將胸脯拍得連珠礮響一般的說道。你快拍電到政府去。請示。祇要一下動員令。祇消四個鐘頭。閘北吳淞皆歸我所有了。糖瓜聽得他的丈人峯說得這樣容易。當然是高興的了。但是還有一些兒懷疑。任他如何容易。萬不能在這最短的時期裏。佔領了閘北吳淞啊。當下便向不倒翁問其究竟。不倒翁振振有詞的說道。中國人的性質。無異於散沙。永遠不會團結的。打張三。李四斷不來多事。祇有家族觀念和宗族觀念比較任何一國來的深。國家觀念可算一些兒也沒有。你不曾聽得五田博士的演講吧。中國的思想。祇消在『各掃自家門前雪休管他人瓦上霜。』兩句俗諺上面看。便可以知道了。尤其手握兵符的當局。時時刻刻自私自利。譬如我們攻打江蘇省。隣近的浙江山東。發奮也不會發一兵一卒來援助的。我知道上海週近所駐的軍隊。最多不過一旅。我們祇消將進兵東三省的威風。拿出來抖上一抖。這幾個火撩猢猻也似的中國軍隊。敢抵抗嗎。我可料定聞風先逃了。東三省有二三十萬大兵。還不敢和我們碰一碰嗎。這幾個小兵。更可想不敢掙扎了。而且我在你實行動員之前。將上海的在鄉軍人齊上一齊。雖沒有一萬。七八千總有。將他分配開來。到中國兵的後方去搗亂。還愁中國兵不驚疑潰散麼。再不然我們就進一步說。中國方面上海的名人。不乏和我有深厚的交情。像黃三谷等一流人。祇要拿幾文往他們的腰包裏一塞。再送一個高帽子給他戴起來。不怕他不百依百順。便叫他們自己去毀滅自己也行啊。糖瓜給他的老泰山說得一顆心活躍起來。即刻便拍電回去請示。倭皇聽得有這樣的便宜事。自然是樂得幹的了。當下回電允許。糖瓜得到了允許。立刻下了一道密令。命各軍艦上的的水兵。一齊預備。一面節外生枝向中國市長提出三個無理的要求。一面在暗地裏積極準備軍事行動。可笑上海市長還不知道倭奴肚皮裏害的是什麼病。服服貼貼的依從他的要求。原想借此不要擴大事態。做夢也不想到應了三個條件之後。依然免不了一場血戰。在一月二十八下午五點鐘。不倒翁便到內外棉第〇紗廠去召集海上一班無業倭人。以及有勢力的倭商。開一個秘密大會。

評曰。李紅雁一鳴驚人。足可爲當世之青年模範。然則紅雁背中之配角。即已出類拔萃若此。背中主角。其驚神泣鬼也愈可逆料矣。英兵贈食一段。確爲戰場之佳聞。亦爲行伍中罕覯之事。倭奴出而干涉。可謂不識相之尤者。身跪不足償其辜。殺之方使讀者快。

淞滬血戰寫真

女義勇軍

第五節　軍帳中發現一册香豔的日記

大家便推不倒翁做臨時主席。當衆宣佈了原意。便有一個倭商立起來說道。我國的大兵到上海來。我們應當盡力盡忠的幫助才是做民子的道理。不知主席此刻須要多少人呢。不倒翁道。不能問多少。愈多愈好。我先訂一個限制。請你們五大工廠的老闆。每人給我召集一千名英雄好漢。祇在四小時後。這五千報國的英雄。仍然由我送來。誰碰掉一根汗毛。皆由我來完全負責。那五大工廠的老闆聽得這樣的容易。自然是個個高興。給他去召集了。總計無業倭民加入二千。有職業的二千。共是四千。還有一千却是各廠裏自動加入的華人。看官。你們看了我這一句不是要十分駭怪嗎。覺有華人加入倭人便衣隊的道理。原來這一起加入的華人。皆係平素衣之食之皆係仰給於倭人。如今倭人又甘言蜜語哄騙他們。如果眞夠奪得上海。華界的大權都交給你們。那時還不是隨你們所爲所欲嗎。這一班華人喫苦的便是沒有知識。沒有知識的人。志意便薄弱。心中目中。惟錢是重。聽說有這樣發財的機會。他們認眞就感動了。於是紛紛加入。不倒翁當時又允他們每日每人有三十圓的代價。至於另外得到意外的財帛。還不算數。他們因此越發就火上一頭。拉拳擄袖。預備去幹祕密的工作了。第〇廠的老闆沼雄一郎。當時便大開讌席預祝勝利。此刻沼雄正在招待衆人的當兒。瞥見車務間帳員郝松田走了進來。沼雄見了他冒冒失失的進來。倒是一怔。如果漏出風聲去。那麽。這個岔子可是出得大了。他眉頭一皺。計上心來。便迎上來和松田握手笑道。你很辛苦了。我正預備着一個人去尋得你來飲一盃老酒。難得你撞得來。巧極巧極。快去簽名入席吧。當下便有人捧過簽名簿來。松田也不知底細。便拿起筆來將自己的名字簽了上去。沼雄隨時招待他入席。松田入席之後。心中兀自納罕暗道。今天這樣的盛讌。究竟算是什麼路道呢。恐怕是迎春酒吧。不對。往年迎春酒筵。不過祇有高級的職員。可以享受。今年連工人們都入席。而且我們華工特別的多。敢是老闆曲意奉承我們華人。想做我們華人的生意嗎。但是這又有些奇怪了。既然想做我們華人的生意。應該請我們海上的巨商巨賈啊。他想來想去。想不明白這是一個什麼道理。猛聽得隔座有人說話道。如果華軍抵抗起來。只怕三四個鐘頭。不能容容易易的解决吧。又有一個說道。你不用愁。我想華軍一定是不敢抵抗的。便是抵抗。又有幾個小兵呢。擋得住一陣嗎。松田聽得。不由的暗自喫驚。忙向身邊一個小工問道。今天沼老板這樣的大排筵席。難道有什麼要緊的事情嗎。那小工倒奇怪起來。低聲說道。郝先生。你不知道。怎麼能夠入筵喫酒。郝松田道。我眞夠一些兒也不知道。我方纔進廠。是預備來領薪水的。誰知沼老板便叫我簽名入席了。那個小工便附着他的耳朵。如此這般說了一遍。郝松田聽說。這可驚得呆了。忙道。既然這樣的說。這酒我是喫不得了。我也不做便衣隊。怎能喫他們的酒呢。那小工笑道。這可不行。誰叫你在簽名簿上落了一個名字呢。此刻你便是要走。也未見得准許你走了。你負擔得起洩漏軍機的罪名嗎。更老實些對你說一句。便是你此刻牙關裏如果輕輕的露出一個不字來。立刻便有性命之憂了。還容得你推三阻四的嗎。松田聽得只嚇得倒抽一口冷氣。將一顆腦袋。往腔子裏一縮說道。我的爺。這晦氣可落到我的身上來了。那小工悄悄的笑道。如今木已成舟。說也無益。反而引起倭人的疑心。不如爽快些喫酒喫麵喫小菜。什麼心事都不要擔。到什麼時候。說什麼話。不瞞你說。我也是這樣來的。被大家甘言蜜語哄騙入套。我到這會才知道上了別人的惡當。但是我却早有定見。到那時自有方法脫身。郝松田倒被他這兩句話說得恍然大悟起來。點頭不語。果然狂飲大喫起來。待到大家散席之後。已是九點鐘了。不倒翁當下便發了符號。將五千人一齊運到虹口方面而去。臨行的時候。對五大工廠的首領說道。我到明天早晨大約四點多鐘便將五千英雄仍然送到不誤。五工廠的首領齊聲說道。我們在明天早晨預備中西大餐八百桌。以備慶功。而作犒賞。另備美女跳舞助興。不倒翁呵呵的笑道。那不免使你們過於化費了。五工廠的老板齊聲笑道。這是國家的勝利。應當化費幾文慶祝慶祝。不倒翁很高興的說道。祇消諸公一心一德。何愁華國不滅。倭國不强乎。現在我也不能在此久留了。明天再會吧。他說着便乘着汽車動身。趕到倭國司令部去會他的女壻。只見糖瓜獨坐在辦公室裏。默默的不做一聲。不倒翁忙道。你此刻還在這裏閑閑的坐着嗎。人馬齊備。再不下令。等候何時呢。糖瓜皺眉說道。下令是極其容易的。可是現在倒又發生問題了。不倒翁忙趕着問是什麽問題。糖瓜便道。一則中國的市長。竟能低首應許我們的要求。再則公共租界上。各國領事。異口同聲的不准我們開火。如果誰開火。誰便負賠償的責任。你想這事怎麽辦呢。不倒翁聽得。沉吟一會便道。這事容易得很。還是我去疏通。他便立刻親自打電話到各領事館裏。不一會各國領事一齊集齊倭人司令部。不倒翁當下便大拍胸膛。對各領事說道。閘北吳淞。祇消四小時。便可解决了。休道不騷擾租界。便是華界也鷄犬不驚。如果越出這四小時範圍之外。那麼不論勝負。延長一小時。我不倒翁便完全負責賠償一千萬。兩個鐘頭。便是兩千兩。決不食言。各國領事聽得。便請他親筆簽一個證據。不到翁都以爲他自己的計劃十拿九穩。斷不會失望。也便毫不疑遲的拿起筆來。寫上五張筆據。分給五國領事。各領事得了這一張據約。當然不願再加阻撓了。於是一口同聲大家一齊應了他的要求。到了十時以後。便實行動員了。那個便衣隊。恐怕紅雁害了他的性命。便將以上的事情約摸說了些。紅雁忽地想起松古的弟弟松田來了。便向他問道。你可知道內外棉第〇廠內郝松田這麼一個人麼。那便衣隊點頭道。曉得。曉得。他現在也加入便衣隊了。紅雁聽得倒是一怔。便道。你這話可當眞麼。他道。誰敢騙你呢。我是實在的話啊。紅雁道。他現在派在什麼地方工作。他道。這個却不知道。因爲這一次分派的路數非常之多。紅雁也不再問。便和顏悅色的對他說道。朋友我和你今日無寃。往日無仇。我論理今天便不該放你。因爲你並沒有要我的命。更沒有和我作對敵的行爲。我格外做一個交情。放你囘去。他說到這裏。便一揮手。那個便衣隊做夢也想不到能夠得着一條活命囘去。立刻千恩萬謝的一溜煙動身走了。不多時龍團長到了。春風滿面的向紅雁笑道。老弟你今天初出茅廬。便立大功。實在是令人可驚可賀。紅雁忙笑道。那不過是僥倖碰着了罷。怎能算我的功勞呢。龍團長笑道。你可不用儘在自謙。你的能耐。我一向是曉得的。天時晏了。你肚皮早就餓了吧。紅雁嗤的笑道。生長這麽大。未曾受今天這樣的惡罪。餓得險一些兩眼發花。幸虧北山西路一位英國的武裝同志。不知和我那一世種下去的緣因。竟會慷慨輸將。扶饑救餓。旣贈我以酒肉。復贈我以麵包。說也笑煞人。牛肉是我反對最烈的食品。不喫牠已有六七年了。我在家裏喫飯的時候。便沒牛肉進門。至於麵包尤其爲我棄絕。因麵包太淡無味。不料這兩種素所反對的東西。在餓極不擇食的時候。居然也曾和我的肚皮發生戀愛。並且喫的時候津津有味。比較我心愛的小菜兒還要好喫。豈非奇事嗎。龍團長聽得很奇怪的問道。那個英兵敢是認得你麼。紅雁道。那裏認得。不過這個英兵很是奇怪。當我發高射礮和野礮之後。他曾除下帽子。向我道賀。我想他或者見我的礮頭準確。贊成我吧。龍團長道。這也不錯。不過這個英人。總算一個夠交情的朋友啊。紅雁復又將那個便衣隊的前後詳詳細細的告訴了龍團長。龍團長道。你的功勞越發大了。我們那裏曉得倭方的便衣隊內有中國的漢奸呢。向後去。倒不能不特別注意呢。調班了。我們也好到後方去聊作休息了。紅雁便隨着入雲退了下來。在旱橋附近一個營部裏稍作幾分鐘休息。便到永興路的旅部裏去見馬旅長。到了旅部。可巧馬旅長正在預備用午饍。見龍團長來。便邀他一同入席。龍團長先將紅雁介紹給他。馬旅長便很注意的說道。這位便是他們所傳說的發礮聖手嗎。龍團長笑着點頭道。不是他。還有誰呢。馬旅長走進一步。伸手過來。和紅雁握了握笑道。老兄弟。你可算是我們的眞正同志。今天的功勞不小。我一有暇立刻便給你到軍長面前去介紹。紅雁唯唯稱是。馬旅長對龍入雲道。李同志的軍服符號還沒有發給他咧。龍團長笑道。上午因爲時機太也急迫了。所以未曾發。旅長這裏如果順便。就請發給他吧。馬旅長點頭道。有、有、有、他說着便命人去取上一身黃呢的制服來。給他換上。又給他裝上皮帶符號等等的附屬品。果然像個武裝同志。在雄壯威嚴的態度裏。還帶着一些俊逸儒雅的樣兒。換裝之後。馬旅長點頭微笑道。我們十九路裏又添一個少年英雄了。快來用飯吧。紅雁在換裝以後。覺得有一種說不出的興奮。好像小孩子得到糖餅也似的。在沒有換裝的時候。見了別人武裝皮帶。神氣十足。便自慚形穢。不配在軍官堆裏厮混。如今換裝了。又覺與他們有同化的意味了。他在旅部裏喫了飯。龍團長道。且到我的房間裏去休息幾小時。大約到了夜間十時左右。又要臨到我們的班頭了。紅雁此刻精神抖擻。倒不覺得困倦。但是龍團長的盛意難却。只得隨他一同到虬江路團本部裏去。團部設在新造的一所房屋裏面。龍團長的房間。却在一個廂房裏面。紅雁到了他的臥室裏。只見對面安置着兩張獨睡的帆布床。靠窗口也有一張寫字檯。檯上安放着軍用電話。和鋼筆墨水等等應用的東西。龍團長走到西邊一張床前。一歪身子。躺了下去。用手指着對邊的床對紅雁說道。你就那邊養一會兒神吧。紅雁忙道。你先困吧。我坐一會兒自會去睡的。龍團長說道。這樣恕我不陪你了。他說着便將被兒拉了起來。不一會。已是呼聲雷動了。紅雁獨自一個坐在寫字檯邊。偶然將抽斗拉開。想尋一本書看看。不料書倒沒有。却發現一本日記。和一封信。這一封信的裝璜。十分美麗。売子是粉紅凸花桃林紙做的。信箋是雪浪暗格玉版紙。字是淡藍墨水寫的。十分挺秀。信売上面寫的是

寄上海十九路軍第×師第×旅第×團團本部龍入雲君親啓

梅寄自廣東大沙頭大柏村

紅雁忖度這信或者是龍入雲的朋友寄來的吧。不妨展開看看。聊解沉悶。他便將信箋抽出來。仔細觀看。

別時桂苑飛金。蟾圓午夜。良宵寂寂。把臂喁喁。此情此景。宛然如昨。偶涉小園。見依人楊柳。青眼乍疎。始驚悉深秋殘臘。俱爲春帝

收回。逝水流光。渾難拉住。然光陰雖速若白駒。唯善用者。自不覺其短促也。君子以身許國。躍馬疆場。揮戈殲倭。捷報頻傳。不辜負韶光。不愧對父老矣。梅所期望者。君子能以沉著剛毅之精神。率所部作長期奮鬥。勝勿驕。敗勿餒。正如馬君所謂。有一槍一彈。誓不退畏。則東京城頭之國徽。不難由赤日一變而爲白日。富士之櫻花。梅未嘗不能偕君往折也。翁姑每日閱報。得勝利消息。卽欣欣然持以示梅曰。倭人敗矣。雲兒之功偉大哉。吾心慰矣。老人於此。飲食亦增。無復似君初去江西時。終日戚戚不樂矣。梅近日於侍奉之餘。爲君製毛絨背心一件。物雖不足道。春寒料峭。得此自有補濟。倉皇戎馬。强飯爲佳。

玉梅厚拜

紅雁將這一封信仔仔細細看到底。覺得纏綿悱惻。淋漓悲壯。兼而有之。確似一個美麗的女子手筆。他至此已經有八分料到這個寫信的人。一定是龍團長的夫人。他忙將這信箋原舊放到信売裏去。更將那一本日記簿兒展開來。從頭至尾仔細看了一遍。覺得有兩段非常的有價值。在下不妨抄下來。給讀者們瞧上一個明白。

八月十日。軍長准了我的婚假兩月。我心中說不出一種愉快。同時腦筋便轆轤着故鄉的風景。及錦衣榮歸的盛況。尤其是做新郎的念頭。興奮得極。下午一時。軍部送來銀瓶一對。金質章一枚。新婚費五百元。另儀三百元。旅部送來銀盾一座。小擡鐘一架。花瓶一對。儀洋一百圓。二時二十分。各營連本部送來之禮物。不下百餘件。以銀盾為大宗。六時至火車站。送行者頗多。都笑着祝我蜜月快樂。在車中過夜。

八月十一日上午九時抵到廣東北站了。立在月台的歡迎者。早在脫帽揚巾。表示竭誠。下車至月光飯店。進午餐。小舲作東道主。余飲酒獨多。乘醉意回家。可愛的父母早已倚門而望了。行裝旣卸。吾母卽絮絮問別後情況。吾父又舉家中各事告余。余甚樂。六時晚餐。八時寫信七封。預備寄回軍部致謝。九時就寢。

十二日全日爲朋友招致。除酒筵應酬外無事可紀。

十三日午後始返家。部署結婚事宜。李天放君自香港來。爲余介紹軍官學校校長作證婚人。盛意至爲可感。七妹攜來鮮花兩籃。作後日結婚之用。

十四日舅父徐長貴來。雯森表姐。秀文表弟。俱偕來。表弟已偉壯如成年。頗喜踢球。午後嬲至足球場練習一次。

十五日上午十時。余父母及余之親友。齊集珠江飯店。岳丈岳母係午後一時到。天放琴鳴二君。邀來程校長共入結婚席。可愛之梅。至三時許始珊珊其來。當禮成攝影時。朋儕要求余宣布結婚經過。余固辭不獲。祇略言之。演說時心房跳震不擋。失其常態。梅亦現忸怩色。子佳問我。是否先行交易一語。引起全堂鬨笑。梅之嬌靨亦化殊甚。六時入席。八時返家。四十分進房。梅兀坐於窗前。默然若有所思。九時卸禮服。父母以余連日繁忙。命余早睡。十時就寢。午夜十二時。梅起身爲我倒茶一盃。飲之感甚。蓋酒後口渴殊甚也。

十六日上午爲朋儕所邀。下午四時始返家。梅知余喜食福橋。剝肉一小盆。待余食。余食數瓣。亦强梅食數瓣。味極甘美。六時晚膳。梅商余欲除去房中小對一副。蓋因詞太不雅馴。上聯爲努力下層工作。下聯爲造成上等國民。余笑謂梅曰。朋儕諸謔。撤之未免使贈者難堪。若不聽之。斯亦從實際上講者。梅一笑而罷。

十七日晨六時。忽接到軍部火急電。因軍部奉令赴江西勦共。調余至前線督師余得此電。黯然久之。然軍令如山。自無反對餘地。又恐梅聞此消息。悒悒不歡。遂思密藏此電。不使梅知。詎梅在余凝想時。已見其電。笑謂余曰。共黨猖獗。君又當涉身沙場矣。然則此聯不除。國亡無日矣。余聞梅言。似無遠別爲憾。殊爲欽感。十時後。梅親入廚房烹飪余喜食之小菜數色。勸余飲酒。且謂余曰。此酒預祝君出師大勝。小醜全消。妾靜待捷音傳來。即焚香爲萬民祝矣。君乎。此行之責任甚重。唯努力不懈。自能登成功之徑也。余聞之感慨叢生。

幾不能作答詞。唯唯而已。梅知我哉。余愛梅之程度。又深一層矣。十八日晨父母知余長征在即。悽愴不能自已。猶勉強作笑容。囑余珍重。獨梅爲余檢行李。束箱匣。忙碌有喜色。亦若不知別後苦況者。余固知梅非不知別後苦狀。實欲全余壯志。不得不硬起頭皮也。余心碎矣。不知作何語方可安慰吾梅。惘惘登車。一聲汽笛車行矣。猶見吾梅笑容可掬。揮手囑余珍重。余於車窗探首出。命其歸去。梅猶戀戀不忍遽行。車去數百碼。猶見梅立月台上。未去。噫。梅豈無情哉。不過善於隱蘊耳。余平生所受之痛苦。當以此次爲甚。唉。軍人的生活。太單調而無味了。不。此行是偉大的。悲壯的。並不因此行而減退我倆的愛情。或者因暫別而增加濃厚。不過使我難受的。便是慈祥的母親。在我出行時的兩聲囑付。使我永久懸在心版上。

紅雁看了這幾段日記。才知道龍團長是一個新婚乍別的愛國英雄。同時又深深追想玉梅的爲人。何等明白。何等的爽快。軍官太太。像這樣的眞是百不得一。但是龍團長的犧牲精神。也爲年少軍官中不可多見的了。他倆確可當得革命夫妻四個字。我却沒福得這個同志同心的瓦愛夫吧。他默默的沉吟了一會。猛聽得自鳴鐘噹噹的敲了五下。紅雁此刻已滿透着倦意。因爲昨夜沒有睡。如今一沉靜。便覺得困頓了。便和衣到龍團長對面的床躺上了。不一會。已酣然人夢了。他正在好夢正酣的時候。猛的有一個人將他推醒。連連的說道快些醒來。換班去。前線打得正厲害啊。他聽到一骨碌翻身坐起來。揉着惺忪的睡眼。打了一個呵欠。睜眼仔細一照。只見龍團長正在床前神色非常的緊張。

評曰。小說之妙。妙在章法靈活。行文有致。反覆傍側。俱可描寫非老於斯道。雖才儲八斗。運筆亦不得其宜也。本節寫不倒翁。是正面筆法。寫龍團長即側面筆法。唯善讀小說者。方知著作之妙處。

淞滬血戰寫真 女義勇軍

第六節 無意中救活了一個朋友

紅雁見他這個樣兒。忙低聲問道。怎麼啦。敢是我們前線敗了嗎。龍團長道。雖然沒有敗。可是天通菴車站這一帶。援軍太少。危急萬分。你快到旅部。將第三中大隊礮兵。全數調向該處助戰。萬不能再延緩了。紅雁道。你此刻到那裏去。龍團長道。我也在這條防線上担任指揮。我此刻就到前線去了。你快去調兵吧。對他說着匆匆的出門走了。紅雁也隨後就到旅部裏去將第三中隊的礮兵三百餘名。一齊調出來。搬運着兩架小鋼礮。二架過山礮。四門七生野礮。以及機關槍快槍等齊向前線開拔。到了同濟路口。已是礮聲連天。彈火雨下。達到最前線的壕口了。紅雁便命礮兵將各礮擺好。他親自去將礮口移得正確。紅指揮旗一動。噗噠噗噠一連開了七八礮。便見車站東面火花四射。敵人所安置的四尊大礮。立刻已經毀了三門。又轟斃倭人百數名。此刻前隊倭兵忽然齊聲吶喊。在壕溝內推出坦克車四輛。一面搖着機關向同濟路口第一道防線衝來。此刻在壕內指揮的。乃是胡連長。他是一個當小兵的出身。大仗頭兒的確見過不少。他見敵人排山倒海價的衝來。他不獨不命迎戰。反而命壕中的兵士迅速到壕後。另調一百手溜彈隊到壕中靜悄悄的候着。紅雁見調手溜彈隊到壕中去。知道胡連長預備奪取敵人的坦克車了。他立刻統領着礮兵對準敵人的壕前開礮轟擊。首二排立刻倒地有三百餘名。後來的倭兵。雖然想跟着坦克車衝了上去。可是大礮的彈火紛紛的像暴雨飛蝗般地捲來。饒你有十分的勇氣。

也要退減了七八分。於是紛紛的回頭逃竄。此時有五百餘名倭兵。已隨着坦克車衝過大礮掃射的區域。旋風也似的已迫到壕前。瞿瞿瞿一陣警笛聲音。在胡連長的口中發出來。那一百名手溜彈隊。個個像跳澗白額虎般地由壕內躍出來乒乒乓乓。兄弟們殺啊……殺他媽的……砰砰砰……拍拍拍……唷呀……要命嗎……那五百名礮兵被手溜彈炸得東逃西散。四輛坦克車裏的倭兵。也死於手溜彈之下。坦克車停在戰壕前也不能動彈了。紅雁在後邊望見溜彈隊得了勢。他忙將手中的白旗一揚。拖着上刺的快槍。率領着礮兵們從斜刺裏衝出來。將賊人的後路抄住。立刻對面肉搏起來。那班倭兵早已失了戰鬥的能力了。雖然咬牙切齒的拚命抵抗。可是那一隊礮兵猛如暴虎。刺刀到處。倭人的身上便是一個透明的窟窿。祇聽得嘵喇嘵嚓嘰哇撲通嘵禿的聲音。原來那班礮兵將刺刀戳斷了。便將槍桿掉過頭來。常着聲頭的利器。成績倒也不錯。倭人的腦袋祗消一碰。到馬上便要開花。三百幾十個倭兵。在一剎那間。已斷送了半數。紅雁是第一次和倭兵肉搏。他本來是一個有人道主義思想者。但腦海深鐫着一個逃難者所說的。孕婦被殺的慘象。便使他將人道主義忘了。只知道爲被難的同胞復仇。他的臂膊同時也不知道從那裏添得來的一股蠻力。平素一只鷄子也沒有勇氣去殺。此刻竟能殺人不睜眼睛。這個緣故。只怕連他自己也有些兒不知道咧。祇見他的刺刀亂戳。敵人亂倒。戳之不足。以足踏之。還有一百餘名敵人。知道走不了。如此恃强抵抗下去。不消說。勢必盡成槍下之鬼。他們不約而同的一齊抛下了槍械。跪下一大灣來。哀聲討饒。紅雁見他們那種可憐的樣兒。不由的又將他原有的人道主義重行由心版上面現了出來。便下令將槍械收了。把那一百多名倭人。一齊押了回去。同時胡連長也將四輛坦克車開到自己的陣線裏來。敵人經到這樣的重大挫折。這才不敢小視中國的軍隊。一班向來自誇自大的倭軍官。也消失了不少的自信心。不敢再來冒險作投機的舉動。可是胡連長和紅雁倆却仍舊嚴陣以待。等候了多時。未見賊人有什麽動靜。夜色深沉。更沒有一些聲音動靜。死神悄悄將戰地籠罩着。一陣陣的冷風從北面吹來。侵人毛骨。紅雁枯坐無聊。而且等到了這會。見賊人沒有動靜。知道士氣已餒。不敢再來。他便分付了職兵們。不要大意。兩手插到大衣袋。慢慢的走到胡連長這裏來。壕內倒不寂寞。那一班兵士。吸煙的。說笑的。講故事的。各樂其樂。祇有兩個哨兵。不敢像他們若無其事的休息。依舊在壕外往來逡巡着。還不時開槍警示壕中的同志。紅雁進了壕溝。那些兵士便齊起身向他行禮。他笑着說道。在前線不必分高別下了。大家還是坦熟一些爲佳。而且我不過是一個小小的隊長。各位不要再和我分外客氣才好。那班兵士聽得個個露出滿意的笑容。仍然去尋找他們的快樂。紅雁向一個哨兵問道。連長在什麼地方。那哨兵便指着北面說道。在那裏。……紅雁也不再問。信步走了過去。一轉灣。便見一個小小的煤油燈。外邊還用着玻璃罩兒。放出很微弱的光華。照着壕河的土壁。胡連長和鄭排長兩個對面在那裏翻閱地圖。見了紅雁。忙一齊起身招呼他坐下。壕內沒有椅凳祇有三四個大樹根。紅雁等便坐在樹根的上面。胡連長在身邊掏出一隻香煙盒子來。拿一根香煙遞給紅雁。鄭排長忙去劃火柴。胡連長笑道。方纔一仗要不是老兄極力幫忙。確要靠不住了。紅雁笑道。那原是連長的功勞。怎麼又拉到我的身上來呢。胡連長笑道。先是你的大礮。隔了敵人的援兵。後又是你領兵去解決殘餘敵軍。老實說。這一仗如果換調一個礮兵領袖。休道勝不了。只怕還抵抗不得咧。因爲我調手溜彈隊進壕。原是冒險的勾當。如果一個不奏効。那可就糟了。第一道防線完全要毀棄了。當我調手溜彈隊的時候。還不曾想到用大礮來附助。及至你那裏開始猛烈發礮。我才壯起膽來。料定大批敵人一定是阻於礮火不能一氣衝過來的了。同時我很贊佩你的卓見。我更折服你竟能領兄弟們去實行肉搏。開礮兵未有之先例。原來當礮兵的。大都沒有衝陷肉搏的經驗。而且衝鋒肉搏是陸戰隊的專職。的確是不易看見礮兵兼作陸戰隊的表演。所以胡連長折服到十分。紅雁笑道。沒有犧牲的精神。不要入行伍。沒有責任心的。不要到前線。沒有團結力。不要和人開火。軍人有犧牲的精神。有責任的觀念。有團結的決心。不消說自能以一當十。所向無前。譬如今天連長調手溜彈隊進壕的時候。兄弟如果存着一個苟安一隅的念頭。不開礮不出兵。斷敵人的歸路。便是敗了。其咎在連長應付失宜。却不在我。連長以爲如何。胡連長點頭說道。尊論極是。軍人應着具有犧牲的精神。和責任心。團結力。尤其團結力不能薄弱。團結力不强。作戰便不能隨心欲爲。其害極巨。我們十九路所以能連打勝仗。其緣因也就在老兄所說的三點上。紅雁點頭稱是。他們閒談了一會。天色漸漸的亮了。敵方依然沒有什麼動靜。旅部裏已經派人來調差了。紅雁領着礮兵們回到旅部裏。龍團長也自到了。此時旅部裏到了不少的下級軍官。龍團長當時一一的給紅雁介紹了。那一班軍官們。見紅雁新進的立了不少的大功。自然特別的注意。大家都很和你夠交情。紅雁眞可算天之驕子。不獨旅部裏各軍官贊服他的膽識。便是師部軍部裏高級軍官。也急欲一見紅雁。太陽廟路的軍部裏。在下午一點鐘便有電話到龍團長。叫他將紅雁領到軍部裏和軍長會晤。龍團長聽得忙領着紅雁到軍部裏去。到了軍部裏。蔡軍長親自接見。晤談了一會。蔡軍長見紅雁少年英俊。談吐又風雅。十分地賞識。他又聽說紅雁是個富家子弟。尤其折服他的犧牲精神。當下蔡軍長便對他笑道。你到我們行伍裏來。覺得勞苦麼。紅雁搖頭道。不覺得勞苦。反較有些趣味。蔡軍長道。祇怕這是勉强的話吧。你不要見怪。我知道富家子弟不慣勞苦的。尤其是到前線去。提心吊膽。餐風宿露。一定要感覺到非常的痛苦。因爲你們養尊處優慣了。忽然幹這種苦不堪言的勾當。你說不覺得勞苦。我簡直是不敢相信。紅雁笑道。我說有趣味不勞苦。也有一個道理。因爲我們一向是度着優游的生活。沒有勞苦。在反面襯托着。反而不覺得疏適。現在呢。上差的時候。當然是感覺到不快。但是打到勝仗。以及下差。便覺得十分疏適。譬如我在家裏的時候。每天都要到入夜兩點多鐘才睡。睡的還不痛快。酣適。如今睡下去。十分美滿酣適。一覺醒來。精神非常充足。由是可見一個人應當要勞苦。才能得到了快樂咧。蔡軍長微笑點頭道。這些話的確有些兒至理。不過我要問你。如果我們將倭奴打退了。你還願意繼續幹下去嗎。紅雁笑道。如果每天有仗打。有倭人給我殺。我都幹。要是倭人退了。沒有仗打。我也不高興幹了。軍長要原諒我的來意。便是憤倭奴侵略才來投軍的。到了承平時候。沒有事做。倒喫一份國家的糧餉。那種無謂的生活。我倒度不來。蔡軍長笑道。由此可見你的志趣高超了。說到這裏。由外邊走進一個連長來。手裏拿着一張紙。上面寫着四個人名字。送給蔡軍長說道。這四名漢奸。怎麼處治。候軍長的令下。蔡軍長將那張紙上所寫的四個名字看了一眼。長嘆一聲。對紅雁慨然說道。中國不亡何待。單說這一起漢奸。他們不是四萬萬同胞中的份子嗎。竟能喪心病狂受日人的利用。來破壞自己的後防。

他們難道眞個沒有心肝嗎。說到這裏。恨恨的回過頭來說道。拖出去槍斃……在他說話的時候。紅雁就瞧見那四個漢奸的名字。第一個便是郝松古的兄弟松田。其他三個却不認識。他不禁心中別別的跳了起來。忙向蔡軍長說道。我有一個請求未知軍長可能容納嗎。蔡軍長道你說吧。紅雁便指着第一名說道。這個姓郝的從前和我同學過的。他的脾氣人格。我都知道。決不致幹這類喪心病狂的勾當。不過同名同姓的儘多。恐怕不是他。萬一眞夠是他。那麽這其間一定有其他的冤枉　我請求軍長下令。將這個姓郝的單獨提進來。給我看看是不是我的同學。蔡軍長點頭允許。立刻命將郝松田領了進來。紅雁仔細一望。不是他還有誰呢。但見他穿一件破舊的棉袍子。手裏套着一隻雙孔的鐵梏。赤着雙脚。垂頭喪氣的進來。一張灰青色的面孔上。滿罩着死氣。確有待死的樣兒。紅雁還未開口。蔡軍長忙向紅雁問道。是不是你的同學。紅雁點頭道。正是他。不過如何肯幹這種勾當。還不曾知道。請軍長仔細問一下兒。如果沒有寃枉。我也不敢妄自擔保。蔡軍長道。倒是由你去詢問的好。他見了我。或者有許多話不敢說咧。紅雁使走到松田的身邊。將他的肩頭輕輕的一拍說道。松田兄……松田此刻早已魂靈離竅。昏昏惘惘。已是死了。一半糢糢糊糊的聽的有呼他的名字。忙抬起頭來。向紅雁一望。復又仔仔細細的在紅雁渾身上下端詳了一下。才吞吞吐吐的說道。你……不是紅雁麼。紅雁點頭道。我正是紅雁。我要問你。你是一個聰明不過的人。爲什麼也會幹起糊塗的勾當來啊。須知此舉不獨你自己送了性命。還要沒辱祖先貽羞妻子。咳。太不合算啊。松田眼眶一紅。雙行熱淚。不由的從腮邊直滾下來。哽哽咽咽的半天。說不出一句話來。紅雁又說道。不過我是知道。你的性情人格。絕對不肯幹這種喪心病狂的勾當。或者受了別人的慫弄吧。松田長嘆一聲道。事已如此。說也無益。如今祇請你轉知照我們哥哥一聲。叫他來收埋的屍骨。紅雁忙道。你不要害怕。有冤枉儘可告訴我。我能夠設法救你的性命。松田那裏相信他的話。連連的搖頭說道。請你不要我說寬心的話兒吧。你道我還不知道麼。停一會兒。便與你作永訣了。

評曰。龍團長新婚久別。獨可代表軍人生活之痛苦。紅雁對蔡軍長言。反引以爲樂。其趣旨各異。不可一概而論也。本節煞尾。忽表出松田被捉。筆法雖然過脈。轉眼卽露奇峯。唯善寫者。方不致傾於一面也。

淞滬血戰寫真 女義勇軍

第七節 我們齊向公公去討索丈夫

他說到這裏。正不住又落下淚來。繼續說道。哦生總有死的一天。明白的人們。當然不以爲奇。不以爲悲。但是我死得太不値得。並且不明不白。紅雁忙安慰着他道。你不要悲憤。快將事實告訴我。我確有救你的能力。松田仍然不肯相信他的話。說道。便是你有能力。我的責任預料你絕對負不起。試想一個賣國的賊子。還有活動的希望嗎。眞在做春夢了。紅雁急道。你不要多說廢話。將功夫擔誤了。也休問我有沒有救你的能力。祇消你快將經過的事實對我說出來。讓我去碰一個釘子。死馬當着活馬醫。你道好麼。松田給他逼得沒法。這才將自己誤入籠牢的事實說了出來。原來他自從隨着不倒翁到虹口去之後。便編在第七隊裏第一天派出去的。是第一二三四五五隊。領隊的却就是不倒翁的四位令郎。提起他四位令郎。國家的觀念並不深。大令郎宋史。是六角公司的買辦。二令郎派史。是料理館的經理。三令郎趕史。是村下商店的老闆。四令郎屈史是品品小學的校長。不倒翁的公館在狄思威路。自建的一宅四層洋房。一個很大的家庭。四房兒媳。還有兩位小姐。大小姐芳子。二小姐森子。有錢有勢。却是旅滬倭人的極快樂的份子。家庭之內。融融洽洽。從無間言。不倒翁對於華國侵略的野心。倒比較他幾位令郎來得厲害。因為他的令郎們和華人接近的機會很多。和華人的感情也很好。所以對於他們令尊此次的舉動大不贊成。但是不倒翁對於子女。向來採用十六世紀的手段。不論幹什麼。沒有子女參議的餘地。他那四位令郎。時時暗中議論他的父親不是。但也無可奈何。誰知到了二十八日清晨。他坐在客廳裏。將四個兒子叫來。正言厲色的對他們說道。你們要知道。一個人在世上。最要緊的。便是能夠盡忠孝。那麼爲人的職務便算盡得了。你們對於我們老倆口兒。還算不差。不能說是不孝。但是我家受皇帝百世的雨露大恩。爲父久思爲皇家立一功二業。以圖報答。無奈事與願違。久久未果。難得此番機會來了。豈可輕輕的放他過去。所以爲父拚着各處接洽。現在總算大致就序。不過這便衣隊人多性雜。頗難統率。我已預定了八個隊長。你們兄弟四個。也是濱其中的份子。宋進等聽到這裏。齊喫了一大驚。派中便首先說道。爺的計劃錯了。我們一沒有經驗。二沒有膽識。那裏便能夠擔當這樣大的責任呢。萬一有了舛差。豈不誤了大事麼。接着宋史也開口說道。爺應當將隊長的職務當全委任別人。才不致被人家議論長短。一共祇有八個隊長。我們一家倒佔着四個。豈不是自私自利嗎。趕史也說道。我們便是前去擔任這個職務。但是連爆竹都不敢放。還敢上戰線上開槍嗎。而且隊長不行。就是一隊不行。因為一隊的人們。一舉一動。皆要望着隊長。像我們這樣的孱弱。還有什麼顏色擺給隊中人看呢。並不是我說一句倒灶的話。眞夠派我們去領隊。那確糟天下之大糕。屈史不待說完。便搶着說道。凡事都要知己知彼。三思而行。然後方不致失着。試想一個繁華熱鬧的上海。豈是作戰的區域嗎。屋宇連雲。肆店林立。要作戰。勢必先將這類建築品設法掃除。然後方長驅直搗。使敵人無閃避的餘地。勝利當然屬我。要眞正毀掉這大宗的建築物。又非多數重量炸彈轟炸不可。炸彈固然不虞缺乏。但是上海地方五方雜處。各國人士均有。他們豈能坐而不視嗎。至少要對我們表示一種極深的不良印象。當此萬國對我懷疑不滿的當兒。趕上這麼一來。的確是自絕於人了。不倒翁聽得四個兒子。異口同聲的反對他預定的計劃。不禁將幾根黃毛鬍子。氣得倒豎起來。將桌子一拍說道。事情我已經決心幹了。不論是誰都反對不了。休道你四個。是我生的兒子。我一定要委你們做四個隊長。誰再反對我立刻便將他拖出槍決。我這樣的辛苦。求名求利。無非爲的是你們四個畜生。打下來的天下。不是你們去享受。更有誰呢。我老了。行將就木。還思救國。不知道你們一羣小夥子。血竟不熱。一點愛國的思想都沒有。豈非怪事。……宋史等見父親動了怒。不由的一齊軟了半截。大家努着嘴。誰也不敢再說一句閑話。不倒翁正待再要發揮。糖瓜那裏有人來請他去議事。這才斷了他的話頭便隨着來人乘汽車動身了。宋史……們快快的回到自己的房中。將父親的計劃告訴給夫人。這四個少奶奶聽得。尤其是反對得厲害。當時她們在三少奶奶的房中開了一個反對會議。决定等公公回來。大家去請願。最低限度。也要不倒翁將委任兒子的成命收回。她們猶恐實力不夠。又預先到太太的房中去請求援助。太太是兒媳一邊的人。當然是不加拒絕的了。到了飯後。不倒翁回來了。太太領着四個媳婦。一同到客室裏來見不倒翁。那四位少奶奶在沒有見到她們公公鐵青面孔時候。還能振振有詞。及至看見不倒翁那副八個人擡不動的尊容。已將一肚皮欲說的話。嚇得忘記了大半。不倒翁見她們進來。心中早就明白了。但是故作不知的說道。太太和孩子們到前面來幹什麼。太太見他的神色不對。心中也有幾分忐忑。硬作頭皮說道。聽說太爺要派四個少爺去打仗。我想他們都是手無縛雞之力的人。怎麼能夠打仗。還請太爺斟酌斟酌才好。不倒翁兒頭一口道。呸。……你知道些什麼。你只合在家裏喫飯又麻雀。曉得外邊天有多高。地有多厚。我和他們是父子。不是仇敵。派他們的差事。不過想他們爲國爭光。揚名千古。難道還害他們去送死不成麼。兒子是我養的。誰都做不了我的主。快休多說。到後面去吧。我這裏馬上有貴客到了。不男不女擁滿了一客室。成個什麼樣兒。太太聽得。不敢再說。白灼灼的翻着兩眼。望着四個媳婦。希望她們出頭和老頭子開談判。以冀博得最後的勝利。可是她們見婆婆打頭陣。不獨沒有勝利。並且全軍覆沒。她們不知不覺的便減退了不少的勇氣。面面相覷。默默的更沒有一個敢開口說話。不倒翁又是不斷地在催促着道。四個鋒頭之後。他們便闖來了。你們快到後邊去吧。她們便立不圈子。先後出來了。太太知道他們膽小。恐怕再去搶上一鼻子灰。大衆沒趣。她便想安慰她們。搭着訕說道。你們儘可放心。我想這個老糊塗。雖然混鬧。但是這事非比尋常。他斷不會給苦自己的兒子喫的。四個媳婦明知婆婆這是敷衍之詞。但也無可奈何。祇得各自回到房裏去。到了當天的晚間。八時以後。宋史等弟兄四個倒底拗不過老頭子的命令。奉着委任。各人領着一隊便衣兵到前方去助戰了。不倒翁自從雙方實行接觸之後。便在家坐候捷音。太太和四位少奶奶提心吊膽。又不知不倒翁的話是否靠得住。還是靠不住。萬一不能作數。那麼宋史等四弟兄的前途。一定是危險的了。她們一齊聚在太太的房內。等候消息。時間是很快的。不一會已到第二天淸晨四點鐘了。四位少爺的消息眞夠如泥牛入海。杳不可尋。大少奶奶便忍不住向太太說道。你老人家聽見了吧。方才不是敲四點鐘了麼。據太爺說四個鐘點之內。可以完全解決了。開火的時間是昨夜十一點鐘。照理今晨三四時他們便應該回來了。怎麼仍然沒有消息呢。太太道。可不是麼。我也在躊躇著。或者現在已經解決了。有事糾纏住。未能囘來吧。話猶未了一個包車夫。氣急敗壞的奔進來說道。不不不好了……他說了這一句。只是喘息不已。大少奶奶忙道。什麼事這樣的驚惶。那個包車夫又停了半晌才說道。四位少爺一齊盡忠了。三少奶奶還不懂什麼叫做盡忠。趕着問道。盡什麼忠。包車夫道解決了。……二少奶奶聽得只當是華軍解決了的哩。便展開笑容道。既是解決了。他們爲何不囘來。累得我們擔驚受怕。那包車夫趕緊解釋道。我說的解決。不是打勝仗啊。乃是四位少爺的性命一齊被中國兵解決了。四位少奶奶聽得。這才明白包車夫的說話。大少奶奶哇的一聲。往後便倒。兩眼發白暈厥過去。二少奶奶一頭扔到太太的懷裏。娘天娘地的大哭。三少奶奶四少奶奶也像得了瘋癲病潑風獅子般地。亂哭亂嚷起來。太太也祇有老淚橫流的分兒。頓時房中吵鬧啼哭。一團糟也似的。再也不能聽出一點有秩序的聲音。不倒翁在前面聽得。後面這樣大哭大鬧。還不知爲的什麼事。忙移步到後面來瞧究竟。到了太太的房門口朝裏面一瞧。不由的氣往上冲。冷冷的問道。我家死了那一個。你們這樣的悲傷。太太劈的跳起來。伸手指着不倒翁的面孔說道。死了那一個。死了你四個兒子。你還在做夢不知道嗎。不倒翁忙道。是誰說的。太太道。你只問包車夫去老木便得了。不倒翁道。老木現在那裏。太太道。站在房外邊不是他麼。不倒翁回頭一望。只見老木渾身滾着泥漿。兩隻膀臂上血跡斑斕。一件黑衣。已經撕得拖一爿掛一爿十分狼狽。老木也不待不倒翁開口。便道。四位少爺。在寶山路口。皆給中國軍隊用機關槍掃射死了。可憐我拚命在東新民路爬鐵絲網過來。才逃掉一條性命。太爺到這會還未曾接到官方報告嗎。不倒翁聽得好似晴天發了一個霹靂也似的。險一些流出淚來。他因爲要安慰太太和四個少奶奶的起見。不得不十二分鎮靜的說道。胡說。敢是你的眼睛看得花了。四個少爺他們都是隊長。任他前線打得怎樣的厲害。絕對不會冒險和敵人去對面激鬥的。如果他們有了不測。我到這會還接不到報告嗎。這顯係是你沒有上過火線。看了礮火昏。認錯了人吧。大少奶奶到了此刻。也顧不得什麽公媳位分攸關。立起來說道。老木的眼睛也不瞎。怎麽會認錯了人呢。他更和四位少爺沒有仇恨。何苦來要咒詛他們。現在我們有一句話。要請問你老人家。你說四個鐘點他們自會安安穩穩的回來。怎麽已過了兩個多鐘點。仍然不回來呢。不倒翁道。那倒不成問題。或者因爲有些工作沒完。所以沒有回來。三少奶奶道。此刻管他有沒有工作。請公公將他們叫回來給我們看了。我們也好放心了。四少奶奶道。如今倒底誰是誰非。祗消打一個電話到司令部去問一下兒。便可明白了。二少奶奶道不錯。不錯我們去打電話。三少奶奶道。去去去大家也不由不倒翁分說。一窠蜂擁到前面的客室裏。正預備去搖電話。……叮嚀叮嚀一陣響。哦有電話來了。讓我先聽聽看。大少奶奶一面說。一面取下聽筒道。喂……那邊便有聲音過來問道。是不是宋史家裏。……大少奶奶道是的。你是誰。……我是糖瓜少將。我報告你一個不幸的消息。便是我的四位舅爺。在二時四十分當兒在寶山路口一齊陣亡了。……大少奶奶忙道。你等一會。叫我們太爺來聽電話。……她便掛上了聽筒。三四兩個少奶奶趕着問道是不是司令部來的電話。大少奶奶道。正是。她們又問道什麼事。大少奶奶流淚道。還有什麼話送死信來的。我們且去將老糊塗蟲拖來。聽聽電話。他才不嘴強哩。三個少奶奶聽得眞是又悲又惱。連忙又擁到後邊來。兩個去拉手。一個在後面推。一個在前面拉。將一個不倒翁好像撮小鷄也似的拖到客室裏。二少奶奶一伸手將電話筒取下來。憤憤的說道。聽聽你的賢婿說的什麼話。不倒翁到了這會知道不對。再聽到糖爪的電話。也沒有分辨的餘地。拍的將聽筒往架上一摜。咕嚷着道。倒他娘的灶。這一回狗師團的兵。爲什麼這樣不濟事呢。大少奶奶哭道。管他狗師團賊師團。兒子雖是你生的。却是我們的丈夫。你沒了兒子。原沒有什麼要緊。便到百年歸西。還有女婿女兒來給你送終。但是我們沒了夫主。年紀靑靑。這大半世的日子。怎麼過法。說到這裏。又嚎喪也似的大哭起來。那三個少奶奶更是哭得淚人一般的。不得開交。不倒翁到了這個時候。又悔又氣又恨又悲。腔子裏却似倒翻了五味瓶。酸甜苦辣鹹一齊湧了上來。不知怎麼樣兒才好。想了半天。想不出一句話來。答大媳婦的責問。可是大少奶奶依然在很急迫的催他答覆。不倒翁祇得說道，你們不要這樣的胡鬧。我家有的是錢。便是四個兒子爲國亡身。難道還少喫缺穿嗎。我總比較我的兒子們在日待你還要好。三少奶奶道。公公這話。說得太也可笑了。須知我們是嫁人的。却不是嫁錢的。談到穿喫。我們家裏還不致缺少我們一個人穿喫呢。爲着穿喫。我們眞可不必嫁人了。不倒翁聽得無言可答。正在鬧得不開交的當兒。瞥見兩個人走了進來。向不倒翁說道。我們是第○廠大板差遣來的。他們說太爺昨晚說。今晨四點鐘之後將五千名英雄好漢送還給他們。所以他們眼望欲穿。在第○廠裏擺下數百張席筵。又召去歌舞的少女二百餘人。預備在衆位英雄回廠之後。開一個跳舞慶功大會。四點五十分。各舞女已將外套皮氅等褪去。穿上薄紗的舞衣。裝來得和天仙一樣。在等候着。不過現在的天氣很冷。如果時候太多了。她們難免不凍出毛病來。英雄好漢們。要是已經將華軍解決。還是以早回去爲是。

不倒翁却不敢將實在的消息告訴他們。祇敷衍着說道。你們且請先回去報告吧。我停一會自會護送他們回去。那兩個人又叮囑了兩句。這才動身。不倒翁將這兩個間消息的打發了。動身之後。所幸四個媳婦在這兩個人進來之後。已經一齊避到後面去了。不倒翁見幾個媳婦離開這裏。眞夠是如釋重負暗自沉吟道。自已的兒子死了。還被媳婦逼得險一些貼到壁上去。那五千名便衣隊。如果死亡了一二千。那麼。向我要人的。實不知多少厲害咧。我一條老性命還想築得牢麼。他想到這裏。不禁悄然而悲。悚然而懼。他正在悚懼恐惶的時候。不料各國公使的電話又陸續不斷的打來。他們都說法定的時間已滿。更過了三個鐘點。戰事依然沒有停止。請他先將賠款交出來。然後再繼續打下去。他接到這一陣討債的電話。險一些將眞魂急離了軀殼。暗道。完了。完了。別的都不要說。單講這五國的三小時賠款。便須一萬萬五千萬。便是將我的家產充光了。也不夠五分之一。而且戰事還沒有停。我如果勸女婿不要打。那麼對於皇家未免太也有些說不過去了。他左思右想。總想不出一個較妥的辦法來。一眼瞧見寫字檯子上面放着兩瓶烟膏。忽然咬一咬牙齒說道。罷罷罷。誰也想不到我活到這般大的年紀。還糟踏了面孔。不能夠見人。不如一死。倒也乾淨。他想到這裏。惟恐遲了。沒有死的機會。趕緊走過來。伸手將兩瓶烟膏。取到手。啅嚥啅嚥一陣子喝了下去。屏心靜氣的坐那裏。等候死神光降。

評曰。先哲有云。殺人者人恆殺之。不倒翁簧舌一搖。致百萬人溺於水火。陷於刀兵。其罪惡罄南山之竹。亦難書矣。雖殤其四子。害及己身。猶不足謝泉下無辜者。嗚呼。不倒翁實爲天下最愚之人也。

淞滬血戰寫真 **女義勇軍**

第八節　她到前線去尋未婚夫了

不到半個鐘點。死神的威力。果然降到他的身上了。霎時腹痛如絞。神志昏糊。口舌出血。再停一會。便到鬼門關去尋找他四位介郎了。四個媳婦。到後邊去。暫避一會。知道外邊的客人已去。於是預備第二次到前邊來吵鬧。誰知她們趕到會客室裏。只見不倒翁倒在地上。七孔流血。早已不活了。她又驚又喜。驚的是父子五個一齊送終。喜的是這個老頭子早死早好。也好讓我們自由去嫁人。她們便回到房中去收拾些細軟珠寶。一鬨而散。祇有一個太太還在板着不倒翁的屍身。一把鼻涕兩行淚刷痛哭不休。

芳子早就出閣了。森子才十七歲。還沒有夫壻。在後邊聞得四個哥哥陣亡。已是十分悲痛。如今聽說父親又自盡了。越發心如刀絞。憤不從生。她決意到前線去給他兄長和父親報仇。便隻身出來。先到司令部裏見她的姐夫糖瓜。糖瓜聽說岳父自盡死了。倒也沒有什麼驚怪悲傷。本來的。女壻對於岳父母。從來是隔鞋搔痒。而且糖瓜這一次聽得他岳父說得那樣容易。滿指望旗開得勝。馬到成功。再不想到向抱不抵抗主義的中國軍隊。竟會抵抗起來。並且抵抗力十分强盛。扔了糖瓜一個不小的妙高台。所以糖瓜便怪岳父多事。給棰子他喫。岳父之死。好像是應該的。他便對森子說道。你是一個小小的女子。也沒有打仗的經驗。怎好到前線去呢。不是白白的送掉性命嗎。談到你四個哥哥的仇恨。還愁報不得麼。我們縱然目下不能得到勝利。料想援軍一到。大隊總攻。還怕幾個華軍打不敗嗎。而且這十九路孤軍。無援。料想絕對不能夠持久的。森子憤憤的說道。你欺我沒有打仗的經驗嗎。不瞞你說。士官學校裏我也住過三四年了。對於戰鬥的學識。雖不十分精明。却也有相當的認識了。我現在請求你撥一隊便衣兵給我指揮。三日後自然有非常的成績出來給你看便了。糖瓜聽得微微的笑道。你既然有這樣的雄壯志願。我當然是不能夠阻止的了。但是你預備領多少人呢。森子道。依我嗎。最少給我一千人。糖瓜道。這個數目未免太大了。恐怕你統領不來吧。森子道。你休要問我。我能夠討這麼一個數目。當然有這一種能力。糖瓜道。罷、罷、罷、將第七隊便衣兵八百人完全歸你統領、如果到必要的時候。須要援軍多正。我到那時自會派兵來援助。森子聽得唯唯稱是。便到操場裏將八百便衣隊集齊訓話一番。開始分派。郝松田周三王大龍三個人。分派到閘北大統路一帶去放火擲彈。他三個得命之後。又帶了三個倭國用的銅元。在身邊。當着暗記。由老垃圾橋乘船到浜北。混在難民的隊裏。向大統路方面而來。誰知王大龍走到烏鎮路口。偶一不留心。衣角被鉄絲網一拉。掀起一件破藍布長衫。兩個守橋的兵士便瞧見他的腰間懸着兩顆手溜彈。當下便施行檢查。郝松田本預備到自己的家中去躲避起來。不囘到虹口去。誰知在半路上便被檢查出證據來。不由他分辯。便將他拘到司令部了。松田將自己的經過情形一齊告訴了紅雁。紅雁當下便安慰他道。你儘管放心。由我來作保。停一會兒。便可放你了。他說罷囘身到蔡軍長的辦公室裏。將松田的寃情仔仔細細的對蔡軍長說明。蔡軍長道。既然有這樣寃情。便放了他吧。紅雁忙道。請軍長親自再審詢一過。如果實係是寃枉。那麼不妨由我具保。然後再放了他。蔡軍長笑道。不必費那些工夫了。祇憑你問過了。便行。他說着便命人將松田放了下來。紅雁便對他說道。你回到租界去。千萬不要對我們老子娘說。我在這裏當兵。松田點頭稱是。又謝過蔡軍長。這才隨着難民逃到租界上去。他得了性命之後。果然謹守着紅雁的囑付。誓口不提及一字。所以李家及紅雁的友好。仍然沒一個知道紅雁在前線任礮隊中隊長。徐小園等一起人。每日給紅雁的父母問得耳朵發熱起繭。可是兀自不能夠得一些兒消息。背地裏大家討論着皆道。這人的性命。十分有十二分靠不穩了。如果他仍舊沒有送掉了性命。那麼。便拿繩子去縛他。也要到滬江日報來一趟咧。更可怪的便是胡家女公子失蹤之後。也沒有一些消息可尋。倒底是什麼一回事呢。大家誰也不能夠知道。讀者。已經知道紅雁的下落了。但是胡曼華和婢子阿慧究竟到那裏去了呢。原來她自從聽得紅雁失蹤的消息。心中十分焦急。暗地裏和阿慧討論道。紅雁的脾氣急燥。却是一個有血性的男兒。每一次愛國運動。他都是奔走照料。不遺餘力。並且無意中常常聽到他一種憤世嫉俗的聲調。自從去年到南京去投考礮兵軍官速成班未中之後。這人的態度好像是變化了。常有一種不平抱負語。對我說。東三省發難之後。他曾幾次向我說。預備到東北去投軍報國。我總勸他不要依着自己的性兒去幹。到東三省去。一則是路程窵遠。再則是光你一個人前去。盃水車薪。也沒有什麼用處。留得你這麼一身學識。在將來報國的機會正自多咧。不爭在這個時候去作無謂的犧牲。他還算聽我的勸告。就將到東北去的念頭打消了。上一月曾在第二體育場組織青年義勇軍一隊。二百餘人。當初着手組織的時候。大家興興頭頭大有枕戈待旦滅此朝食之概。誰知一到了上海風聲不對的時候。那一班當義勇軍的朋友。東溜西散。一個也不見面。紅雁倒貼出五六千洋錢。他曾對我說。化掉五六千塊錢。原不算一回事。只是這班嘴硬骨頭酥的怕死青年。太也沒有愛國的思想了。一聽得風聲不對。馬上就實行露出懦弱的原形來。一齊逃散了。中國不亡。誰能相信。上海不發生戰事則已。萬一發生了戰事。我決心加到前線去揮戈殺賊。爲我東北死難的同胞復仇。我想紅雁這一次失蹤。八分靠得住去投軍了。阿慧道。小姐猜的一些兒也不錯。今天早晨我到小菜場去買小菜。聽得兩個北站方面逃出來的難民。告訴人們說。十九路軍裏新添一個少年軍官。發礮百發百中。倭人的飛機給他開礮轟落一架。還有什麼鐵殼車子。也被他轟壞了一輛。並且轟斃三百多個倭兵。他又說那開礮的少年。並沒有穿打仗的衣服。打扮得像一個學生模樣。身上穿着一件醬紫色的半截頭大衣。我想他所說的半截頭大衣。或者就是西裝大衣。我們姑老爺身上的大衣。是深鼻煙色珠呢做的。遠望却像醬紫顏色。他又說這少年軍官生得長白臉兒。頭髮梳得很光亮的。由此看來更像我們姑老爺了。依我想來。竟有八分是他。曼華聽得阿慧這麼一說。不由的將一顆心活躍起來便道。旣是這樣。我們倆何不到前線去尋他。阿慧聽得沉吟一會道。不如叫兩個包車夫去一趟吧。何苦來定要我們前去冒險呢。而且我們又是一個女流之輩。一切均不便當。曼華聽得。咄的一聲說道。這是什麼話。我們女子難道不能去麼。不瞞你說。到前線去。我正想和你去投軍報國。像你這樣的膽怯。祇合在家裏燒火煮飯。其他的事情便不行了。我更說兩個古來的女子投軍的故事給你聽聽。花木蘭爲父從軍。萬人景仰。秦良玉揮戈殺賊。千古揚名。我們雖然不幸生爲女兒之身。但是五官百骸。莫不與男子一樣。我們也是四百兆同胞中的一份子。應當盡一份子的天職。我却早已有了這種願心了。難得有這麼一個機會給我。一則借此去尋紅雁。再則揮戈殺賊。自是千古的快事。你不要害怕。祇消隨我去便了。阿慧聽得便笑道。小奴這樣的高興。我當然是不敢退後的了。不過我們走後。老太爺太太可不知怎樣的焦急咧。曼華笑道。癡貨。我們旣然預備去投軍。還顧太爺太太記念我們嗎。老實說。一切都不關了。阿慧道。這樣罷。我們將大少爺穿的衣服。偷些來改了裝。免得人家岔眼。你道好麼。曼華點頭道。這也使得。但是你須要特別的留心。千萬不要露出一些兒馬脚來。要緊要緊。阿慧道。大少的衣箱。擺在太太的房裏。此刻太太正在客廳裏叉麻雀。我便去取一隻來吧。他說着轉身下樓。不一會拾一隻皮箱。上來笑道。且打開來看看。裏面放的是什麼衣服。他說着。便將衣箱開了一望。只見裏面放着兩件襯掛。兩件皮袍兒。還有兩件絲棉的短襖。阿慧笑道。我道巧極了。齊巧放着兩個人穿的衣服。曼華說道。好極了。我們趁此穿好了動身吧。她倆便脫下旗袍。換上了衣服。倒也長短適宜。曼華在抽斗裏取了一捲鈔票。往腰內一塞。便向阿慧說道。走吧。阿慧道。我的小姐。你那高跟皮鞋。不脫掉了。預備到那裏去。曼華聽得。一望。不禁嗤的一聲。好笑起來。原來她忘記了脫去皮鞋。忙向阿慧說道。這倒忘了。怎麼辦呢。阿慧道。這個容易。她說着走了出去。不一會。取了兩雙棉鞋來。將鞋頭用棉花塞了起來。大家一雙穿好。更用博士帽往腦子上面一罩。確像兩個翩翩美少年。阿慧道。打扮停當了。但是怎麼出去呢。曼華道。便是這樣大大方方的從前門出去吧。好在我們哥哥的少年朋友很多。走進走出。誰也不認得誰。儘管放心走吧。她說着和阿慧昂然下樓了。說也不信。走到客堂裏竟沒有人認識她倆是曼華與阿慧。竟讓她倆安然出去了。她倆出了門。便僱了兩輛街車。一直拉到新世界的門前。她倆跳下車子。在新世界開了一個房間。住上一夜。打聽到閘北去的路道。打聽得清楚了。然後才乘着渡船到閘北。阿慧道。這兩天戰線已經延長到江灣以北。便是姑老爺實在投軍了。也不知在那一營裏。到那裏去尋他呢。曼華道。祇要我們投到軍營裏去。那麼便容易辦了。她一回頭。只見國慶路口。有兩個穿制服的軍官。立在那裏。他便走上去很謙和的說道。我們倆預備到十九路來投軍報國。敢問你們貴軍裏現在還收新兵嗎。那一個戴眼鏡的軍官聽得。便朝他們的身上仔細的端詳一下子。便說道。你倆要投軍嗎。胡曼華應了一聲。他搖頭說道。恐怕不行吧。看你們這樣兒。不是捐槍的人啊。你們熱心救國。當然是值得我們欽佩的。但是打仗。這一件勾當。是最勞苦不過的。你們受得了麼。曼華笑道。死且不懼。還談到什麼勞苦呢。我們如果怕勞苦。也不來了。而且這打仗勾當。人人知道。是不易幹的。一沒有利益。二沒有好處。所得的不過一個爲國犧牲的美名。但是我倆也不是爲着美名而來。却是爲救國而來。中國同胞四百兆。我們也是其中之一。應當愛國。應當救國。我不救國。他不救國。誰來救國。難道眼看着十九路孤軍覆沒嗎。那個戴眼鏡的軍官。竟給她這一番話。說的悚然起敬。很注意的說道。本來我們十九路裏現在無須新兵。但是你倆的志向可嘉。我來收留你們吧。他說着便向那個軍官說道。第三營裏的步兵額滿了嗎。那軍官道。還缺着十多個。戴眼鏡的軍官便點頭說道。如此甚好。你可將他倆帶去訓練吧。那第三營營長唯唯稱是。原來這戴眼鏡的便是第六團團長駐防在麥根路。第二道防線上。當下第三營營長便將他倆帶到麥根路的營部裏。將名姓塡到兵額上去。又發出兩身軍服給她們。曼華趁勢便將自己穿的一件火狐的皮襖。送給陳營長。陳營長推辭不受。曼華便說道。現在我們有了軍服。需不着這個了。營長儘可受下吧。陳營長本來很注意她這件皮袍子。因爲火狐皮是口外的貨色。陳營長預備出錢向她購買。如今倒一文不費送給自己了。當然十分感激他。無形中待他兩個分外的親熱一些。阿慧在背地裏向曼華說道。小姐你瞧新兵的宿舍嗎。大家都是一頭順在地上做床舖。睡在一堆。這個問題。倒不易解决咧。看見立刻天晚了。如果不睡覺。當然是不對。要是睡覺。我和他們一樣。是新兵。難道還能到別處去睡嗎。不消說。一定是混在一堆了。你想有許多的不便去處。怎麽辦呢。曼華沉吟了一會便道。此刻除却去和營長商量。別無他法。好在營長待我倆總算不差。或者有商量的餘地罷。她說着便去尋找營長。誰知偏生不巧。營長到旅部裏去開軍事會議了。曼華這可難住了。便向營長身邊用的一個小兵說道。營長什麽時候才回來。那小兵道。這却不能料定。或者今天的夜間住在旅部裏。也未可知呢。曼華聽得不好再問。只得退了出來。和阿慧商量道。這可糟了。今天營長回來。與否。尚未可料。阿慧皺眉道。怎麼辦呢。曼華道。祇好今天先且住上一夜了。別無辦法。等到營長回來再說吧。他們正在談話。膳室裏鈴聲一陣響。開夜飯了。曼華便和阿慧踱到膳室裏。只見那起新兵像餓鬼一般地搶碗奪筷。亂糟糟的一些秩序也沒有。阿慧附曼華的耳朵說道。你瞧這裏還喫得下去麼。快些兒到外邊的館子裏去喫一些吧。曼華白了她一眼。悄悄的說道。不用說麼話了。這裏路廣人稀。那裏有什麼館子。便有一二家江北館子。鹹瓜臭蛋。灰土落上一寸厚。祇有黃包車夫是他們的座上忠實主顧。我們如果去喫。那不啻便是往瘟疫介紹所裏跑。倒不如在這裏直着嗓子嚥兩口大鍋裏的粗米飯。倒不會出什麼毛病哩。而且軍營的規則很大。不要被查出來。受上一頓責罰。那才難乎其爲情呢。阿慧聽得無法可奈。只得到擺碗的地方去尋了兩隻碗。只見碗裏浮着一層很厚的油垢。她用水洗了半天。一些也沒洗去。沒奈何在身邊掏出一塊雪白的麻紗手帕揩拭了一回。才將一層油垢清離了碗皮。可是一塊潔白無瑕的手帕。至此已經一變而成理髮所裏的蕩刀布了。她盛了兩碗飯。搬到一張桌子上面。又去取一隻碗。盛了一碗青菜荳腐湯。對面坐下。曼華喫了半碗飯。便不喫了。阿慧總算喫得下。竟將一碗飯完全喫了。曼華悄悄的笑道。這樣糙米。如果長久喫下去。喉嚨裏面包管要擦出老繭來。不知道那一起八。狼吞虎嚥。一碗復一碗。眞夠似風捲殘雲。不知怎樣喫得下去的。還有兩個將頭頸竪得比鷺鷥還長。眼睛瞪得比酒盃還大。那倒不像是喫飯。實在是像搶死。她說到這裏。阿慧剛剛喝了一口湯。不由的噴了出來。將隔座一個禿頭同志。噴得和雨淋烏眼鷄似的。打了一個寒噤。劈的跳起來說道。喂。朋友。你應該拿出一些兒規矩來啊。便是菜湯好喫。也要慢慢的喫。何苦拼命的灌。灌得嗆了。連累別人呢。曼華忙走過去向他招呼道。對不起。對不起。這也偶然的事情。並不是有心。說着忙在身邊掏出手帕。給他揩拭一回。總算將那位禿頭同志的禿火哄得熄了。阿慧放下碗箸笑道。第一次喫軍營的飯。便闖禍。可見軍營的飯是不容易喫的了。曼華笑道。不要說了。且到外邊去逛一下子吧。阿慧便隨着她向外邊走來。剛走到天井裏。

評曰。曼華阿慧投軍。似得紅雁投軍時大同小異。殊不知宗旨目的各有不同。紅雁所遇者係摯友。華慧所遇者係陌路生人。紅雁之目的在殺賊。曼華之目的在尋夫。細一搜閱。竟無一字一句雷同。著者用心可見。

淞滬血戰寫真女義勇軍

第九節　最有趣味的第一夜。

迎面便撞見一個察夜的兵士。冷冷的向他們說道。現在七點鐘過了。你們不可再到外邊去逛了。八點鐘一敲。便要熄燈睡覺。此刻正該到宿室去休息了。曼華和阿慧聽得。連聲應是。只得回過頭來。向寢室裏走去。阿慧笑道。規矩實在是不小。可是我們此刻便阿睡覺。那裏睡得住呢。曼華道。管他呢。且去聽他們說笑吧。她倆到了宿室的門口。只見那一班新兵躺的。坐的。說的。笑的。倒也另有一種樂趣。曼華和阿慧的床鋪攤在當中一行。原來這宿舍共是五大間。分三行攤鋪。每人一條蓆子一條毛氈。一條被窩。別無他物。蓆子被兒一齊攤在地板上面。曼華阿慧兩個號頭。阿慧是四十八號。曼華是四十九號。他倆到自的被氈上坐下。閒閒的聽着那班新兵談話。內中以一個鷹爪鼻子的同志。最愛說笑話。而且他的喉嚨又分外來得響亮。他正在講着一個滑稽故事的當兒。忽然停止不講。正色向衆人說道。列位。這個年頭兒。愈來愈不對了。衆人正在聽一句笑一句的時候。突然見他發出這種很奇怪的說話。大家也就隨着他斂起了笑容。都向他問其究竟。他道。今天不是廢歷的大除夕嗎。衆人齊聲道是。他又道俗語說。大除夕出月亮。避債的定還錢。這話分明是避債的無處推諉。便允債主兒到除夕出月亮來拿錢。誰不知道除夕沒有月亮呢。欠債的朋友。因此便依賴着不出月亮。不還債。到了今年。這一班賴債的朋友。可賴不掉了。尤其我們屋裏欠債的朋友不少。衆人聽得忙一齊問他什麼緣故。他便說道。今年的大除夕月亮竟會有了。衆人聽得便一齊搖頭擺手的說道。罷、罷、罷、你又來造謠了。誰相信大除夕有月亮出呢。鷹爪鼻子同志笑道。造謠又造不到代價。更造不着利益。我又何苦來哄騙諸位呢。有兩個不識相的朋友。便一骨碌從地板上爬起來。與與頭的到外邊去望月亮。鷹爪鼻子同志忙止阻他們道。你們眞是呆極了。到外邊去那邊看到月亮呢。那兩個不識相的朋友便不服氣冷笑一聲道。到外邊去看不到月亮。難道月亮還出在屋裏不成。鷹爪鼻子笑道。可給你們一猜便着。今年的除夕月亮却是出在屋裏。衆人聽得又在屋裏指東劃西的尋找月亮。鷹爪鼻子笑道。各位無須在庸人自擾了。實在的告訴你們吧。要尋月亮。遠在天邊。近在眼前。有兩個眼快的早已瞧見會意了。拍手大笑。衆人見他兩個望着王禿子光頭發笑。也就會意。大笑起來。王禿子更不知道衆人所笑的原因。在那裏便也裂開一張臭嘴笑他人之笑。衆人見王禿子這種莫名其妙的神情。越發鬨堂大笑起來。鷹爪鼻子伸手將王禿子光油亮滑的腦袋一拍。正待開口。瞥見一個班長手裏執着一根籐棒子走了進去。霎時將滿屋中的笑聲嚇得止住了。大家都垂頭喪氣的坐在那裏。一語不發。那個班長瞷動眼睛。向衆人怒視了一回。也不說道。慢慢的出去了。鷹爪鼻子也不說話。祇將舌頭伸了一伸。做了一個鬼臉子。低聲向衆人說道。好險好險。大家識相一些兒吧。不要討是一頓籐條兒。到身上。那才是霉頭觸到印度國呢。膽小的見班長的顏色。恐怕撈着苦頭喫。便脫衣睡下。有的仍然對面坐着。唧唧噥噥的談話。已不像方才那樣高聲大語了。曼華和阿慧也不和衆人說話。將被拉起來。覆了下半段。坐在那裏。不一會一個查夜的握着一支手電筒。走進來。先開了電光向各處仔細照了一照。便在懷中取出一個點名冊子來。挨次點名一遍。復又到裏面查號頭查人數。各種的手續做得完全。然後催促衆人解衣就寢。最難堪的便是這位查夜的朋友。立在那裏察覷衆人解衣睡下。阿慧向曼華丟了一個眼色。他們趁着衆人紛紛脫衣服的時候。趁勢連着衣服探到被窩裏鑽去。說也可惱。偏是那個查夜的眼快。忙道。四十八四十九兩號。爲什麼連着衣服睡倒。……阿慧和曼華知道瞞不了。只得復又坐起來。正待將外邊的軍服脫去。那個查夜的已經走了過來。很嚴厲的問道。你倆爲什麼不脫衣服。……阿慧膽小給他一問嚇得滿面飛紅。一個字也說不出來。倒底是曼華有些膽識。忙回答道。因爲這兩天我們倆患着重傷風。所以不敢將衣服脫去了。恐怕受了冷。查夜的聽得微微的點頭說道。既如此說。情尚可原。但是一件。不脫也不合衛生。將外邊的軍服脫掉了吧。你們要知道當兵的除却在前方外。睡覺皆要脫盡外衣。至多留一套貼肉的衣服。既不損壞衣服。又不易汚穢。而且穿衣服睡的人醒來。一定要感覺到不舒適。他說罷。又向四下裏打量了一回。這才出去。阿慧曼華將軍襖脫下來。捲成一束。當着枕頭使用。曼華的身邊睡的一個大塊頭。生着滿項的虬髯。滿臉酒刺。還夾着不少大而且深深而且黑的麻點兒。年紀在三十上下罷。面孔朝着曼華這邊。翻着一雙光碌碌的透神大眼。向曼華笑道。四十九號。你姓什麼。說話時。一股糟粕的臭味。直噴過來。曼華嗅到這種異味。險一些將方才喫的一些飯嘔了出來。慌的將面孔一半埋到被裏去。說道。我姓胡。大塊頭笑道。這樣說倒和我是一家人呢。不瞞你說。我也姓屠。我是寧波的屠。我們的祖祠也在寧波。你是那裏的屠。有沒有祖祠。是不是也在寧波。胡曼華聽得他這樣的纏夾。不禁笑道。你聽得錯了。我不姓屠。却是姓胡啊。屠大塊頭笑道。原來你姓胡。不和我同宗合祖。我倒錯認了。但是胡家和屠家雖不同宗。却也有很大的關係哩。你不聽得人家說麼。胡塗胡塗。可見姓胡的不離姓屠的。姓屠的專靠姓胡的。可巧我姓屠。你姓胡。我又靠在你的身邊。正是糊糊塗塗的意思。他說到這裏。不禁呵呵大笑起來。曼華聽得討厭起來。暗道。這個大塊頭。講些什麼混帳話。我倒是不去睬睬他爲好。她便將雙眼合起。粧着睡着的樣兒。那屠大塊頭依然不住口的繼續說道。好兄弟。我們難得聚在一起。明天上陣去打起仗來。我們也在一起。你會放槍嗎。如果不會我可以教你放。他嘮嘮叨叨的說上半天話。曼華一個字也不答他。他仍然不以曼華不去理睬他而停止他的話兒。便又開口說道。四十九你爲什麼祇裝着假癡假呆。一聲也不理睬我。敢是惱我嗎。他說着又伸出一隻黑毛毿毿的臂膊來。預備伸到曼華的被中去。曼華這一驚非同小可。忙將被頭死力拉緊。正色說道。老屠。你今天老酒喫了多少下肚。這樣的不自重起來。須知我的脾氣古怪。不喜和人動手動脚。你要放得尊重一些才好。老屠聽得忙將伸出來的一隻膀臂又自縮了進去笑道。怕什麼。你又不是一個大姑娘。就給我摸一下兒。也沒有關係的啊。曼華道。你要知道。在人多的地方廝混。須要自愛一些。現在的時候不早了。我們還要睡覺。你睡不住。却不要來鬧別人不睡。大塊頭聽得連聲說道。原來是我的不是。請你莫怪。我絕對不敢再來鬧你。你直放心睡吧。阿慧道。老屠你不要見怪。要知太討厭的人。誰看見都要頭疼。一個說話。十個人睡不安。我勸你養養精神吧。老屠呵呵的笑道。不錯不錯。我太討厭。養神。養神。我再說話。便打我的嘴。他說罷果眞不聲不響的睡了。過了一會。呼聲如雷的睡熟了。一陣陣的酒氣汗臭直噴過來。饒你曼華將鼻子埋到被裏。依然逃不得聞着。她忙掉過面來。背着他。雖然還聞着。可好得多了。此刻屋裏的人們。大多入夢了。祇有阿慧與曼華兩個。沒有睡着。曼華睡不住的原因。讀者們是知道的了。因爲大塊頭的口臭氣作怪。那阿慧又爲的什麼睡不穩呢。原來阿慧的南邊。是四十七號。人長被短。兩隻尊足露在被外。阿慧在電燈光下面。已經完全見過了。脚背上的黑垢。足足有五分厚。無怪他不怕冷。將尊足放在外邊睡覺。原來這一層天然的黑漆外套。什麼寒氣都莫想鑽得進去。更有一股鹹魚的氣味。從脚指丫裏裊了出來。令人聞得醒脾開胃。確能治鼻塞不通的毛病。阿慧初聞着這股異味。還只道誰患着爛腿。或是癬疽的咧。後來漸漸的覺得這股異味既不是爛腿。更不是癬疽。的的確確的從四十七號的尊足上發出來的。阿慧立刻便一陣惡心喉嚨格格欲吐。還虧他的鎮靜功夫來得好。胃口裏未消化的晚飯。總算沒有下嚥動員令。她便掉過臉來和曼華對面。曼華悄悄的說道。你到這會還沒有睡住麽。阿慧道。那裏睡得住。被小天冷。地凉板硬。昨天夜裏還睡着銅床。蓋着絲棉的被兒。今天便這樣的苦惱。那裏還能睡得住。更有隔壁一位老兒的雙足。大約民國元年洗濯過。到現在沒有洗。不獨滿積着黑漆封皮。並且還有一股異味飄過來。勝似白衣人的香水。使人聞得精神陡長。再也不會疲倦。曼華笑道。這可對了。我隔壁的大塊頭那一雙尊足雖然未蒙賜見。可是那一張尊口的成績。不在四十七號之下。兩塊鉄板似的嘴唇皮。包着三十二粒金黃色的牙齒。呼吸間帶着不少臭而不可聞也的寶貨。我的渴睡蟲。早被這種寶貨。趕到東洋大海去了。所以我到這一會和你一樣的未曾睡着。阿慧道。這樣的下去。未免太也難受了。須知一二夜不睡還可以勉强支持。萬一每天這個樣兒。什麽人喫得消呢。最好趕緊想一個妥善的方法才好咧。曼華道。爲難也不過是這一夜吧。過了這一夜便好辦了。明天營長囘來。我便對他說了。想來這個睡的問題先要解決。營長或者體貼我們是喫不慣苦頭的應允了我們。不是就行了嗎。阿慧道。答應與否。現在還不能夠預料。都要待到營長眞正的答應了才行。曼華笑道。我們如果不以身許國。那麼今天夜間飲守歲酒。接灶迎財神。不知怎樣的熱鬧咧。阿慧笑道。這種苦頭完全喫在李大少一個人的身上。他如果不失蹤那麼我們……曼華忙用話岔了開去。她倆說了一陣子閒話。已到十二點鐘了。不知不覺的睡住了。一覺醒來。只見那班新兵都已起身。她倆趕緊穿好衣服。隨着大隊到麥根路去早操。到了九點二十分才回到營裏。曼華瞧見營長在辦公室裏。沒有事。忙進去對他說道。我和曼慧二人要求營長一件事務。求營長允許。營長道。什麼事。曼華道。我們想請營長賜一個房間。給我倆。因爲宿舍裏人多吵雜。地板上太冷。我們一夜也未曾睡。營長微笑道。我也料到這個苦楚你們喫不下去。我的房間裏還餘兩張帆布床。更有幾條厚大的被窩。你們今天晚間便到這裏來睡吧。曼華聽得倒難住了。暗道。如果不答應他。未免拂了他的一片好心。要是答應吧。依然是不便當。她疑遲了半晌。忽地轉出一個念頭來向營長說道。我們在這裏還要操到幾天才可以到前線去打仗啊。營長道。早哩早哩。依我們軍營裏的老例兒。新兵最少須得六個月。便是軍事時期內最少也得練上二個月。才能到戰線上去打仗咧。曼華失聲問道。那麽我們難道要在這裏等候操演兩個月。才可以到前線去嗎。營長點頭道對咧。至少也須得兩個月咧。曼華道。我們要懇求營長原諒我們的苦衷。我們的來意是殺倭救國的拉。其在這裏受上數十天的訓練。不如早一些兒調我們到前線去殺上一個暢快。豈不是好麽。營長道。你們志限果屬可嘉。但是這經驗不足千萬不能夠到前線前輕於嘗試。曼華道。我們打仗的經驗倒有。因爲去年的十月裏便加到義勇軍裏訓練過兩個月了。營長聽得便道。既是這樣。等到前線需人。我立刻便將你兩個先行補去。成全你們的志願。曼華連聲稱是。退了出來。阿慧忙迎上來問道。要求的事情。有一些希望麽。曼華便將以上的話對阿慧說了。阿慧道。這樣究比宿舍裏好得多了。因爲一個人好瞞。十個人便不容易瞞了。今晚決定到營長那裏去睡吧。他倆正在談話的當兒。那個屠大塊頭外邊走了進來說道。好了。我們八字橋方面。又打了一個勝仗。聽說新來的一個礮隊長。一礮轟燬了倭人的司令部。八字橋的大刀隊。一陣斬了二千多倭人的首級。眞是快事。曼華聽得新來的礮隊長一句話。十分注意。便向大塊頭問道。那新來的礮隊長姓什麽。你認識他麽。大塊頭道。他姓什麼。我却不知道。我更不認識他。不過我聽人們說。這個破隊長從前和我們龍團長在德國留學同窗過的。據我們龍團長說。他的目光和勾股算學都比較尋常人遠勝一籌。所以發起破來。成績比較他人來得好。曼華道。他現在防守八字橋麼。大塊頭點頭道。他從前是擔任北站一方面的防務。現在由八字橋向北去一帶的戰線喫緊。而且八字橋這個地方十分重要。旅部裏因為新破隊長的功勞卓著。所以將八字橋分段指揮的責任請他去擔任。曼華再要問他的話時。只見一個勤務兵走過來對曼華說道。營長叫你和阿慧進去。曼華忙和阿慧二人一同走到營長的辦公室裏。陳營長笑嘻嘻的說道。方才早橋第三營有電話來關照我這裏派二十名衝鋒隊去。我已派好了十八名。還有二名。便塡了你家兄弟倆進去。不過我要關照你倆。上了火線。最要緊的便是膽大心細。有急智。不慌亂。到了必要的時候。祇有前進。不能怯懼不前。我們軍界中有一句格言。便是礮彈落在怕死人身上。在衝鋒陷陣的時候。如果怯懼趔趄。反易中彈。我很希望你倆不要犯着這樣的毛病。你倆究係第一次臨着大仗頭兒。我不得不關照你們一聲。至於其他的十八名。他們都是久經戰場的老行伍。你們都要時時請教他們指示避彈的方法。和射擊的門檻。這十八名的資格。當然算得老到。尤以一個姓高的班長爲最。你倆不妨和高班長接近接近。我停一會。再知照他一聲。你們去預備吧。曼華和阿慧聽得派他倆到前線去。十分高興。忙到宿舍裏略爲收拾。祇將一條毛毯兒捲起。帶着。又將三八式槍上機械拆卸下來用火酒沙皮及卡司令擦了一會。便聽得外邊集隊銅笳嗚嗚的嘯響了。她倆忙將槍荷到肩上走了出來。早見那十八名戰士挺胸凸肚雄糾糾的排列在那裏。她倆趕上去。在末尾兩個位置上面站定。陳營長隨後也就到了。向還二十名到前線去的青年誠懇的叮囑了一番。這才開步動身。沿着鉄路向東走去。約摸十五分鐘的時間。始抵到旱橋的第二道防線。高班長命他們在沙袋下面暫且休息。候前線令下再朝前邊開拔。曼華和阿慧兩個立在沙袋旁邊向東望去。祇見堆貨的棧房。已成一片焦土。北站的大廳也成一個枯焦的空殼兒了。

評曰。本回始寫到正式主角。正所謂千呼萬喚。可見主角之身分鄭重。軍中食宿自是非常簡陋。尤有屠大聾為之作劇。曼華耐得。便見情深於紅雁矣。

然每一團體中。無屠大禿頭諸人為之插科打諢。則索然無味。

淞滬血戰寫真 女義勇軍

第十節 可欽可敬的幾個大學生

東北一角。虬江路鼎元里附近。火勢正盛。紅光冲天。平日車水馬龍的界路。至此也皆一變而成冷淸淸人跡杳無。祇有一陣一陣北風捲起。焚餘的灰屑。在空中飄揚。那專事破壞的倭奴飛機。仍有三四架或東或西在她們的頭頂上盤旋着。前線的礮聲斷續的不停。不過還沒有到劇烈的地位。由寶山路西至旱橋這一段。確是滿佈死氣與殺機。誰到了那裏。也會起異樣的感觸和恐怖。可是曼華因爲要尋找紅雁。雖有這樣十分怕人的景象。呈在他的眼前。她不獨不以爲可怕。反以爲到了這個拚死併活的地方。或者能夠尋到紅雁。倒底恐懼壓不倒希望。所以曼華一些也不怕什麼。阿慧呢。却和她不同了。一顆心不住的別別亂跳。耳朵裏聽的。眼睛裏看的。都是驚魂駭魄。但是到了此刻。倒有些自負的思想。暗道有許多堂堂六尺的青年男子。不獨不敢挺身到這個出生入死的地方。來共赴國難。並且還要逃避到安全的去處。可見我能夠到此地。也算勝人一籌了。她又想到將來不打仗回去。太太少爺少奶奶問起來。我便將打仗時的危險情形告訴她們。她們一定要聽得目瞪口呆。十二分佩服我有胆量有見識咧。她想到這裏。便將惶懼悚怯的心理稍稍抑殺。向曼華笑道。你聽見前線的礮聲和槍聲嗎。曼華坦然說道。有什麼不聽見。這也沒有什麼希奇。我總以為槍礮的聲音太疎稀了。不有趣。如果打得激烈一些。那麼槍聲密如聯珠。豈不有趣麼。她倆正在談話的時候。高班長走過來。和她倆通了姓氏。那個高班的年紀尙輕。不過十七八歲吧。一張臉兒。生得又白又俊。說起話來。溫婉流利。一些兒當兵的氣習。也沒有。原來這個高班長也是新近由杭州趕來加入十九路作戰的。他在杭州也組織一隊義勇軍。共八十人。此次到上海來。得蔡軍長的允許。將他所領率的八十名義勇軍分派在各隊裏訓練。他派在陳營長這裏。陳營長却很愛惜他。沒有事的當兒。便和他討論軍事常識。聽得他談吐當中對於軍事方面頗有相當的經驗。便命他在第九排裏任一個班長。立功。便隨時擢升。這高班長在出發之前。便聽得陳營長囑照他注意照應。曼華等兩個。所以特別和曼華阿慧兩個親熱。他見曼華生得漂亮非常。益發和她厮混得來。當下便對曼華說道。到前線去。實行對敵起來。最要緊的便是躲避槍彈的常識。先要具備。在衝鋒的時候。尤須注意。不要仰面直前。須要俯首斜衝。不妨醉漢般地東斜西側。使敵人沒有瞄準的機會。那可行了。在壕中開槍。尤忌無敵放矢。和過於露出頭臉。你倆大約是初上火線的吧。曼華點頭道是。他又道。你倆祇消看着我行事。到了要緊的時候。我自會關照你倆便了。曼華連聲稱謝。他倆的話還未了。瞥見一個穿黃色制服的軍官走過來。對高班長道。方才的前線電話到了。敵人預備今天晚間在淞滬路的南半段。用全力進攻。我們前線指揮得着這個消息。立刻打電話到司令部裏請示。現在從八字橋至寶山路口的一條戰線。已增加預備。並且有充分的後援在等候着。一有戰事發生。便將大宗的後援。調到第二道防線來。以備不虞。現在呢。先派你們到虬江路淞滬路口去增防。臨敵要勇敢鎮靜爲主。……他說罷。便返身向西走去。高班長便對衆人說道。由此地再向前去。大家須要眼明心細。不能大意。他說着一揮手拖着槍。躬下身子放開很快的步伐。當先走了。接着衆人也哈下腰。一條線跟了下去。曼華阿慧兩個夾在衆人的當中。一面跑一面向前邊張望着。過了車站的月台。猛聽得砰砰砰…… 高班長第一個臥倒地上。衆人也臥倒地上。曼華和阿慧兩個起初倒大喫一驚。只當他們中了敵人的機關槍倒下去。正待回頭奔去。猛聽得高班長叫道。快些臥倒。子彈當心……她倆這才會過意來。忙一齊仰臥到地上。一會兒敵人的機關槍聲音停止了。高班長等又爬起來向前溜去。曼華阿慧兩個見他們動身。也隨着起身跟下去。已到最前線的壕中了。高班長回頭對曼華說道。方才你倆臥倒仰面朝天。實在不妙。須知仰面臥着。起身却非常困難。須要經過一個大翻身。才能爬起。而且臥倒的時候。還要望着前面的動靜。仰面朝天。還能望見前邊什麽呢。下次須要留心。臥倒宜伏在地面上。將頭對着敵方。曼華點頭稱是。此刻壕溝裏防守的却是一隊學生義勇軍。和第七營的衝鋒隊。由鴻興路至北河南路一段。大約在三百多名。大家都將槍口擱在壕脊上。目不轉瞬的向敵方的防線裏望着。高班長一揮手。大家將刺刀裝到槍上。在虬江路口的一小段。伏在壕內。靜悄悄的候着。此刻曼華的北面是義勇軍。南邊是陸戰隊。可是雖然一樣的伏在壕上。却是兩般神態，那班陸戰隊有說有笑。好像沒有這回事也似的。但是那一班義勇軍的臉上。各人都帶着一種緊張的神態。更有幾個滿面孔的啼笑皆非懊喪的樣兒。似乎不該到這裏來担驚受怕。性命一霎時就能發生危險。一個四方白臉的少年。不時在衣袋裏掏出手帕來。在眼睛邊揩拭。他身邊一個大眼的少年悄悄的向方白臉說道。學禮。你那算什麼。不怕給人家笑話嗎。唉……方白臉忙強作笑容說道。你不要誤會。我方才眼瞼裏吹入一粒風砂。我所以用手擦拭。並不是哭。大眼少年冷笑一聲道。你休要來騙我。如果是風砂兒入眼。便不應哽咽啊。朋友。我對你說能。不要害怕。也不要懊悔。更不要悲傷。你只想想當我們校長臨出發時的一番演說。也將倭人殘暴的行爲想上一想。包你增加了勇氣。沒有上戰線的時候。誰不聽見你說得震天價響的。口口聲聲到前線去……犧牲……殺賊……我們聽得耳熟能詳。皆以爲你是一個愛國的少年。英俊。有胆氣。有魄力。不愧爲江南大學裏的義勇軍中的一份子。我想到你到戰線上來。却將本來的面目顯露出來。原是一個銀樣蠟槍頭。既然這樣胆小。怕死。便該早一些兒打定了念頭。不應該臉打腫了充胖子。硬作好漢啊。須知已到這個地方。便該振刷精神去幹。一切的一切。都置之度外。不要牽掛在心頭。學禮的面孔倒被他說的通紅。半天沒有回答。他又說道。我們現在祇須打一個算盤。譬如在沒有到戰線上以前。得了一個時疫毛病死了。現在活着却是多出來的。落得和倭人拚上一拚了。學禮點頭道。你的話確有至理。不過我所以作兒女之態者。無他用意。因想起家母來。我毫未告訴她。便背她出來。她必然要痛斷肝腸。不知怎樣的在焦急咧。我如果怕死。那便如你所說。不該來了。大眼少年不待他說完。便笑道。你可太也想不開了。忠孝不能兩全。現在既然以身許國。還顧慮到父母嗎。更有一個比例。你家除却你還有兩個兒弟咧。談到我祇是一個獨生子。我的父却非常的開達。在我辭別他們的時候。我的母親似乎有些留戀的意思。但是我的父親沒一些惜別的樣兒。並且對我的母親說。孩子今天去爲國增光榮。爲民族爭人格。是喜事。是壯舉。你別放出婦人腔來。使孩子們有所迴戀。我母親雖然強作乾脆的笑容。倒底眼睛裏的熱淚要滾出來。她背着我揩拭了。待我上了汽車。我的父母又叮囑多少話。可沒一句叫我回去。……你想。我父母平日如何寶貴我。如何愛惜我。你總知到的了。比較你當然要遠出數倍了。也不曾怎樣的悲苦。你的父母如果是明白開通的人。那麼決不會掛記你。因爲他們早就知道你加入義勇軍了。此次來。你的父母雖未知道底係。但也可以料到你投軍殺賊了。他們決不會牽掛你。更不會尋找你了。你如果實在怕他們焦急。那麼不妨明天寄一封信到家中安慰安慰他們便得了。何必形之於色呢。學禮點頭道。明天寄一封信去也好。平家駿在大眼青年那邊正在將她未婚妻的小照握在手心裏。目不轉睛的瞧着。聽得大眼少年這一番話。他忙把小照塞到衣袋裏。恐怕給褚青芬看見。說得肉麻。不料他在偷瞧小照的時候。早給北邊的余化時在背後瞧見了。拍手笑道。好漂亮……好漂亮……怪不得平家駿時常誇張他的瓦愛夫怎樣的好。怎樣的俏。今日一見。果然名不虛傳。我是一個無情者。也有些憐愛備至咧。他這兩句話。早將趙德祖錢世琪米存孝等一班同學驚動了。大家一齊集到平家駿的身邊來伸手向他討要小照參觀。平家駿忙不迭的向他們說道。你們休要聽余化時亂說。我那裏有什麼照片呢。趙德祖將一顆頭搖得和撥浪鼓也似的道。狗不吠空聲。人不說瞎話。如果你沒有。他也不發神經病。何苦來造你的謠言呢。平家駿那裏肯拿出來。正在爭執不已的當兒。猛聽得對面的敵壕裏警笛一鳴。劈劈拍拍一陣槍聲。刺……刺……刺許多子彈恰從他們頭頂上飛過。嚇得他們立刻低下頭去。各歸原位。韓隊長便向他們下一個警告道。現在已到緊急的時候了。諸位同志當心一些才好。須知一個不小心。便要惹出極大的禍亂來。……大家一齊沉默了。曼華在南邊聽得淸淸楚楚。暗自嘆道。這也難怪。他們到了這個地方。誰死誰活。皆未可料。自然有父母家人的牽念了。她的心中也會默念到自己的父母起來。高班長忽然將警笛掏出來瞿瞿一吹。大家知道有了目的。將十二分精神完全提到槍口。瞥見兩個哨兵在虬江路小菜場附近。將一面小小的紅旗一揚。很快的避到義品里弄中去。不一會便見一隊倭兵穿着黃色衣服。每人手中都捧着一根快槍。很快的向西衝來。一轉眼已逼近小菜場了。韓隊長和高班長同時發了一個開槍的暗號。拍拍拍……砰砰砰……義勇軍和高班長這邊的陸戰隊一齊開槍射擊。爲首十多個倭兵立刻皆倒地流血。後來的倭兵一些也不怯退。就從已死的屍身跳過。向壕溝衝來。這邊的槍聲愈加緊急。倭兵的先鋒隊死的也跟着增多。可是倭兵的數目實在太多。這一起打死。那一批又衝過來。曼華和阿慧在初開槍的時候倒有些震恐。待到後來胆子漸漸的大了。祇恨開槍的手段太幼稚。瞄準的技能太疎遠。她們雖然開槍遲慢。可是兩邊都是久經沙場的老兵。槍無虛發。所以正面的倭兵死得極多。倭兵便改由馬路南北街沿上向西衝來。義勇軍見倭人迫近不過數丈。他們便有些慌張了。韓隊長大聲叫道。兄弟們出壕拼啊……殺上去……他兩句出口之後。好像脫韁的野馬一樣。當先縱出壕溝。接着那班義勇軍紛紛出壕。不數步已對面了。此刻更沒有開槍的餘暇。祇用刺刀互相亂戳。高班長一揮手也領着一隊人出壕去肉搏。……嘵嚓……刺……哇呀……噗通……壳禿……殺啊……殺盡倭奴救國……機會到了…… 這一陣對面肉搏。倭人死傷枕藉。猛聽得警笛一聲。預伏在虬江路兩邊弄內的大刀隊。像潑風[illegible]雨的湧了出來。早將一隊倭人的後路堵住。從背後橫砍過來。倭兵的氣焰由此便減殺了許多。有幾個中了刺刀。沐血向鐵路邊逃去。殘餘的還在作最後的掙扎。終於衆寡懸殊。不能抵抗。和已死的同樣跌撲在一起。流着鮮紅可怕的血。這一邊死傷的也不在少數。一個首先出壕的韓隊長已死在倭兵的刺刀之下。並且死得極慘。上半段被刺刀戳得百孔千創。趙德祖錢世琪兩個雖然未曾死。可是一個腰間露出盃口大小的窟窿。一個頸項血流未止。被一班同學一齊動手將他倆拖到壕中。褚青芬急切尋不到藥粉給他倆止血。便將壕溝裏的灰土抓上一把。給他們敷上去。趙德祖的面色慘白。閃着一雙沒神的眼睛。對着褚青芬瞧着。微微的搖頭。掛下淚來。褚青芬一面拭着身上沾來的血跡。一面安慰他倆道。你們這一次流血。雖然受着些痛苦。可是得着莫大的光榮。錢世琪痛得劈的坐起來。將牙齒咬得格吱吱的作響。吟呻着皺眉說道。我要水喫……陳爲漢忙搶着說道。水喫不得啊。你要知道一喫水創口馬上便要裂開來。再耐心等一會兒救護車一到。你們便好了。世琪忽然張目四顧。向褚青芬問道。韓隊長呢。褚青芬聽他這一句。不禁眼眶一紅。險些落下淚來。因爲錢世琪和韓國柱皆是江南大學裏足球健將。平素情性相投。十分要好。自己和他倆的感情也是厚如手足。刹那將一死一傷。任是心腸堅硬。也不能自禁了。且迴想到平日在球場裏互展其長。屢將碧眼兒打得望風而遁。越發悽愴難受。勉力對世琪說道。他麽。他已經爲國犧牲了。錢世琪好像忘了疼痛似的張目問道。眞的嗎。褚青芬也不能回答了。祇將頭點了點。錢世琪長嘆一聲道。從此中華足球隊裏又弱一個健將。我們一班朋友裏又失了一個良善的導師了。他正說話的時候。趙德祖因血流的太多。竟自昏厥過去。躺在地上。一些也不動彈了。有兩個同學忙過來給他摩弄着胸口。過了一會。才將他救得甦醒過來。救護隊到了。也是江南大學的女生組織的。她們用帆布床黯然將趙錢兩個抬走了。褚青芬等在他抬走後這才到肉搏的地點去將韓隊長和另幾個戰死的同學屍身抬到壕中。一個個給他們掛上了名姓履歷的木牌兒。原來這木兒原來是預備紅十字會收屍的時候。容易辨認。他們將木牌兒扣好之後。第三隊紅會車子到了。將許多衛國好漢的屍身一齊收了回去。那個平家駿和馬文耀兩個一陣廝殺回到壕中。氣促汗流。面孔跌青。三魂去二。七魄缺五。軟攤在壕內。一語不發。褚青芬的膽子的確比較他們來得大。雖然經了這一番驚濤駭浪之後。仍然神色自若。毫不慌張。向平家駿說道。你和老馬敢是疲乏了麼。停一會兒第四五兩隊即來調防。我們便到後方去休息了。平家駿也不答話。祇將雙眼對着青芬呆視着。青芬也知道他倆是驚駭而成這個模樣兒。也不再和他倆說話。自己將香煙取出來。閑閑的吸着。曼華和阿慧回到壕中也是手顛足搖。罔知所措。高班長和衆兵士一齊回到壕中。細細的點一點人數。不過祇有一個安壓的老兵。右臂上受了些微的傷痕。其餘一些兒也沒有損傷。高班長一眼瞧見曼華和阿慧倚着快槍。雙目微閉。也沒有說話。高班長便走過來輕輕的喚道。曼華。……你怎麼啦。……敢是戴花了嗎。……未知曼華答出什麼話來。第二集中自有詳細交代。

評曰義勇軍皆血性男兒所組成者。既無長久之訓練。又無充分之經驗。不過憑一腔熱血。而與强倔不仁之倭奴抵抗。安得不死亡枕籍乎。吾國之常備軍。亦駕倭人五倍而上。竟隔岸觀火。坐視成敗。而不遣一兵一卒援救。此忠勇衛國之十九路軍。嗚呼。義勇軍亦太憨矣。

淞滬血戰寫真　女義勇軍

第十一節　八字橋邊的一場血戰

在高班長輕輕的慰問當兒。曼華等於昏糊了。竟一些不曾知覺。高班長見他不答應。倒有些着急了。逼近一步。蹲下身子。伸手在她的身邊蕩了一蕩。覺得呼吸如常。這才放下心來。又恐怕她身上中了流彈。又細細的在她的身上尋摸了一下。未有什麼形跡露了出。這才放心。又用手將她的肩頭推了兩推。她才甦蘇一些。微微的睜開眼睛。瞧見高班長蹲在自己的面前。在低聲下氣的慰問着。心中倒十分感激。暗自說道。在這危險的地方。難得他背熱心來照應我倆。倒是軍旅中稀有的人物。她由此又想起紅雁來。如果他瞧見我這個模樣兒。不知道要怎樣的憐惜呢。她正在迴腸九轉的時候。高班長低聲問道。曼華你好吧。……曼華道。謝謝你我沒有什麼。祇覺得頭眩目暈。別的倒好。你好吧。曼華說到這裏。高班長微微的笑道。掛了一些很輕的彩。說着將袖口撈起。露出一段雪白的膀臂來。在大曲池的下邊被刺去了銅元大小的一塊皮肉。外邊雖有白色的藥粉敷着。可是仍然止不住血流。高班長那條膀子。却像一段粉藕。經到鮮紅的血液一渲染。越顯得紅白分明。曼華看見了無形中生了幾分憐惜的念頭。她一伸手將衣服裏白紡綢的手帕掏出來。正預備給他紮好了傷痕。可是猛的想起一件事來。忙不迭的將手帕塞到衣袋裏去。饒你塞得怎樣的快。這手帕上的秘密。已經給高班長瞧見了。忙笑道。你將手帕拿出來敢是給我包紮傷痕的麼。如此我便謝謝你了。曼華聽得倒懊悔起來暗道。這怎麼辦呢。如果回他不是。好像又惹得他說我小氣。一條手帕都不肯犧牲。而且又拿出來復行收起。太難爲情了吧。殊不知我這條手帕。並非尋常的手帕可比。怎能輕輕的送給他呢。她爲難了半天。才想出一個方法來。向高班長笑道。你要手帕麼。有、有、她說着回頭將阿慧的手帕拿了出來。高班長笑道。他的手帕我却不要。你的手帕拿出來給我吧。曼華忙道。我沒有手帕。如果有。便不妨送一條給你。高班長笑道。你別騙我了。方才你拿出來的那不是手帕是什麼呢。哦。我曉得了。敢是那塊手帕是紡綢的。不捨得犧牲嗎。如果是這樣。我可不敢强自奪人所好了。曼華到了這時。無言可答。粉頰上面却會泛起兩朵紅雲來。高班長至此。越發疑雲百結。連連的催道。你如果不願意犧牲那條手帕。那麼不妨拿出來給我觀光觀光。好像那條手帕與普通的有些兒不同吧。說到這裏。曼華越發做聲不得。粉頸低垂到胸口。默然不答。高班長又說道。你不要遮瞞我了。實在的對你說。你那條手帕上的神秘地方。已被我看得清清爽爽。何苦來又瞞我幹嗎。曼華給他說得急了。便想了一個主意來說道。你要瞧麼。這是很容易的事情。她說着一伸手將那條手帕掏了出來。很坦熟的遞給高班長說道。你拿去瞧吧。這手帕上面有什麼祕密呢。高班長接到仔細細的瞧了瞧。便說道。你還道沒有祕密麼。我只道你是一位鬚眉的豪傑。却原來是一位巾幗英雄。說一句外國笑話。密司脫變了密絲。不是神祕的事情麼。曼華嗤的笑道。原來你瞧了手帕上面的幾個字。便疑我易釵而弁麼。高班長微笑點頭道。對咧。……曼華笑道。實在告訴你吧。這條手帕是我的妹妹的。我的妹叫做曼月。這手上面曼華女士四個字。原是我的妹妹寫錯了。他本來預備寫曼月。給她不留心寫成我的名字。我便將這塊手帕放在身邊。難怪你瞧見了啓疑啊。高班長聽得忙將手帕交還曼華笑道。罪過。罪過。我倒大膽褻瀆了令妹的愛物了。請你原諒我一些兒。曼華見他給自己騙得信了。便道。不妨。不妨。誰來罪怪你。直不要多心罷。高班長一面紮傷口。一面說道。我沒有請教你們府上的情形咧。曼華笑道。承你關顧。我們家的人口頗多。上有父母伯叔。中有兄弟姐妹。下有姪子小輩。却是大大的家庭。高班長又道。你家靠什麼過活。曼華笑道。說也慚愧。我的祖父是個絲商。一輩兒掙得家產一百多萬。到了我的父親手裏。已經將絲業撇掉不做。專門享着先人的餘蔭。我們也是在祖上德蔭之下養到這麼大。更不曾辦去什麼事情。高班長道。你讀過幾年的書。可曾留學過沒有。曼華笑道。提起讀書這一層事情。又使我慚愧得不能告訴人。我先在第四師範裏卒業。又到大學裏去攻文學。好不容易掙得一個文憑到手。本預備今年要德國去留學。不料遭了這樣的變動。無形將我留學的念頭打消了。大約到了戰事敉平之後。那要到柏林去見識一下兒呢。高班長道。瓦愛夫訂了吧。曼華笑道。沒有。沒有。去年曾有兩個朋友給我介紹。可是婚姻一事。實非尋常之事可以草草。都因爲雙方的條件不合。而作罷論。現在呢。我想求學事大。而且年紀又輕。不必急急的在親事方面追求。高班長吟吟的笑道。老胡我問你。你要怎麼樣兒的一個人。才能滿意而無缺憾呢。曼華道。依我的希望。倒也不甚麼十分苛刻。祇消這人品格清高。性情爽利。容貌端正。文學一層。倒不一定要怎樣的深邃。祇須大致明白便行。更有一個要緊的問題。便是她第一要識得我的脾氣。無論什麼事皆不和我背道而馳。那便可以永遠牢固整個的愛情。決不會發生不幸反目的事件。高班長道。我給你介紹一位女友好麼。這位女友一切的舉動正合你方才所希望的不差毫匣。未知你可要麼。曼華笑道。這是什麼時候。還在注重這個問題麼。便是有這樣一個人。也須待戰事平息後才能進行呢。高班長笑道。那是自然的。待到那時我再給你介紹吧。阿慧此刻已經休息了好多時。聽得他倆一說一答。不禁有些兒好笑。便湊趣說道。我們大哥的親事。不容易定咧。因爲他的條件之外。還要經他親眼瞧見過了。是否中意才行。高班長笑道。那包管他稱心滿意便得了。他說到這裏。又轉問阿慧道。你是他嫡親弟弟嗎。阿慧道。雖不是胸兄弟却也是嫡堂兄弟咧。高班長待要再和他說時。猛聽得哨兵的警笛瞿瞿的又吹了起來。他趕緊爬上戰壕一望。只見一隊倭兵從寶山路北河南路口敗了下來。預備從淞滬鐵道奪路逃生。高班長立刻便施了一個暗號。大家一齊捧槍待發。不一會那三十多個倭兵竄到虬江路。他們便一齊開槍射擊。頓時擊倒了十幾名。高班長見那沒有打倒的十多名倭兵。還揹着兩架機關槍。他便貪功膽大。一聲號令。帶領着三十多名兵。直追下去。直追到靶子路附近。果然將兩架機關槍奪了下來。正待從原路回去。不料給倭兵的大隊瞧見了。立刻開機關槍射掃。高班長和曼華兩個忙向附近的弄中避去。那其餘的兵士已經經將兩架水機關揹出子彈集中的地點。向原路去了。倭兵的機關槍聲音密如下雨。有兩隊水倭兵趁着彈火猛烈的時候。反攻過來。勢如萬馬奔騰。眼見要衝到曼華等兩個藏身的所在了。他倆急切沒處可避。瞥見有一家後門在開着。他倆也不顧死活。闖了進去。撲的將後門關上。向裏面而來。剛剛走到重門口。瞥見一個十六七的女子。鬆蓬着一頭的短髮。神色自若的由樓上下來。見了高班長等。她略一凝視。便道。你倆怎麼能夠到這裏來。你們難道不知道此地是敵人的防線麼。曼華便將追殺賊人的事實告訴她。她點頭道。然而這裏不能久避。萬一給日人偵察出來。大家皆逃不了。不如早一些兒覓路逃回國軍的防綫吧。我有兩個哥哥也在義勇軍隊裏。二位如果肯讓我隨你倆一同回到那邊去。我預備也加入女義勇軍爲國抵抗。曼華便問明了他的身世。原來她姓梅。叫倩影。她的兩個哥哥忍寒耐寒在發生的第二天。已經追隨着大學義勇軍到前線了。她因爲讓祖母等先逃出戰區。以致担擱了時候。北四川路的鉄柵門已經關了。不能走出。她正預備出去尋覓生路。恰巧遇着了曼華等兩個。便趁着一個空。隨曼華等逃回虬江路原防。阿慧等看見曼華等脫險歸來。自是十分欣喜。九點十分調到虬江路旅部裏去。休息到了十點鐘以後。旅部裏突然到前方的探報說。今夜賊人三路偷襲江灣。八字橋方面須厚增兵力。防禦倭人逃散下來。好迎頭兜擊。當時鄧旅長便下令將高班長一隊人調往八字橋助力防守。梅倩影當下也要求一同加入。

高班長忙命預備停當。便向八字橋開拔。大約在十二點鐘左右。已經抵到八字橋的防線附近。早見一隊女生義勇軍。伏在壕上。一個個全神貫在槍口。一個分隊長羅秋芙。握着一根指揮刀。在壕內踱來踱去。一擡頭瞧見了倩影。很欣喜的說道。倩影你也來了。好極。好極。你一班同學皆在這裏。頗不寂寞。她說着。宋宜春江紅蕚吳柳魂等一起女生。齊掉過頭來。向倩影問長問短。曼華知道。這一隊女生裏面。一定有一二個熟人在裏面。她故意低下頭。不向她們望。走了過去。可是天下事每每不能如人所願。饒你想瞞人。却偏會撞見了一個自幼同窗的女友。叫做安靜媛。一眼瞧見了曼華。便高聲叫道。曼華……曼華聽得有人叫她。越發低頭走得快。說也可笑。饒你走得快。靜媛却不明白其中的究竟。却疑心曼華故意搭起架子來。不瞅睬她。她手是放快了脚步。趕了過來。一伸手將曼華的手兒拉住笑道。密司胡。你現在敢是任到高級軍官了麼。便是任到高級軍官。我們絕不來請你提拔。何苦來架起身分來。不理睬我們呢。曼華這可給他道出行藏來了。不得不跕定了。向她笑道。密司安。你是什麼時候加到義勇軍裏來的。靜媛笑道。我嗎。早就加入了。不過到前線來。今天才開始。你在校中我曾那樣的勸你加入。你直不肯答應。這一會又是誰叫你來的。曼華笑着。正待答話。高班長嗤的笑道。曼華我說你瞞不了我的眼睛。這一會可抵賴也不。曼華紅了臉笑道。在異姓同志的班中。我不得不瞞你一下兒。現在到了此地。當然要露出我的本來面目了。安靜媛見高班長少年俊俏。在斌媚動人的態度中。還露出幾分英挺的態度來。說不出令人可愛。便問曼華道。這一位是誰。曼華忙給他倆介紹一下。安靜媛笑道。班長不遠千里到上海來。執戈殺倭。其愛國的程度。真令人望塵莫及。高班長道。國家興亡。匹夫有責。休道千里。便是萬里。也不能阻止愛國者的熱忱。倒是你們一班女同志。竟能空前絕後。作此壯烈的舉動。自比我們鬚眉男子。更勝一籌了。曼華接着說道。班長我要求你允許。我加到此地隊裏。因爲隨着你有許多不便的地方。同時我還告訴你。胡阿慧也不是我的兄弟。却是我一個婢女。陪我一同到前線來的。也叫她在我加入此地的隊裏。高班長微笑點頭說道。好好好。我只疑心你是一個巾幗英雄。却不料她也是一個釵裙的勇士咧。安靜媛隨手取了一根茄立克。送到高班長的手中笑道。戰壕裏沒有什麼東西可以敬客。祇有香煙開水。請你先吸一枝香煙吧。高班長連聲致謝。將香煙接過來。安靜媛又劃了一根火柴。用那一雙羊脂也似的玉手。罩起。恐怕被風吹熄。高班長忙過來吸着了香煙。安靜媛道。班長此刻很是沉寂。請你將部隊分派了。便不時到我們這裏談談。高班長連聲應道。好的。好的。我一有空便過來候候你們。安靜媛笑道。候字不敢當。但是我們雖是掮鋼槍。一些兒軍事常識沒有。你來指教指教我們。當然有些補益的了。高班長也客氣了兩句。便領着部隊預備到北邊的壕中去。安靜媛忙對高班長說道。夜深了。班長的身上也沒有毛絨衫兒。恐怕冷罷。我到前線曾多帶一件柔毛內衫。現在倒需不着。班長如果不嫌棄。先送給你禦禦寒氣好麼。高班長還未答話。曼華便開口說道。密司安你的身腰細得很。恐怕班長穿不得吧。安靜媛道。毛繩衫有伸縮的。大小皆可。有什麼穿不得呢。高班長道。此刻我的身上還不什麼冷。謝謝你。安靜媛忙道。你倒不要客氣。這兩天夜心裏。我們穿一件小毛的內短褸。絨繩衫褲。再加外邊的軍衣。還有些冷呢。何況你身上沒有皮衣襯裏呢。而且行軍的人們。最要緊的便是要保護自己的身體。偶一不慎。冒感風寒。也沒有一個貼己的人來服事。確是苦事。所以身勸你還保重一些的好呀。高班長點頭道。既是這樣。權且借給我穿穿吧。等到天氣和暖。我再來還給你。安靜媛忙將掛在壕邊的一件鼻煙色的柔毛絨襯衫。拿了過來說道。你儘穿吧。我們家在上海。便是需要什麼。叫人好到家中去取來。高班長道謝了一聲。這才領着一隊人到壕溝的北半段去。曼華向靜媛笑道。人道你的交際手腕好。果然不錯。我和高班長厮混了兩天。還沒有你這樣的一見如故咧。我且問你。人家冷與否。干你何事。誰要你這樣的體貼人家。靜媛嗤的一聲笑道。你的心。也未免太忍了。人家身上冷。難得我有這麼一件衣服。在這裏。樂得順便做上一個人情咧。列公這個安靜媛本是海上聞人安國志的女兒。她也是大學生的資格。不過她的脾氣很是特別。看那種風騷浪漫的樣兒。誰都說她是個最摩登的人兒。男性朋友最少也得有十個八個。但是她的普通的男友雖然多於過江之鯽。但是眞正知心却無一人。因爲她的眼界淸高。一般紈褲子弟皆不能邀她的靑睞。由此想和她做一個知音的朋友便難了。她此次加入義勇軍。完全是出于自動。她並且時常對人說。這一次拿性命來犧牲並不是抱着出風頭主義。實係爲良心所驅使。和她同來的女學生也五十多人。再不想到在這裏遇見了曼華。眞夠是喜不自勝。在壕裏談談說說。頗不寂寞。曼華忽然向靜媛問道。靜媛姐。我且問你。聽說十九路裏新來一個礮手。是德國留學生。發礮非常的準確。此人你可曾見過嗎。靜媛道我也曾聽得他們說起。軍中確有這麼一個人。不過我是未曾看見。今天我們調到這裏來。聽得兩個哨兵說。這發礮聖手。昨天還在這裏。今晨二時三刻。已調到江灣了。我又聽得他們說這人姓李。便是上海的人氏。到江灣去還有兩個姓梅的和他一同去。這梅家兄弟也住在上海。曼華聽得已經有八分明白了。暗自說道。這兩個姓梅的或者是倩影的兩個哥哥也未可知。可惜我來得遲了。如果早一些。或者可以遇見他咧。她正在忖度着。忽地有一個人將她的肩頭輕輕的一拍說道。曼華姐。你和我去一趟吧。曼華忙回頭一望。不是別人正是倩影。忙道。到那裏去。倩影道。我眞不放心我的兩個哥哥。現在不知道在不在這一條壕溝裏。你且領我一同到北邊去尋一趟罷。曼華道。你可不要去尋他倆了。我聽說他倆現在調到江灣去了。你現在便是去尋他們。也不見得尋見了。還是等一個機會到江灣去。那時自然會碰見他們了。靜媛忙問曼華是誰。曼華便將倩影介紹給她。又將倩影逃出來的情形告訴給她。靜媛道。如此對了。我聽得他們說的。兩個姓梅的好像的胞兄弟。是淸明大學的畢業生。倩影忙點頭道。對了。我兩個哥哥。正是淸明大學的畢業生。靜媛道。那麼你也不要去尋了。她聽得靜媛兩個人的話。料想不假。也就聽信了。便坐在壕內。和她倆談天。不時曼華將頭伸到壕外張望一下。到了兩點鐘左右。江灣的槍礮聲音像年初一的開門爆竹那麼稠密。靜媛道。這時江灣的主力軍。一定在過頭了。我們也該登壕預備了。如果有了殘餘的倭人敗竄下來。我們好打他媽的一個暢快。正說之間她猛聽得警笛大鳴。她們立刻上壕。只見東北火光冲天。哭聲大震。火光中遥見一隊倭兵。約有一千餘名。漫田蓋野的向八字橋方面衝來。高班長一面下令。叫衆人預備。一面背起一架水機關。領帶着二名女義勇軍。向東北角一個竹林土墩上奔去。靜媛知道她一定是攻敵人的側面。她忙和曼華倩影阿慧三個。也抬了一架機關槍向壕溝東南的一座土墳邊奔來。論起一架機關槍來。至少也有一百七十餘斤。更加七條子彈袋。和兩箱預備彈。每人確有九十餘斤的擔負。但是她們一些兒也不覺得喫力。一會子抵到土坟邊。便將槍口支了向東北。靜媛管槍口。曼華倩影一面投彈。一面收空帶。阿慧便將彈箱開了。預備待空帶下來。裝彈子。她四個預備停當。倭兵的先頭隊已到。曼華便要開槍。靜媛忙搖手道。莫急。迨盜入一半進了我們的陣地。那時再開槍不遲。話猶未了。壕溝中的一班女英雄。已經開槍了。拍拍拍砰砰砰倭人的前數排。祇見向地上亂倒。那一起女生。雖然有些害怕。畢竟是人多仗膽。劈拍呼剌不住的開槍射擊。但是在壕溝裏的義勇軍女的一百二十多名。男的祇有七十名。共計二百名。還未到。所有的正式陸戰隊。因爲司令部接到曼華等的祕密消息。將主力軍大多數調到吳淞和江灣兩處。雖有一個獨立旅剛由廟行方面調來。可也是大戰之後。疲倦不堪。而且初到閘北也沒有片刻的休息。當然不暇調兵增防的了。可是高班長何等的厲畧。他知道賊人此次來犯。人多勢大。如果在正面和他對敵。不消說一定要一敗而至不可收拾。她在這間不容髮的當兒。居然會不出一個虛實兩門攻。犄角之勢來。就奮不顧身的和二名義勇軍在壕內將機關槍搬了動身。更想不到靜媛曼華等也會大膽聰明起來。也移一架機關槍到東南的土坟上去。和北邊的竹林墩兒雖然相去不到一里路。可是陣地前的兩扇大門。關得好了。高班長見賊人已有半數進了陣地。他立刻便開槍了。曼華等望見竹林墩裏槍聲大作。也隨着開了關捩子砰砰砰砰砰安靜媛下半身貼在潮濕的泥土上。酥胸貼在曼華和倩影兩個的大腿上。運足精神。到她一雙杏眼上面。將機關槍的屁股兩邊不住的推着。這兩邊的機關槍一齊開了。饒你有千軍萬馬。也難逃過此關。霎時將賊人的中半段擊斃有三四百名之多。後面的倭人。便是有天大的胆子。也不敢再趕上來送死了。一個回頭。十個便向後轉作紛紛的向原路逃去。南北兩支機關槍。同時又移轉了方向。隨着敵人的屁股後面。掃射了一陣。闖進了虎口的一百多名倭兵。進也不得。退也不能。不上兩盞茶時。一齊斷送到槍礮之下了。這一陣共計殲敵四百餘名。早有一隊後防地陸戰一千餘名開到前線來調防了。曼華等一班人在晨光熹微的當兒。列隊向後方而來。曼華在靜媛的後邊說道。在沒有到土坟上去的時候。還看見你頭上一頂柔毛的烏帽兒。這一會怎麼不見了。靜媛聽得連忙將頭上用手摸了一把。笑道。這一仗雖然是打得勝了。可是白白的犧牲了我一頂帽子。談起這頂帽子的歷史來。很是長久。前年我們爺子到南洋去。在小呂宋地方買來的。聽說在此地買起來恐怕非五十元左右不可。阿慧在後邊笑道。安小姐方才你在開機關槍的時候。我在旁邊看得清清楚楚。一粒彈像流星也似的飛了過來。將你頭上一頂烏絨帽兒。

激開丈多遠去。那頂帽兒經着彈火一過。立刻便燒了。那時我本預備告訴你。又恐怕你因此膽怯。所以沒有說出來。你瞧恐怕你的頭上還有子彈過的痕跡咧。曼華聽得忙趕上來在她的頭上一望。不禁失聲說道。我的娘娘。你的性命是拾得來的啊。在顱門向後一路的頭髮皆被彈火剷掉了。再低一寸。那不是……恭喜。恭喜。恭喜你由此向後長命百歲。永無災難。她自己也伸手在頭頂上摸了摸。將舌頭一伸說道。險極。險極。我那裏知道。俗語說。錢到賭場。人到戰場。一些也不錯。人到了戰場。什麼都不怕了。高班長在前面聽得她們的談話。便立定了脚步。等到她們走到切近。便上來說道。密司安密司胡。你們四個。今天的功勞不小。尤其是密司安勇敢過人。越發令人佩服無似。靜媛擺手笑道。班長不要謬獎我了。須知我們的功勞。便是你的功勞。你如果不領首到竹林墩去。我們那裏觸類旁通。到土坟上去呢。高班長笑道。那些客氣話。如今也不用說了。不過我們今天作戰的成績。確可驚天地。動鬼神。以百數十名的新兵來抵抗十倍以外的强敵。不獨沒有敗。並且將敵人打得五零四散。死亡枕藉。更能全師齊齊全全的囘到後防去。休息。這不是我們妄自說一句大話。今天便是特等的老兵。也不見得有這樣的成績咧。可見天下事不論會做與否。祇要一心一德的幹。那便沒有不入成功之途。今天夜裏。我承你的厚情。借一件毛絨衫。給我增加我不少的勇氣。因爲一個人。身上寒冷。無形中便會減少了不少勇氣。所以我今日會出奇制勝。未始不是這一件毛絨衫的功效。高班長說到這裏。惹得曼華等一起人皆笑了起來。安靜媛笑道。照這樣的說。我明天多多的送你幾件衣服。預備你多立幾場大功。高班長笑道。得意不可再往。已經叨擾了一件。那裏還能夠再叨擾你。說到這裏。已經抵到中興路旅部裏了。馬旅長對於義勇軍們向來是破格優待。因爲義勇軍是民衆組織的軍隊。當然少受訓練比不得正式軍隊。所以待他們的規則。不十分嚴厲。何况在他們沒有囘來之先。捷報已到。說她們以一當十。殺敗了大批日軍。更加愛護倍至了。當她們抵到旅部的門前。馬旅長親自迎了出來。向她們獎勵一番。特地將礮兵所住的一排新樓房騰出來。給她們住進去。曼華和靜媛倩影阿慧四個人。住在一個房間裏。到了十一點鐘。旅部裏開飯了。馬旅長格外優待她們。除却例菜之外。每人賞牛肉一聽。薰魚四大塊。白酒一瓶。靜媛等四個人。又加上一份。每人得着雙份。曼華向靜媛笑道。倒底是膽大一些好。現在的酬報却比較他人加上一倍。靜媛笑道。這一份賞賜。眞眞確確拿性命換得來的。牛肉和薰魚雖然好喫。可要輛輛的咀嚼咀嚼才好。倩影道。管他呢。今朝有酒今朝醉。難得有這麼些魚肉給我當菜兒。樂得喫上一個明白。她說着便好老白酒的瓶塞攞開。倒了一盃。又向靜媛笑道。你們能夠喫酒麽。靜媛笑道。喫酒便喫酒。又有什麽會不會。不過在多少之間罷。但是在這個時候。我勸你少喫一些的好。不要喫得糊糊塗塗。一聲令下。開拔到前線去。東倒西欹。那裏還打得仗呢。倩影笑道。不要緊。我自有數目。待到有五六分酒意。便不喫。怕什麽呢。曼華和阿慧倆早就餓了。在壕溝裏雖然有人分給她倆一大包餅乾和麵包。可是一滴開水也沒有。她倆在大戰之後。口乾舌苦。那裏還喫得下去。誰知出壕回來的時候。却餓得厲害了。她倆到了這會。也不和衆人說話。低下頭。只管喫飯。靜媛却不喫飯。將一瓶白酒握着向高班長住的地方走來。到了門口。只見高班長躺在一張小鐵床上。面孔霞紅。微微的吟呻着。靜媛忙走近兩步說道。班長。你怎麽啦。敢是不爽麽。高班長聽得她說話。忙要坐起來。靜媛很快的走過來。伸手將他按住說道。你不要動。便躺着和我說話吧。高班長這才仍舊躺了下去。對靜媛說道。安女士多謝你慰問。我沒有什麼不爽。不過祇覺得身上有些兒不爽。頭重鼻塞。好像是傷風吧。安靜媛忙道。不要緊。我那裏有頭痛粉。和萬金油拿一些來給你吧。他說着放下了酒瓶。很快的回自己的宿舍裏。開了小皮包。拿兩包頭痛粉。一瓶萬金油。送到高班長這裏來。說道。這兩樣藥品。是治頭痛傷風的。你服下去。不到一會。自會出汗舒適了。她一面說。一面尋着一隻盃兒。倒了一盃開水。將頭痛粉放開。將高班長扶得坐起來。將頭痛粉喫了下去。又叫高班長躺下去。她挖了一些萬金油。在高班長的兩太陽心不住的摩擦着。停了一會。住手說道。方才旅部裏賞下些酒肉來。我本來不善飲酒。便將一瓶白酒。預備送來給你。不料你又在傷風了。高班長聽得忙道。謝謝你。我也不會喫酒。你餓了吧。便在我這裏喫一些飯罷。

評曰。本編似偏重於民衆軍隊之描寫。置正式戰史於不顧。殊不知正式戰史。早經各報詳細刊載。如序及之。則不殊畫蛇添足。而著者原意。在喚醒國魂。却不願浪費筆墨也。

淞滬血戰寫真

女義勇軍

第十二節　一個不幸消息激起她的勇氣

靜媛忙道。不須。我那裏有許多同學在候着我。回去一同喫哩。你閉起眼睛。悄悄的養一會吧。能夠睡一會兒。更佳。我去了。停一會兒再來看你吧。她說罷。又將高班長身上蓋的被兒。拉起來。四邊塞緊。這才回到那邊去。曹素素等一班人。果然在候着她喫飯咧。見她匆匆的拿一瓶酒。到對面的宿舍裏去。又回來拿兩樣藥品去。大家都不知道她幹什麼的。這會來了。白湖秋嘻嘻的笑道。你這會走來走去。忙的什麼。老酒送給誰。藥又送給誰呢。靜媛便將送給高班長的話對她們說了。李湘君拍手笑道。春水一池。干卿底事。此所謂不是知音不點頭。如果我是高班長。必然要十分的感激你的盛情了。在這戎馬倉皇之際。突然有這麼一知音的朋友。來噓寒問暖。怎能不因情生愛。靜媛又向曼華笑道。這一次你到前線來。倒底有什麼目的呢。曼華笑道。殺賊救國。其他沒有什麼目的。靜媛笑道。殺賊救國。固然是不錯。不過眞正目的。恐怕還不止此罷。曼華笑道。其他還有什麼目的。倒要請教。靜媛笑道。你不必指東劃西的推託了。我本就知道。你到行伍中的目的。一不是殺賊。二不是救國。眞眞實實爲你的未婚夫吧。曼華笑道。你眞可當得起一個包探。這個消息。又從那裏來的。靜媛笑道。你休問自有人告訴我。我難道還能空口來造你的謠言麼。曼華笑着道。這事果然是有的。不過我救國殺賊的心重。不能說我專爲未婚夫才到前線來。湖秋湘君等聽得。一齊笑道。原來你的未婚夫密司脫李。也在前線。眞可算一對志同道合的夫妻了。她們又閒談了一會。各自去睡了。由此向後。一直住了六七天。靜媛沒有一天不到高班長那裏去。談天。打得火熱熱的。白湖秋的嘴快眼熱。時常拿冷峻的口吻來嘲笑。她也不理。一心一意的向愛的一條路上進攻。先是每天在飯後到高班長那裏去。到後來竟終日在高班長的房中廝混。那一天早晨。突然接到開拔江灣的命令。一百五十二名女義勇軍。一齊動身。高班長和第三營全體開往廟行。靜媛和高班長依依難捨。可是命令又違拗不了。只得喁喁娓娓。又訂了後約。這才各自分開。隨着大隊向兩處開拔了。靜媛和曼華等到了江灣。住紮一個鄉村小學裏。也沒調到前線去。十分無聊。她們每天祇有團聚在一起。談談笑笑。解悶倩影掛念着兩個哥哥。每日到各處附近的地方去刺探消息。曼華和阿慧也常常出去訪問紅雁的消息。那一天曼華一個人從校裏出來。順着一條小路向西走去。遠遠的望見紅十字會裏。一隊救護員。擡着許多的帆布小床。床上都躺着傷兵。從東北走過來。曼華迎上去。心中暗自想道。這些傷兵皆是由前線救來的。或者他們知道紅雁的消息吧。又一會。到了切近。曼華向一個領首的問道。你們是前線來的嗎。那人道。不錯。方才由跑馬廳北邊來。曼華道。這一起受傷的同志。也是那裏救來的吧。那人道。今天早晨。四點至六點。那邊的兩方礮戰得十分厲害。各有死傷。我們這邊兩中隊礮兵。死亡枕藉。還陣亡了一位礮隊長。曼華聽得不由的嚇得一跳。忙問道。這個礮隊長的名姓你可知道嗎。那人皺眉沈吟了半天。才說道。好樣叫做李紅雁吧。曼華聽得心上好像戳了一刀。但是還有些疑惑。忙又問道。這姓李的多大年紀呢。那人道。這倒不曉得。大約都在二十裏外吧。曼華止不住熱淚奪眶而出。再要問時。那人很快的走了。曼華就地坐下大哭起來。直哭到十二點鐘。頭暈眼花。撐支不得。糢糢糊糊的倒在路旁睡着了。不多時。有人將她推醒。她忙睜眼看時。原來是阿慧和倩影。她坐了起來。倩影和阿慧見曼華眼睛哭得腫起來。和桃子一樣。倩影不禁問道。誰和你吵嘴。便哭得這個樣兒。曼華搖頭不答。阿慧道。敢是小姐喫不了軍中的勞苦麼。如果想回去。却也便當。祇消到第三營裏去告假便了。我們是義勇軍。當然比不得正式軍隊。要不幹不行。我們祇消告一個假。立刻便可回去。曼華又自搖頭。倩影蹲下身子說道。時候不早了。回去喫飯吧。這裏野風很大。不要弄出毛病來。那可糟了。連服事的人還沒有哩。有什麼不了的事情。想不開。要這樣的悲傷。白白苦壞了身子。可不是要。曼華長歎一聲。垂淚說道。他沒了。我還顧什麼毛病身子。最好立刻死了。倒乾淨得很。說着又哭了。倩影阿慧聽得齊喫一驚。忙問她原因。她這才哽哽咽咽的將紅會救護員的話對她倆說了一遍。她倆止不住也流下淚來。默默的好久。倩影道。這個消息。或者不確吧。且回去再打探一下。是否眞確。便可以證實了。坐在這裏。也沒有用處啊。曼華呆呆的從地上起身。隨着她倆一同回到那個小學校裏去。到了自己的床邊。一歪身子。躺下去。又自淚流滿面。此刻一班女同志已經得到紅雁陣亡的消息。一齊趕到曼華的房裏來勸慰。可是曼華一任衆人怎樣勸說。總不能止住淚痕。阿慧可沒了注意。便預備到營部裏去告假。和她一同回去。她又不准。到了晚間五點多鐘。旅部裏下令。將他們調上前線。曼華聽說到前線去。頭一個起勁。一骨碌。從床上坐起來問道。倩影妹妹。開的命令到了嗎。倩影道。不錯到了。曼華將牙齒咬得格吱吱的說道。管他媽的死與活。這一回不殺盡倭奴。也不回來了。她一面說。一面換衣服。不一會大隊到齊。向體育場方面開來。倩影自從聽得紅雁的惡耗後。心中也自惴惴不安。因爲兩個哥哥也和紅雁在一起。不知是死是活。到了體育場附近的壕中。天已入暮。黑雲四罩。一陣陣的東北風拂面吹來。似乎有些雨意了。倭人的最前線在翔殷路淞滬路一帶。不時有疎落的槍聲發出來。其他沒有什麼動靜。曼華將肩上的快槍卸下來。交給阿慧。向倩影說道。這裏有沒有水機關。倩影道有的。你願意開麼。曼華道如果有。我便做正手。你和靜媛做副手。如果倭賊衝殺過來。讓我儘性開上一陣兒。將倭奴完全擊斃。也好稍殺我胸中一口惡氣。倩影和靜媛兩個道。你要做正手。便走過來吧。這裏現有一架新式的水機關。地勢又好。曼華走過去一望。原來是一個土壕兒。嵌在壕中。機關槍架在土壕的後面。她便蹲下身子。將槍口移好靜媛又給她裝上了彈帶。悄悄的候着動靜。停了好久一會。一個姓王的連長走過來。對她們說道。今天夜裏必有一番大戰。方才司令部有電話來說。如果作戰的成績不佳。儘可放棄江灣正面。退守廟行。和大場。因爲江灣的正面。無險可憑。不能作長久的爭持。更有一件事。我要關照你們。停一會敵人第一次衝鋒。必然要開始了。我們在北面的壕溝裏。已預備了五百多條黃牛。對面衝鋒。那時在衝陷激的時候。大家不要開槍。待到倭賊的壕溝被黃牛衝得破了。那時倭賊必然要相驚退潰。那時再開槍追擊。他說明了之後。又到北邊去了。不一會倭人的壕溝裏突然飛起一隻火球。也似的東西。光芒四射。將華軍的壕溝。一帶照耀得如同在日光之下一般。十分清楚。不多時火球炸滅。倭人的壕中便聽得很急迫的機關槍聲音。接着有三千多名的倭兵。在機關槍的聲音裏。紛紛的出壕。向華軍陣地衝來。勢如排山倒海。十分緊急。剛剛衝到陣地當中。

猛聽得體育場的北半邊。號礮一鳴。頓時放出五百條黃牛來。尾巴上懸着油帚燒起來。尾巴被燒得痛了。黃牛拚命向倭奴這裏衝來。牛角上掛着許多炸彈關捩子開了。可巧衝到倭人的隊中。炸彈爆發。一時乒乒乓乓炸了起來。更有那一百條沒有掛炸彈的黃牛。跑得十分滑快不多時已到倭人的壕前。將鐵絲網沖得七歆八倒。一轉眼就衝到壕中。可不得了。東衝西撞。倭人嚇煞。趕緊藏藏躲躲。拚命價的向後面逃退。不多一會第一道防線已經被黃牛踐踏得一塌糊塗。第二道防線上的日兵望見了。連忙開槍射擊。一批黃牛倒底沒有人們厲害。眼見得子彈飛來。也不知道躲避。不上半個鐘頭。一齊倒下了。可是三千多名的倭兵。被黃牛一衝。死亡近到半數。還有的半數。急急如喪家之犬。漏網之魚。來不及的向後邊退去。曼華望見了這許多的倭兵紛紛的衝出來。可是眼睛裏起了紅雲。因為連長方才來關照。當倭奴初衝出來的時候。千萬不能開槍。她所以暫且耐着性兒。等待賊人轉身逃潰的時候。她也不等下令。便將關捩子一拉。砰砰砰開了起來。槍口到那一面。那一面的倭兵便紛紛倒下。她的機關槍直開了二十餘分鐘。被她掃射倒地的足有二百多人。她望見倭兵逃得遠了。這才停止開槍。不上一會。倭兵又吶喊衝了過來。原來這頭一陣的倭兵敗了下去。第二道防線上倭兵重又翻了上來。幫同作第二次衝鋒。華軍的壕溝裏。却寂然不發一槍。待到倭兵衝到百碼的防線裏。警笛一鳴。快槍機關槍。一齊開了。饒你倭兵怎樣的厲害。莫想逼近一步。只見前面倭兵紛紛倒扑下來。倭兵見勢頭不對。實在衝不上來。祇得又只退了下去。這一次却平寂了一夜。沒有戰事。曼華等在壕中等到四點多鐘。好像有些疲倦了。伏着槍後邊。打着盹兒。倩影和靜媛先在談着閑話。後來見曼華在打盹。不禁也引起倦意來了。一個睡熟。三個俱睡住了。看官。當兵的朋友。沒有一個不貪睡覺的。因爲夜間祇能睡六小時。便要早操了。這還是太平時代的話。談到打仗的時代。更加不對了。調到前線來。說不定打上三天三夜。不落班。那便是七十二小時。莫想合眼。而且肩頭還掮着一根快槍。這也難怪他們要睡覺了。尤其是曼華等一班荏弱的女子。平日養尊處優慣了。如今忽然喫到這樣的辛苦。更加要疲倦不堪的了。他三個正在好睡的當兒。轟通轟通大礮聲音。劈劈拍拍的快鎗聲音。軋雜軋雜的飛機聲音。竟不能將她們驚醒。此刻已到天色大亮了。由東北方面飛來敵機十二架。在戰地的天空轉旋着。投下不少烟幕彈兒。一個烟彈落下來。放出來的烟。祇少有十丈以外。一切的一切。皆被濃烟遮住了。那一起敵機擲了烟幕彈之後。便將飛度降得低了。東投一個重量炸彈。西投一個巨力爆彈。祇聽得轟通轟通炸之不已。倭軍見華方的第一道防線完全被烟幕遮起。於是要趁勢派兵五千多名向西衝來。並且用十三輛鐵甲礮車。一字排開。當先向西開來。此刻卜旅長見勢頭不對。一聲令下。紛紛的向後退去。曼華等仍然酣睡未醒。冷不防一個炸彈抛下來。距離她們的身邊。不到三丈。泥塊和小石將她三個可擊得醒了。曼華一張眼祇見白烟四合。鼻子裏聞的硫黄的氣味。耳朵裏聽的槍礮轟擊的聲音。忙將倩影和靜媛拉住說道。這可怎麼啦。今天那裏來的這樣大濃霧。靜媛道了不得。這那裏是濃霧。你你認錯了。如果是濃霧。那會有硫磺的氣味。這一定是倭人放下來的烟幕彈啊。現在祇聽得敵方的子彈聲音。飛過來。不聽得我們這裏還槍。大約我們軍一定是退了。我們還不走等待何時。她正說之間。一陣鐵甲車的聲音。從北邊向西冲去。接着又是一陣倭人吶喊衝鋒的聲音。也由東邊向西去了。

靜媛忙道。走吧。再延挨恐怕不對了。曼華道。這一架機關槍難道白白的棄了麼。倩影道拆開了。我們三個人分着帶住走吧。靜媛跌足道。我的小姐。你也太不知時務了。此刻逃了性命。便是徼天之倖了。還顧東顧西的嗎。曼華道。不如爽性開他媽的一個痛快。打死幾百倭人。也好抵抵我們機關槍的代價。靜媛急道。不要說瘋話了。休道此刻咫尺不見人影。便是淸淸白白的天氣。大隊倒退下去了。還容你好整以暇的開槍麼。快走是上策。什麼都不要了。她說着也不容曼華答話。一伸手握住曼華的臂膊。拖了便走。曼華此刻便身不由主的隨她動身了。梅倩影也追着在烟霧迷漫的當中。東一撞。西一蹿。向西北角跟跟蹌蹌的走了。大半日。烟霧漸稀。槍聲也逐漸寂寞。靜媛跑了這許多時候。又加上通夜不曾睡覺。疲倦萬分。便回頭對曼華說道。此刻大約已經脫離了險地吧。我們坐下休息一會。再打點尋路回到廟行。或是大場去。曼華的兩頰跑得發出鮮紅的顏色。雙眼因爲昨天得到不幸消息的緣故。已經哭得紅腫和杏子彷彿。委實可憐。梅倩影到這會也便腿酸足軟。巴不得在那裏坐下來休息一下兒。現在聽得靜媛這樣的說。她也來不及答應。便在一座土坟的旁邊坐了下來。曼靜倆也先後坐了下來。倩影便說此一次賊人竟用全付力量來攻擊江灣。眞是不出我們高級官長所料。幸是我們事前有了預備。如不然立要受到重大的損失哩。曼華拿出帕子來。一面揩額角上的汗珠。一面說賊人如果完全用兵力來威脅。那麼。再也莫想進佔江灣的尺土寸地。因爲他們的飛機大礮。坦克車。烟幕彈。同時並用。我們這裏既沒飛機來掩護。更沒有重礮抵抗。要想不敗。怎麼能夠呢。靜媛道。話雖如此。但江灣的地位太狹小。而又無險可守。縱然有飛機重礮。我想也未見得發生什麼效力。所以我們這裏高級官長早有放掉江灣的決心了。她們正在談話的當兒。忽見一隊灰色裝的巡察隊。打着中國國旗向曼華等這裏走來。她們忙立起身迎了上去。原來是蘊藻浜的交通兵。她三個便隨着交通兵回到蘊藻浜的第一道防線。可巧駐紮在那裏是高班長和陳營長倆。當高班長領曼華等見陳營長的當兒。陳營長一眼瞧曼華改了裝。好生詫異。

評曰。以此等葳蕤弱質。出沒於彈火之中。不稍驚駭。尤能見機應付。措置裕如。誠所謂巾幗英雄。愧煞鬚眉男子矣。

淞滬血戰寫真 女義勇軍

第十三節 槍林彈雨中逃出三隻小鳥

他正在疑惑的當兒。高班長便將曼華行藏說了出來。陳營長卽才恍然大悟。不禁笑道。胡女士愛國的熱忱。自是高人一等。敝人十分欽服。現在你和安梅二位女士。還願意繼續在前方抗敵麼。曼華首先說道。倭賊未退。我們當然不願意中途退出。置身局外。還請營長發給我們的槍械。到前線去與倭賊決一死戰。陳營長聽得。點頭說道。好得很。你們且到第二宿舍裏去休息一下。待到前線調防。那時再勞你們助力。曼華等便退了出來。由高班長領着進了第二宿舍。她們三個人同住一個房間。不一會午飯用過高班長在外邊進來。手中拤着一大捲報紙。向曼華等笑道。你們在這裏覺得無聊吧。不妨將報紙展開看看也好消遣消遣。說着便將報紙一個人分兩張給她們。曼華將一份江南軍報展開。第一版便登載着戰事消息。頭一行特號字的標題。乃是：

娘子軍銳不可當……胡曼華一夜殲敵千餘……安靜媛三次衝鋒倭人落膽……梅倩影獨負機關槍……跳出重圍……開女外抗倭新紀元

本報戰地記者昨晚十二時電。倭人自野小子到滬後。即更變戰略。大軍雲集水電村及淞滬路一帶。似已放棄閘北。專重江灣。我方軍事當局幸已洞悉倭人用意。江灣方面除原有充分防守外。另調口口口方面女義勇軍一隊。計三百餘。加入江灣最前線作戰。昨夜六時許。倭人即以大隊進衝我軍防線。我軍一面沉着應戰。一面放出火牛八百條。

與倭兵對面衝鬥。倭兵大驚潰敗。七時許倭兵捲土重來。作第二次猛裂衝鋒。我軍毫不怯懼。紛紛出壕對抗。胡曼華當倭人大隊逼近火力有效區域時。卽開水機關猛烈掃射。倭人中彈而倒者。近七百餘名。安靜媛二次出場殺敵。振臂一呼。萬衆齊應。倭人驚爲天神。相率潰退。不敢再犯。截至十一時倭人猶敢復聚殘餘。三次進攻。我軍不待其逼近陣地。卽分兵兩路包抄。梅倩影在肉搏至烈時。奪得倭人機關槍一架。突圍而出。神勇爲世所無。是役殲敵近千餘名。大獲全勝。

附三女士小傳列後。

胡曼華年十八。安徽人父敬亭。爲海上聞人之一。此次女士不告而別。胡君知愛女投身行伍。雖屢次派人尋覓。未能得其實在消息。憂心如擾。而女士振臂殺敵。祇知有國。不知有家。其犧牲精神。有足多矣。

安靜媛年十九。江蘇人。父國志任上海商業總會會長。女士素倜儻如男子。尤富有羣家思想。此次加入前線厥功殊偉。

梅倩影年十七。廣東人。父石屏。海上巨商。女士及其兩兄均熱心愛國。此次事起。梅氏昆仲加入前線最早。女士未幾亦追隨乃兄至前線作戰。有子女者。無不爭慕梅家也。

曼華正在看得出神的時候。猛聽得靜媛說道。曼華……快來看。這是一個喜信。給你。她說着便將手中的一份報紙。很快的遞給曼華道。從此你可高枕無憂了。你們未婚夫密司脫李。何曾遇險。到這會那些無稽的謠言可以不攻自破。你的眼淚自此也好少淌一些兒了。曼華將那張紙接過來。快展開來。仔細一望。只見上一段。刊着一行紅字的標題。乃是名記者變成名礮手……李紅雁一鳴驚人……本報同有光焱……

誰都知道名記者的隊裏。有一個李紅雁。但是誰都不知道。李紅雁是文武雙兼的將才。一二八的晚間。到寶山路一個姓吳的朋友家去喫年夜飯。誰知空前的慘禍。便爆發在那一夜。紅雁在險地裏突然失蹤。本報同人萬分焦急。紅雁的尊人李老先生。更是悲急交併。四處尋找終無下落。不想昨天他忽然從吳淞寄一信給本報編者。他說自分別後。卽遇龍團長入雲。介紹他到礮隊裏去服務。屢次摧毀敵人的作戰利器。現已昇到礮隊中隊長。前天已奉命調往吳淞指揮塞口的礮兵。作戰成績很好。我們接到他的來信之後。才知道從前閑傳發礮聖手姓李的。便是李君紅雁。他並且應許我們每天供給戰地的新聞。和寫生的小品。本報謹代千萬讀者。向李君道謝。同時本報還有一種希望。便是請李君旣注意槍頭。不要荒廢了筆頭。不時惠賜大作。我們尤其十分感佩。最後本報同人。一致祝李君。努力禦侮。始終不懈。

(聲明錯誤)昨日本報曾登刊發礮狙手李君陣亡一節。玆據戰地記者來函。及後方情報處來函。昨日所刊之陣亡壯士。實名雷洪硯。係河南人。曾在陸軍第三分校充礮擊學教授。並非姓李。讀者幸勿誤會。

曼華看罷立刻將一顆已死的心。重又活躍起來。開顏微笑。說不出一種欣慶。倩影正在低首看着戰事快報一段新聞。聽說紅雁沒有死。也替曼華欣慰。便向曼華說道。這紅雁的消息。大快人意。我這裏還有一個消息。介人稱快咧。她說着便指着一段給曼華和靜媛觀看上面刊登的標題。乃是

不倒翁無子有女　……她可算倭人隊裏一個先知先覺者……倒戈殺倭棄暗投明……負母出走森子姑娘其猶龍乎。

昨日本報曾載倭人司令部。大宗文卷被毁。四少將被人暗殺。廣東大戲院逃出二百餘名被囚華人。種種消息。唯未知主角之姓名。經本報記者竭力刺探。始悉為倭國巨賈不倒翁之女森子所為。聞森子向來反對倭國侵華政策。此次乃父奔走戰事。尤為森子所不滿。迨乃兄乃父相繼畢命後。女士即嘀諸老母。潛入司令部。毁去大宗文卷。及地圖。並槍殺少將木瓜。木通。木鱉子。木蘭花。四名。又將廣東大戲院二百餘。待死華人。悉數釋放。事後偕母逃逸無蹤。若森子姑娘者。誠可謂女中之俊傑也。

曼華看罷。嘻嘻的笑道。李湘君一說之功。果然偉大。不過像森子姑娘這個人。還可算得一個知機識時的人物哩。倩影笑道。這一回橫逆的事情。出在倭人的內部。也好稍戢倭人侵略的野心咧安靜媛道。這個森子。便是在虬江路旅部裏放出去的。那個女子嗎。倩影點頭道。正是她。靜媛道。她不知道逃避到那裏去了。模樣兒倒生得怪可人意兒的。曼華道。此刻可惜湘君不在這裏。如果她在這裏。或者可以知道她的下落呢。靜媛道。說起湘君等一班人來。我們倒太也大意了。到這一會覺沒有想到。她們今天早晨怎樣了。倩影道。我想或者是隨着大隊出了吧。靜媛道。那樣的礮火激烈。祇怕不見得能夠全體安全的脫險罷。曼華道。脫險與否。那也是一個不能預料的事情。到戰場上的人們。我可說一句。誰都將性命置之度外了。一轉眼送了一條性命。也不是什麽希奇的事。她們能夠安穩出險。那是最好的了。如果有了死亡。好在是爲國爭光。死得其所。我更要說一句笑話。到前線來誰也不能牽記誰。因爲便是牽記著。枉自自尋苦惱。一些兒也沒好處的。曼華道。休道那一班同學。當然免不了我掛念。我可還要牽掛着我的婢子阿慧呢。你說得這樣的彈硬。恐恐心裏總免不了牽記罷。……倩影正待答話。猛聽得外邊人聲嘈雜。說的笑的。十分起勁。。靜媛起身笑道。方才不是白湖秋的聲音麼。她們定是來了。我們快出去迎接她們吧。……倩影掃了她一眼笑道。罷呀。你差不多又在發作神經病了。她們此刻怎麼會來呢。靜媛正色說道。你聽聽。你仔細聽聽。是不是白湖秋的聲音。她說着果然在嘈雜不堪的聲音裏面。夾着一種嬌而且俏的聲音。倩影很奇怪的說道。對啊。這聲音確像密絲白。我們且走出去望一下。那時便可以知道是不是了。她說罷。很快的走出來一望。忙又返身進來說道。一些也不錯。正是她們來了。巧極巧極。曼華聽得來不及的奔了出去。只見空場上立着一隊女義勇軍。好像是他處新開到的。她趕緊走了過去。仔細一望。早見阿慧滿面愁容。立在第四排中。白湖秋立在第五。李湘君却在第一排第一個。她見了曼華。忙向她點頭笑道。奇極了。你是什麽時候到這裏來的。曼華笑道。我們是今天方才到的。湘君道。靜媛好麽。曼華道。她好。你們辛苦了啊。湘君道。辛苦倒不要去說了。今天早晨退守廟行之後。不見了你們幾個人。十分掛念。不想你們倒先自來了。她倆在談話的當兒。阿慧已經瞧見了曼華。說不出的一種欣慰。不多時。營長的令下命她們一齊到第二宿舍裏去休息。曼華先和阿慧問長問短的一陣兒。然後又和湘君等談戰後的情况。靜媛道。章玉明和趙婉蘭兩個怎麽不見到來。靜媛嘆氣說道。她倆的脾氣實在是太彊了。當倭人的大隊飛機投擲煙幕彈的時候。鄭團長一疊下了三次退守的令號。第九團第二團第七營等的陸戰隊俱已退下。唯我女義勇軍第五小隊四十餘人不肯退却。章趙倆本來排在第七小隊。她倆殺賊心重。竟不聽命令。仍然在壕內拚力和大隊倭人對敵。那時我曾勸她倆不要以意氣用事。須知衆寡懸殊。絕對不是倭人的對手。枉自送掉了性命。無奈她倆兀自不肯聽勸。到這會也沒有一個人逃回來。想來是凶多吉少了吧。靜媛聽得嘆氣說道。這種犧牲精神。固然是不錯。但未免太忠了吧。湘君道。那第五小隊原是三吳大學裏的女生組織的。她們多生長在江右。膽大氣壯。異乎等常的女子。這一次完全陣亡。未免令人心疼肉痛吧。曼華道。如果雙方面勢均力敵。那麽。儘力拚上一拚。還也值得。大隊一齊退了。她們勢孤力薄。白白的送遣了許多的性命。未免太也可惜了。倩影道。怪不得在我們動身的時候。還聽得東北一角的槍聲未息。想來一定她們在那裏抵抗的了。曼華向湘君說道。你可曾得到森子的消息沒有。湘君搖首道。我却沒有得到。曼華隨手將刊載森子的那一張報拿了過來。給曼華看道。你瞧這裏不是森子的消息麽。湘君接報到手。仔細的一瞧。便笑道。這森子的良心還算不錯咧。能夠不負我一番口舌之勞。眞眞難得。曼華道。森子此刻或者到你表姐那裏去吧。湘君道。這倒不能料定。但是我會關照她。無論往到那裏必須到我們表姐那裏去一趟。我想她總得去吧。她們談談說說。不覺又到六點多鐘了。大家用了晚飯。便到前線去換防。一連過了五六天。雖然有了戰事。皆是些倭兵接觸。或一部份開火。沒有什麼激烈的大戰。那一天她們由前線剛剛換防到後方來。陳營長早在操場上候着。待到她們排隊立定。陳營長背着手。滿面愁容。很懇切的說道。各位同志。方才我們這裏得到一個不幸的消息。我想很不願意使你們知道。但是也不能夠使你們不知道。我們苦戰了一月有餘。其目的不過是不使倭人侵略到內地。現在呢。我們最高的軍事機關已有命令下來。叫我們吳淞寶山兩處的防守士卒。一齊向瀏河方面速退。

放棄吳淞寶山兩處。同時並且聽說閘北江灣大場廟行眞茹一帶作戰的兵隊。統共退守太倉崑山一帶。閘北的兵隊。已經撤盡了。他說到這裏。惹起一班女義勇軍反響起來。大家七言八句。責問退兵的理由。一時操場上衆聲嘈雜。陳營長忙用手向她們搖擺表示稍靜。大家只是耐着一口氣。聽候陳營長宣佈情由。陳營長很沉痛的說道。同志責問理由。的確應當的。現在我們既沒有戰敗。更沒發生其他的問題。爲什麼要退。這個問題。休道各位同志不能明白。便是敝人沒有知道原因之前。也是十分詫怪。及至後來知道了內幕情形。才知道不能不退。不可不退。更不得不退。至於退的原因。說起來要傷心流淚。我們十九路軍五萬餘人。分佈在淞滬之間。和倭人大小經過了數百陣。除了第五軍及一個獨立旅來加以實力援助之外。更沒有其他的軍隊發出一兵一卒來援助。我們歷轉傷亡。將近半數。猶未稍稍示弱於倭人。現在倭人已知道我們孤軍無援。特派大批軍艦在楊林口老瀏河一帶。揮軍登岸。包抄我們的後路。我們如果再不速退。勢必全數覆滅。但是吳淞是我們長江流域第一道喉關。譚師長翁旅長雖然接到此項命令。可是他們依然不肯放棄。都預備將最後一滴血灑在礮台灣上。諸位同志。你們並非是正式軍隊。也沒有喫政府一份的糧餉。不過為愛國禦侮才到這出生入死的戰場上來。事已如此。非拚死不能保守吳淞。各位同志的去留。各聽尊便。敝人却不敢勉強將事。安靜媛首先說道。我們到這戰線上來。已經將生死置之度外了。如今還能回去麼。胡曼華道。我們願意和吳淞共生死。決不退却。接着白湖秋李湘君等一班人齊聲說道。退也是戰。不退也是戰。我們竭誠擁護譚翁的主張。便是營長的部下退了。我們也不退的。陳營長欣然說道。各位同志既這樣的說。敝人十分欽佩。敝人是翁旅譚師部下的人。翁旅長不退。我還能退嗎。好了。你們散隊囘去用夜飯吧……大家這才散隊囘營。免不得有一番議論。都說這退兵太突兀了。看官要知道退兵的真相。且聽小子慢慢的說來。前數章。小子不是已經提到一個獨立旅旅長黃亨嗎。這位黃旅長。本是宋公明的私人。一向這位黃旅長在京裏聲色狗馬。負着一個倜儻軍官的稚名。本來當軍官的人們。都要像吳子玉秀才。有事沒事擺着一付向人索債的面孔。不輕言。不苟笑。言必先皺眉。笑必先剔頰。於是乎才像一位軍官。軍官而能倜儻。除派順承王府。嗎啡少帥。濟南城內的雅片將軍外。更無他人可能膺此雅號。有之。黃旅長而已。黃旅長之倜儻。一不好雅片。二不近嗎啡。所喜者。色耳。食色天性。先哲已言之在前。老孔又說。吾未見好德。如好色者也。可見古人已經趨重這一個色字。黃旅長熟讀孔孟之書見以對於這個色字。

確有深切的認識。既能深切認識便用心努力去研究。大凡研究一事一物。必然有究研的材料才能着手。

評曰。借報紙補出李紅雁之消息。既免去無數累贅筆墨。亦愈見章法神明變化。不可捉摸。

淞滬血戰寫真 女義勇軍

第十四節 一個怕死的旅長

譬如研究字跡。先要拿一本書來作究研的材料。研究到色。當然得摩登的婦女研究的資料。黃旅長起初肯下死工夫。在一班摩登女郎身上追求。無奈有許多的女子。狗咬呂洞賓。不識好人心。饒你黃亭做的是官。有的是錢。却正眼也不來瞧一下兒。黃亭不禁十分奇怪。暗道。世界上最難得莫如官。最寶貴者又莫如錢。如今我既做官。且又有錢。怎麼兀自引不起這起摩登女子的追求。倒底是什麼原因呢。他却百思不解。有一天和一個姓柳的朋友。大談其求愛的門檻來。姓柳的朋友微微的笑道。老黃你配不談愛。黃旅長聽得很不服氣的答道。我怎麼配不上談愛。難道還比誰缺少一樣麼。老柳笑道。話雖然不錯。可是你將勸君惜取少年時的一句詩忘了。黃亭聽得他這一句話。心中似乎有些了解過來了。便笑道。或者我在愛的戰線上而不能夠得到最後的勝利。就是這個原因嗎。老柳笑道。你是一個明白人。也不須我細說了。大凡一個摩登的女子。她們唯一目標。不外乎少年英俊。才有作入幕賓的資格。似你這麼大的年紀。大約已經成爲半百歲的老頭兒了。還想在愛的戰線上掙扎。豈不是太不自諒麼。黃旅長笑道。某家雖老。寶刀猶未老呢。怎能學老驥伏櫪咧。老柳笑道。這樣罷。我勸你另闢蹊徑。或者可以有些兒希望咧。如果說是仍然在良家婦女身上用功夫。並不是我滅你的威風。便是進求到白髮皤然的年紀。也莫想得到良好的成績。要想有良好的成績。又非放棄了良家二字不可。南京是六朝金粉的舊地。江南春色首重金陵。歌台舞榭中。固不少仙露明珠。老兄有的是錢。只要拚得使用。那麼包你可以得到一位如意的佳人。黃旅長欣然說道。你的話原屬是不錯。但是我們是做官的人。多要少顧得一些兒官品。而且南京這個地方。國府奠基於此。耳目衆多。自己都宜小心一些的爲妙。老柳笑得打跌道。做官顧東忌西。眞是天外的奇談。無論什麼一回事。祇要自己願意便幹。怕什麼。這個尋花問柳的勾當。誰都免不了。便是上峯知道。也不過是指爲風流小過。一笑而已。難道難能指你好嫖犯罪嗎。我想想恐怕沒有這樣多管閑事的上峯罷。你既沒有這個膽子出去。我不妨送一個原封不動的貨色給你如何。黃亨聽得眞是喜出望外。忙道。有勞老兄這樣的煩神。小弟十分感謝。代價一方面不論索要多少。我都照辦。不過相貌方面。是要注意一些才好。柳老爺忙將胸脯兒拍得連珠價響的說道。你放心。我不答應你只已。既答應你。當然給你辦一個道地的貨色來。身價方面。總不叫你喫苦便得了。他倆又談了一會子閑話。老柳動身走了。次日午後老柳來了。欣然向黃亭說道。你的桃花運算是交着了。昨天晚間我結你到各處淸唱場子上去打眼。不料一碰就着。快些隨我去看看顏色如何。然後再定可否。黃亭聽得。眞是喜不自勝。忙隨着他一同到薫風閣去打眼。原來這個薫風閣便是南京第一塊老牌的茶樓。淸唱的妓女。有二十多名。待到第五個名叫雲英的出來。淸唱了。一張粉龐兒。着實生得不錯。唱兩句却也淸脆宛轉。流麗動人。老柳將黃亭一抵。悄悄的說道。你還瞧得上麽。不瞞你說。這位姑娘。今年祇有十七歲。猶是一個未破瓜的處子。昨天我聽得老鴇說。身價並不甚麽高昂。祇消一萬袁頭。便可以油壁香車載麗人歸去。我想你未必惜此區區買花的費用吧。黃亭連連的點頭說道。値得値得。一些也不錯。當天晚間交易成功。便錢人兩交。各清手續了。黃亨自得芸英之後。十二分的寵愛。恨不能將她放在眼皮上供養。可是好事多磨。滬戰暴發了。十九路孤軍應戰。民衆團體。逐日函電交馳。催中央予以實力上的援助。中央因爲有不得已的苦衷。祇命某部裏所屬的緝私兵隊一千五百名。調滬助戰。歸某某師編制成功一個獨立旅。旅長便黃亨老先生。黃旅長聽得赴滬參戰的消息。不啻病人聽得暴雷發聲一樣的驚嚇。口呆目瞪。半晌不語。連上三個辭職的呈文。無奈軍事當局。因爲他是一個留學生。作戰的知識。自然是高人一等。於是乎便再三挽留。黃亨此刻眞是懊悔到十二分。想到當初東託人西拜友。幾乎肉頭鑽得尖了。這才得了這麼一個位置。不想鑽進來已是十二分費力。如今再想鑽出去。更是加倍爲難了。沒奈何再想出一個初年逃學的方法來。到軍部裏去辭職。原來這位黃老先生。在初時是一個逃學的專家。到了那一天書背不出了。便佯言頭痛。或是肚子疼。再不然便是飯喫不下去。經他這麼一來。書果然免掉背了。他見第一次發生效力。便來第二次。接着三次四次。效力俱很宏大。這一回他實在沒有方法可想。便將這逃學的本領拿出來。顯上一顯。我還記得他的呈文中道。近來頭暈目眩。不思飲食。精神委靡。已不如昔日。且入夜失眠。尤深痛苦。正所謂多病之身。有如蒲柳。他這些話。說得多麼可憐。多麼中聽。誰想中央仍然覆電不准。並且說當此國難未已。才識之士。正宜執干戈以衞社稷。雖小有不適。亦應勉力從公。似不應遽爾求去云云。黃亨接到這一種强留的覆電。不禁倒抽一口冷氣。再也不料這一個逃學方法。也會不發生效力。他至此唯有硬着頭皮。登台點將。預備動身了。最放心不下的。便是他那位如夫人。他本來和他一步也不能夠離開的。只得先命人將她護送到上海。租一些房屋。住了下來。待他率師到上海來。不是近水樓台。容易得月了麼。誰知他領兵到上海。便到廟行一帶去作戰。他不獨不能去安慰雲英。並且還要擔驚受怕。怎能不惱悔交併呢。展轉打了一個多星期。這才調到閘北去。閘北一方面。比較安靜多了。因爲倭人矚目在江灣吳淞一帶。當然不能夠顧及到閘北了。黃亨到了閘北之後。便想起雲英來了。他暗道。此刻趁這個消息的機會。到雲英那裏探望探望。不是很便當麼。當下他。便將軍裝外邊加上一件駱駝絨線春的袍子。又穿上一件毛夾的禡褂兒。順手帶着一隻皮包。便向租界上而來。原來雲英有一個小姐妹。住在百老匯路三德里。雲英到上海來。便住在她的家裏。黃旅長由新大橋過來。便叫了一輛人力車兒。一直拉過老白渡橋。剛剛到禮查飯店的門前。迎面來了兩個倭國便衣隊。舉起手槍。操着不純粹的上海話說道。停下來。給我們檢查檢查。黃亨便有些動氣了。便將旅長的架子放出來說道。査什麽。我沒有帶違禁的物品啊。那兩個便衣隊聽得。立刻翻起牛眼大聲說道。非査不可。你敢再支吾。立刻我們便開槍。休怪我們不來。預先關照你。你想是中國的便衣隊吧。一定到我們倭國領事館附近來刺探消息的……快些停車下來……那一個黑衣的倭人。一伸手拍的打車夫一個耳光。罵道。馬鹿……支那的賤狗。爲什麽還不住腿。……那個東洋車夫給他一巴掌。打得鮮血滿口。慌的停止了脚步。不敢動彈。那個穿短衣的。不由分說。走上來一把將黃亨拖了下來。先在身上一摩摸。瞥見他的身上那一條黃呢的褲子。並且有雙道的紅線嵌着。這可大疑。立刻將他的身上長袍脫了下來。只見裏面穿的是旅長服色。越發如獲至寶。再細細的一看。他那一面符號。一位獨立旅的旅長。他倆越發得了臉。一人抓住他的一隻手腕。向北拖去。黃亭情急。忙向禮查飯店門後的一個巡捕求援。那個巡捕見倭人聲勢洶洶。料想一個人上前去。。絕對不會發生效力的。於是便打電話到巡捕房裏。立刻來了十多個巡捕。和那兩個倭人說上半天廢話。一些也未曾發生效力。那兩個倭八一口咬定黃亭是來打探他們的軍情的。非要帶到司令部裏去審問一下兒。不可。後來巡捕要求他倆簽下一張紙頭來　如果審問不出什麼特別的情形來。那麼便准許轉解到巡捕房。他倆簽了紙頭之後。便將黃亭押到司令部裏去。倭司令見一個獨立旅旅長自投羅網。便認為作戰計劃上的絕好機會。便將他囚到一個小房間裏。用一種恐嚇的手段壓迫。黃亭將十九路作戰的計劃。以及駐兵的地點。內地的情形。說了出來。立刻便放釋回去。如果有一個字虛浮。立刻便以衞生丸相餉。黃亭的膽比較荳子還小。那裏敢強項不說呢。於是一五一十仔仔細細的說了出來。這也難怪。他愛惜性命。須知三軍易得。一將難求。他雖然不算一員上將。也好算一名中將了。一千五百人裏選拔他這一個人來。當然不是容易的事情。而且這位黃旅長又是一個留學生資格。聲望又自高人一等。他如果强項不招。那麼不獨國家失了一根棟樑。便是小民們又失了一個屏障。豈不可惜。所以我很贊成他招出來。確是明哲保身之道。我說如果是一個沒有知識的小兵。給倭人捉去。恐嚇得實招出來。那麼他便要遺罵名於萬世了。誰都說他是一個貪生怕死的賣國賊……亡國奴了。但是黃旅長自不能與小兵一概而論。留得此身在。饒他倭人怎樣的厲害。祇要黃旅長不死。終有報復的一日。如果是個小兵招出這種洩漏軍機的事來。雖然可以免掉一死。可是他却沒有報復倭人的力量。白白將淞滬拱手讓人。豈不可殺。你們直不要性急。且慢慢的等着。目下雖然倭氛囂張。但是黃旅長既然能夠說出去。當然能夠收了回來的。不過他這一會沒有將眞眞的本領使出來呢。閑話不要太多。言歸本文。再說倭人得了這個祕密消息。喜從天降。當然是立刻派兵到老瀏河去攻十九路軍的後路了。十九路軍得着老瀏河楊林口以及七丫口的急報。大驚失措。不得不縮短了陣綫。退守太崑一帶了。陳營長自從在操場上將退兵的原因約略告訴一班女義勇軍之後。便到營長辦公室裏去籌措抵抗的方針。蘊藻浜一條戰線上。雖有九百多名作戰的士卒。但是還覺得實力不足。萬一賊人派大隊前來。那麽一定是抵敵不得的了。他忙打一個電話。到吳淞礮台灣去請譚翁兩個設法。再分派三百名勇敢的戰士。到這邊來助守。翁旅長和譚司令接得這個電話。立刻挑選出三百名富有作戰經驗的義勇軍過來。當晚九時後。三百名義勇軍便開到了。並且攜到大批的軍火。

陳營長又將周營長和孔營長一齊請來。大家開了一個三營的小組軍事會議。決定分頭充分防守實力。當天夜間全隊的兵卒一齊調到前線。祇留兩小隊在後方。曼華等開到前方。擔任第三分段的防線。由吳淞調來的三百名義勇軍。擔任第一二兩道防線。並有陳營長部下一個連長。在這三段中擔任指揮。往來奔來。概形忙碌。第三段和第二段本來是首尾銜接的。白湖秋。梅倩影。李湘君。胡曼華等一起八人。皆在東面靠近第二隊義勇軍的尾隊。此刻已到十一時以後了。天空裏滿佈着星光。一陣陣的野風從江邊吹了過來。靜悄悄的不聽得有什麼動靜。祇聽得第二段壕溝裏有人說道。耐雪你和耐寒不是隨李中隊長到礮台上去充當礮兵的嗎。這一會怎的又會到義勇軍的隊裏來呢。敢來你倆不願意在吳淞加入礮戰嗎。……有一個人答道。並不是不願意在吳淞。祇因昨天在後方調到大批的礮兵。他們隨着十九路軍展轉數百戰。俱有相當的成績。和經驗。既然有他們到了。當然不再須着我們了。我想這一次橫豎是背城一借。不論調到那裏。總是拿性命去拚。翁旅長對我們說。如果沒有膽氣。不能作最後的掙扎。那麼便遣散回去。有膽氣的朋友才能留下來哩。我們從江灣調來的一千名義勇軍。半個也不願意退的。……雪哥……雪哥……尋得我好苦啊……耐雪聽得這一種嬌而且脆的聲音。從西邊的壕溝裏發了出來。不由的一怔。他再仔細的一聽。才知道是他的妹子倩影的聲音。忙走了過來說道。方才說話的。是不是我的妹妹倩影……是的。大哥呢。倩影一面說一面迎上來。只見耐雪的手裏握着一支電筒。先向倩影的面孔上照了一照。他見倩影的身上也穿着義勇軍的制服。便好生歡喜。忙道。大哥也在那邊呢。你是什麼時候加到義勇軍裏來的。倩影便將加入義勇軍的原因仔細在告訴着耐雪。耐寒也自來了。兄妹相見恍同隔世一樣。倩影便問道。有一個姓李叫紅雁的和你們在過一起的嗎。……耐寒點頭道。不錯有的。倩影又道。他現在在那裏。耐寒道。他現在吳淞的礮台灣上指揮着礮兵作戰。譚旅長和譚司令很是倚重他的。倩影忙回頭喚道。胡女士。我的哥哥在這裏。他倆很熟悉密司脫李的消息。你不妨來問問他倆吧。曼華聽得忙走過來。和梅氏兄弟相見。倩影趁勢又給他倆介紹一下兒。曼華道。紅雁現在礮台上。第幾隊裏。我很想去望望他。梅耐寒道。他很好但是你也不必去看他。因爲此時軍書傍午。幹公要緊。那裏能夠和你相見呢。不過他前天看見報上載着你的戰績。他極爲欣慰。對我們說。不想你竟會出他的意料之外。也加到前線來殺賊。你如果實在的掛記着他。那麼不妨到礮火稍平息的時候。稟准了上司。再去望他罷。曼華點頭道。他既平安無恙。我去不去。也沒有什麼要緊了。她說到這裏。東面蘊江口一段內。突然劈拍開了數槍。……頓時空氣緊張起來。梅氏兄弟忙撇下了彭華二人。回到自己的防線裏去。大家不約而同的將槍口擱到壕溝上面。注意對河的動靜。但是在數槍之後。竟不聽得繼續發槍了。大家很是奇怪。不多一會。便見兩個義勇軍揪着一個人。向後方走去。大家才料瞧着方才的槍聲。是因捉拿奸細而發的。原來蘊江邊突然搖來一隻小船。到蘊藻浜口停泊下來。當時岸上的義勇軍。早已望見了。但是不動聲色。但看那個小船停泊下來。有什麼用意。不多一會。在小船裏爬出一個人來。渾身穿着黑色衣服。偷偷掩掩的上了岸。那隻小船便搖開去了。那個穿黑衣的傢伙。就地向壕溝邊爬來。不一會距離壕溝大約有五十多碼路了。猛聽得壕溝裏劈拍開了數槍。那人這一驚非同小可。走又不能。逃又不可。只得伏在地上。不敢動彈。不一會。兩個義勇軍走來。將他的身上一抄。抄出一張倭人的符號來。便很快的將他拉到營裏去。陳營長便命人將帶上來。向他詢問。那人先倒不肯招說。後來聽得要用夾棍夾他。他這才嚇得招認出來。原來他是倭人派到蘊藻浜來探聽華軍的虛實。順路到蘊藻浜去縱火。陳營長又問他倭人大隊什麼時候來攻蘊藻浜。那個探事的。便將倭人的祕密泄洩出來了。

評曰。十九路軍苦戰月餘。其目的無非深恐倭人之勢力。進侵內地。徒苦吾民。故不惜以鐵與血抵死拒抗。初不料爲黃亨租界一行。泄漏祕密。盡棄前功。絕援後退。黃亨雖無心通敵。其罪惡已甚於賣國奴。

淞滬血戰寫真 女義勇軍

第十五節　吳淞礮台灣最後的一剎那

原來倭人司令部。在大批軍艦派到楊林口老瀏河方面去後。便調出三路大兵。預備明天清晨。五時一齊出發。第一路精兵六千。攻八字橋及滬甯鐵路。第二路陸戰隊二萬五千。由八字橋向北。至高境廟。向西。推進。第三路一萬五千名水兵。陸戰隊。由蘊藻浜至礮台灣一帶。進攻。陳營長接到這個祕密消息之後。便先報告給吳淞譚司令。請他下令定奪。翁旅長便和譚司令商量道。這一番倭人來犯。我們已成孤軍無援了。如果仍然採用正面作戰。不獨死傷的數目增加得速鉅。便是純用死力抵抗。也未見得討好。不如用一個調虎離山的戰略吧。譚司令搖頭說道。這個計劃。雖然是不錯。但未免有些冒險吧。翁旅長道。明天他們既派一萬五千人來戰。必然有飛機大礮坦克車礮艦來。三面夾攻的。我們在中國公學向西一帶埋伏五百名手機關隊。泗塘河側面再埋伏一千人。命蘊藻浜第一道防綫的義勇軍。不要戀戰。敵人的大隊一到。便向東西兩處分開。將中間讓出一條大路來。等賊人的大隊衝過了一半的時候。那時四處的伏兵齊起。截殺一陣。雖不能殲滅全數。我想至少也得殲滅了一半呢。如果此計不成。那時分到東邊的兵。可以增海邊的防禦力。西邊的也可遙遙接應。至於中國公學的正面軍隊。也能阻止蘊藻浜來的敵人。於我並沒有什麼不利的地方。譚司令道。既這樣的說。我們便準定這樣的辦吧。當下翁旅長便回上一個電話。關照陳營長照辦。陳營長忙傳下個令來。知照前線的士卒。如果倭人大隊來攻。便不要迎敵。趕緊移兵兩處。以備誘敵。前線的將士們。在壕溝裏靜悄悄的待到次日早晨。果然見倭人的礮艦成羣結隊由楊子浦白龍沙面兩處開來。陳營長一聲令下。前線的士卒們。立刻分成兩隊。向東西兩方面退却。不一會只見倭人的軍艦上面。噗通噗通震天價的開起礮來。無數的倭兵從水電村的江口登岸。並攜有二十多輛鐵甲礮車。一齊湧到蘊藻浜的南岸。趕好了地勢。一齊用小鋼礮向浜北開來。接着又用機關槍不斷的向華軍陣線射掃。沒有瞧見浜北有一槍一礮抵抗。倭兵們便又命人用木桶搭成浮橋。向浜北衝鋒。一面用小𠮶船將鐵甲礮車裝了過去。先頭隊二千餘人。紛紛的已經衝到吳淞的西面。後面翻翻滾滾仍然有大隊倭兵渡過來。眼見距離礮台灣不遠。猛聽得號礮一鳴。泗塘河及吳淞鎮兩處的伏兵齊起。中國公學正面的大軍。亦紛紛開槍。倭人三面受敵。大驚潰散。死亡無數。紮在蘊藻浜南的大隊倭奴。瞧見見先頭隊全部覆沒。勃然大怒。立刻調動第二隊過來援助接第三隊。第四隊。都紛紛過來。驅着大批鉄甲車向北推進。雖有東西兩隊竭力夾攻。和正面的抵死的拒抗。無奈倭兵實在太多。而且那二十四隻鉄甲礮車。確是心腹的大患。一字排開向北進攻。到了礮台灣車站附近。不知何故。突然乒乒乓乓的轟炸起來。二十四輛鉄甲礮車。立刻炸壞了十八輛。還有六輛。算是退得快。才沒有炸壞。否則也要同歸於盡了。倭人見鐵甲礮車立刻炸毀了大半。第二隊倭兵又將全數殲滅。於是不得不向後退。他們在混戰的時候。已經將蘊藻浜口用小船塞滿了。一萬五千人完全到了浜北。便將蘊藻浜口的戰壕。暫借作用第三隊擁着六輛鉄甲礮車。也自退到戰壕的附近來。當礮車推進到礮台灣車站的時候。爲什麼炸得那樣的快呢。難道地上埋伏着多數的地雷麼。並不是的。實在的原因。乃是一百烈士性命換來的驚人成績。當翁旅長預備三面夾攻的時候。已經想到賊人的鉄甲礮車厲害了。譚司令便主張在要道口埋藏多數的地雷。但是翁旅長並不以此計爲然。他說用地雷固然是應有的手續。但是這個地雷可惜是死的。不能隨人心所欲。都要待到有東西碰到了地。那麼才能夠發生效力咧。否則便成死物了。依我的意思。不如用活地雷爲佳。譚司令一時會不轉意思來。便道什麼叫做活地雷呢。翁旅長道。趕緊召集願死的勇士一百名。將他們身上完全懸繫了炸彈。和手溜彈。預先到要道口去埋伏下來。待到賊人的大隊開來。那時便命他們滚了上去。饒他鉄甲礮車怎樣的厲害。都不會發生效力。祇要一碰到他們。還愁不炸燬了麼。譚司令道。使得。使得。不過這一百名的願死勇士。不易召集吧。翁旅長道。易得很。我料想這一起奮勇作戰勇士。他們都可以願意犧牲性命的。讓我將第四隊召集來訓話。他便將第四隊五百餘人。召集到操場上面。很沉痛的說道。諸位同志。我要想將吳淞保住。祇有將性命去調換。你們如果不願意將性命犧牲了。我想也不肯仍然附從着我在這裏死守。諸位要知道。一個人遲早都不免了一死。不過這死的是否值得。是否適宜。却是一個問題。譬如死得平淡無奇。倒不如死的驚人震世。死得能夠值得。那麼便早一些死又有何妨。萬一死得太沒有價值。那便是百歲千年。也辜負了這個死字。諸位。你們都是愛國的好男兒。翁某幸就十分地的欽佩你們。愛惜你們。現在呢。翁某却有一個很奇怪的要求。便是要求你們在明日清晨一齊戰死了。未知你們可肯在明天死麼。如果願意在明晨死的。請舉手……他一聲未了。五百人裏面豎手的倒有四百多名。還有數十名因爲沒有聽得清楚。及至問道那班豎手的朋友。爲的是什麼豎手。他們說了出來。一班沒有豎手的朋友爭先恐後的將手豎了起來。翁旅長便將懸繫炸彈去炸燬敵人鉄甲車的計劃說了出來。那五百名弟兄們轟雷也似的答應。個個爭先。翁旅長見五百名義勇軍皆要加入決死團。自是十分歡喜。但是祇須一百人。如果五百人一齊要去只得用一個抽籤的方法。在五百人選出一百名來。他們將炸彈扎好。敵人的十八輛鉄甲礮車。被他們拚得炸壞了。賊人的膽子。至此大多已經嚇得破了。這一百名的忠勇烈士。一齊在鉄甲礮車的下面犧牲了。到了九點多鐘。高班長和義勇軍兩隊合成一隊。一齊集在泗塘河的西岸。曼華和第七連女義勇軍等一齊散佈在吳淞鎮上。天空裏倭人的飛機派來三十多架。一個一個白晃晃的巨大炸彈。由天空裏像落雪團的一樣。東邊轟通。西邊乒乓。摧樑折棟。祇見四面的房屋坍倒焚燒。那一種恐怖的景像。可算是人世所無。加上三峽水的裏面有二十隻倭人的礮艦。不住開礮向礮台灣一帶轟擊。礮台灣也發礮還擊。海面上的火花火蛇亂竄。黑煙迷漫中。曾見倭人的一隻礮艦中彈起火。赤焰狂飛。隱約的聽見呼喊號哭的聲音。曼華由此又想到紅雁。暗道。方才這礮或者是紅雁開的吧。好極。一礮一隻。十礮十隻。打他媽的乾淨……她正在暗想的當兒。猛聽警笛大鳴。她忙綽槍回過身來。只見七連連長一揮手。引着她們向北奔去。到了礮台灣車站附近。紛紛的各尋地段埋伏下來。原來七連連長孟大釗知道女同志們作戰的力量。祇可在第二道防綫上。萬不能把守第一道防綫的。第一道防綫是第三四五三連陸戰的精兵。第二道防綫的東半段。第六七兩連弟兄們。西邊一段。却是曼華等一班女同志。到了十時以後。敵人的礮火越發厲害了。原來由江灣方面又調來兩萬多倭兵。他們的目標。却完全注重到泗塘河一方面。礮火的目標。也以那裏作重。

泗塘河本來是一條很小很狹的浜兒。浜西也沒有什麽險地可憑。第四營營長見敵人的礮火猛烈。只得命弟兄暫向東北一方面略退。與正面第二道防綫聯絡起來。此刻指揮女義勇軍的是第九連連長。和第七連連長。十連連長顧勝方。見賊人的礮火實在的攻擊得厲害。十分。他手下的排長三個。已經死了兩個。顧連長便思再將弟兄們指揮到後面一段路去。第九連連長孫謀仲得報。忙向顧連長問道。老顧。爲什麽要退敢是礮火力壓迫得實在厲害嗎。顧連長道。可不是嗎。我手下三個排長。已經去掉了兩個了。我想將弟兄們約來得退後一段路。孫連長忙道。不可不可。我來幫助你拒抗。不能再退了。顧連長道。那麽。再見吧。他說着便又回頭向西走去。不到十數步外。刺的一彈。正中他的頭部。他翻身倒下了。孫連長望見一個多年的老同伴。被敵人的彈丸擊斃。不由的眼中出火。忙向七連孟連長說道。你在這獨力指揮。我的部隊。和女義勇軍。我此刻去指揮第十連弟兄們了。他說着在彈雨紛飛的戰地裏。奔向十連的防地去了。到了一時二十分。一個十連裏的兵士。滿身泥汙。一臉鮮血。滾到九連的防地。大聲說道。不了。不了。孫連長陣亡了。孟大釗還未答話。孫連長部的三個排長。也不待命令。便領着三百名弟兄們。像獵犬也似的從壕溝躥出來。向前綫奔去。高班長和三百名義勇軍。個個將雪亮的刺刀。一齊裝上了槍頭。等候穆營長的令下。穆營長便對大家說道。各位弟兄們。不要性急。此刻敵人的礮火壓迫到十二分了。衝上去徒自犧牲。於事無補。定一會再作計議。這時第七連孟大釗身不由已的也將部下率領出壕。向第一道防線衝去。祇有第六連連長夏啓鳳走不了。因爲再一走一大隊女義勇軍便沒人指揮了。他祇將牙齒咬得咯吱吱的作響。張大了兩眼。向第一道防線衝望去。只見三四五三連精兵。在重大的礮火力壓迫之下。毫不慌張恐懼。使出十二分沉着的精神。來應戰。西南一角。七九兩連和十連的餘隊合起來。在孟大釗指揮之下。像狂風暴雨一般地向南衝去。這一來三四五三連弟兄們忍耐不得了。接着紛紛出壕。向敵方撲去。穆營長一聲令下。十一。十二。十三。三連弟兄們和三百名義勇軍。飛也似的奔到第一道戰壕裏去填防。六連連長夏啓鳳更是忍耐不得。率領部下和女義勇軍也跟着衷了上來。到了第一道戰壕裏。章文燦安靜媛掛彩了。一個在肩頭。一個在左臂。激動了那一班女義勇軍怒火中燒。大家便要出壕衝去。但是夏連長表示不可。那三四五七九十六連的弟兄們。已經達到敵人的壕前了。奇怪敵人的機關槍到這個時候也曾失却了效力。竟擋不住忠烈的弟兄們衝鋒的脚步。轉眼間對面了祇聽得殺……殺……殺的吶喊和刺刀槍壳撞擊的聲音。敵人便有天大的膽子。至此也會潰退了。這一陣斃敵二千餘人。但是六連的忠勇弟兄們至此已經祇有一半回壕了。敵人經了這一次重大的犧牲。已經將輕視的心理。完全改成恐懼了。不敢輕易出壕來送死了。這一陣過了。只到下午三時沒有什麼猛烈的衝突。但是礮台灣的傍邊。依舊是礮火連天。上海各團體聽得譚翁兩個誓死留守吳淞與礮台共存亡。大家都很替翁譚二人悲憤萬分。疊疊的電來催勸他倆放棄吳淞。報復的日子正長。不爭這一個時候。便是死守下去。也是作無謂的犧牲。譚翁二人那裏肯聽。仍然和倭人又抵抗了一夜。倭人由二萬大兵增到四萬了。翁譚的部下連合義勇軍不足五千。敵人陸海空三着齊施。彈丸大的吳淞。已蹂躪得一塊完土的都沒有了。到了次日淸晨四時。下級軍官一齊過來請翁譚兩個先引兵向西開去。祇留一團人在吳淞斷後。男女義勇軍七百餘人。誰也不肯退去。更有一個李紅雁。氣憤塡膺。決定率領一中隊礮兵留下來斷後。助戰。龍團長再三勸他隨大隊先行。他總不肯答應。翁旅長譚司令兩個處在這種絕境的下面。萬分無奈。望着殘缺的礮台。揮了幾點英雄的熱淚。這才應了衆人的請求。先自領兵向羅店方面退去。到了五時左右。敵人又派大隊出壕來衝鋒了。此刻第一道壕。是一團精銳的弟兄們。第二道礮是忠勇的義勇軍。當敵人出壕的時候。蘊藻浜。噗通噗通不住價開着大礮。向北轟來。李紅雁趕緊將十二尊七生礮移到第二道防綫的後面。開始還擊。那海面上的十多隻倭人的軍艦。還不知道礮台灣闃無一人。依然在不斷的開礮。向廢址殘壘轟擊。紅雁正在開礮和敵人拒抗的時候。猛聽得有人叫他的名字道。紅雁……他一轉頭只見曼華立在壕中。向自己微笑。紅雁再也想不到在這裏遇到了曼華。精神的上面頓時得着不少安慰。此刻也無暇和她多說話。

祇說道。你快將身子蹲了下去。子彈當心。……曼華看見了紅雁。一切都會忘記了。聽得紅雁這麼一關照。這才嚇得頭低了下去。此刻大批賊人已經和第一道防線裏弟兄們對面肉搏了。可是倭人翻翻滾滾。千萬成羣。眼見一團兄弟們皆被包圍了。李紅雁撤下大礮。搶一根快槍到手。很快的插上了刺刀。將手中的一面小紅旗兒。一展。七百多名男女義勇軍。一齊將刺刀向前。大聲呼道。中華民國萬歲……中華民國萬歲……喊罷數聲。一個個橫着雪亮的刺刀。向前衝去。一面衝。一面發出悲壯的聲音喊道。衝過去……衝過去　……礮彈兒飛過來莫迴避……我們肝腦塗地都願意……只要報了國仇就出這口氣……一霎那。對面了。那一班忠勇的男女同胞。齊將刺刀向黃色猾獸的身上刺去。李紅雁胡曼華兩個尤其是如癡如狂。一面向倭人刺戳。一面大叫道。弟兄們。不要回顧。……不要駭怕。……向前。向前。……將性命交給總理。……眼前祇看見那一班黃色動物。紛紛的倒栽下去。倭人雖然衆多。可供不起熱血刺刀來斷拚。紛紛後退。耳邊裏還聽得殺啊。殺啊。……殺到東京去……殺了倭皇帝……休道中華民族不爭氣……這一陣。殺得天昏地暗。江海失色。結果那七百多名義勇軍。和一團弟兄們。都爲國犧牲了。祇留着李紅雁。梅氏兄弟。曼華。倩影。靜媛。高班長。幾個人在傷兵裏呻吟着。小子寫到這裏。眼花手軟。且暫作一個結束。還有許多可歌可泣的壯舉。待小子有暇再陸續寫出來。貢獻於愛國同胞之前。

評曰。全書雖祇寥寥十五節。其章法緊湊。如火如荼。無懈可擊。無疵可尋。巨獅搏兎。必用全力。信然。

淞滬寫眞血戰——

女義勇軍

洋裝一册——定價六角

編著者　汪劍鳴

印行者　新民書社

經售處　各省廣益書局

分經售處全國各大書坊

夜之八二一

少年小叢書

一二八之夜

——上海抗日血戰故事集——

目次

一二八之夜

三月一日那夜，——大悲哀之夜，——十九路軍向西退去，我和幾個明友都跟着他們走，到眞正的中國去（上海衹是半中國），以後兩三旬中，我結識了不少值得敬佩的戰士，眼看着春風掃過整條新線，士飽馬肥，十九路軍每個士兵悒鬱的心情，都被復仇的烈焰燒盡。最後，我遇到了一位閘北血戰過的第六團的英雄。

他姓吳，名海洲。七十八師一五六旅三營七連的排長。在充滿了汗酸與穢氣的蘇崑車廂裏，我初次和他相遇。他已經受了傷，一半殘廢，然而那種直率的，英勇的氣概。仍未稍減。後來我們又屢次見面，一塊兒到虎邱去。那裏，在中華民族歷史的陳蹟中，春風和野花環繞著，吳排長就告訴我「一二八」那夜種種慘烈的情況。

以下就是吳排長口述的戰況，一字不增，一字不減，我將他記錄如下：

「我們已辛苦了好幾天，時時刻刻都在準備着。二十八晚十一時半，照例的，在我所担任的虬江路上，放出了一個軍士哨，那時已是萬籟俱寂，街頭巷尾，都黑黯無光。我走到軍士哨長跟前，問他：「可看見什麼沒有？」他說：「沒有，祇聽見閘北四川路附近有狂熱的歡呼聲。」我覺得有些不妙，而且北四川路方面，特別靜得可怕，就關照哨長注意，無論什麼人都不許通過。這時忽然來了一輛汽車，很笨重。在黑暗中望去，好像是鐵甲車，我急忙喝令「停住」！用手電筒向前照去，才發現是某某百貨公司的裝貨卡車，車裏都是廣東人。他們問我情況怎樣，我說沒有什麼。他們要求通過，說要到北四川路去運貨，我叫部下檢查一遍，並無可疑的形跡，就打開鐵絲網，放他們通過。這時已十二點，北四川路一帶的電燈忽然完全滅去，一片黑暗。接着，那輛方纔過去的貨車，在石路上飛馳囘來。貨車上的人大呼道：「來了！來了！」他們就停在我們面前，把日本人怎樣集合，以及前進的方向告訴了我；我心中狂喜，一面叫他們快逃，一面就命傳令兵去報告連長。果然，不多一會，正前方百餘咪處，現出幾簇黑影，俯身急趨而前，一到了他們所選定的蔭蔽物，就各自散開，開槍射擊。接着鐵甲車「隆隆」的馳過來，車身上的水機關槍在黑暗中不斷地迸出火光。我們仍堅守不動，各人的槍口對準着目標。接着，幾十個敵人集團地跑過來；我急喊一聲「放」就打死了敵人一大半。

這是我生平第一次殺死東洋人，心中很是快樂。接着，敵人的鐵甲車像房子似地衝過來，我們的沙袋全被擂倒。我們就左右散開，爬到樓窗上面，用手溜彈擲下，一時沙石亂飛，敵軍全被嚇退，我們就趕回原線，用機關槍向退後的敵人掃射。

這眞是一個緊張而恐怖的夜，在黑暗的，閃着火光的狹路裏，我們瞄準着，——放，放，放。兩軍的距離僅僅六十咪達，手溜彈由強有力的手裏擲出，落在沙袋底下；人體的碎屑滲和着木石四嚮飛濺，敵人的和我們的，——中國的與日本的，——大家混在一起，染紅了閘北陰黯的石路。三點十五分的時候，敵人的水上飛機從江心騰躍過來，在我們的頭上盤旋着，窺探着，放出他們那恐怖的呼號。但是，在黑暗中，彈雨裏，我們仍舊打着，打着，打着，

何天勝是第九連的下士班長，染着寒熱症還要打仗，

七九鎗太重，他已舉不起來。「給我吧，班長，我替你放！」他的伙伴對他這樣說。何天勝把鎗交出，咬牙切齒地蹲伏着，瞪大了眼睛望着前方。敵人的鐵甲車衝過來了，三隻鐵造的烏龜。我們的機關槍拚命的打，但是沒有用，太進了，機關槍陣地已被突破；弟兄們一面射擊一面退下去。現在，沙袋裏已祇剩何班長一人，他跑不動，也不願意跑，抬頭向星空望望，心頭湧起了悲壯的酸味！猛然跳出袋牆，把自己挺起到最高度——一個立正姿勢的大中華軍人——隨即把手溜彈的引鐵拉開，閃電似地擲向前去。

轟然一聲，第九連的弟兄們都怔住，停了脚步；於是，煙霧散處，敵人的鐵甲身仰天倒着，四個輪盤壞了兩個，冒着青煙，而下士班長何天勝也就此失踪，永遠不見了。

馬上，我們第九連的弟兄們就由林連長帶着，果敢的，猛烈地衝向前去！號兵把心田裏整個的熱情，全灌進號筒裏面；「連旗」也怒揚着，噠噠的，噠噠的，他們像潮水地衝過虬江路，一條街堂一條街堂的血戰着。將要到敵人第二道防線的時候，忽然，清脆而凶狠的，日本三八式的機關槍響起來，林連長第一個仰天倒下，撲在「連旗」

上面，張排長喊着『殺』，弟兄們一起喊着『殺』，呼的衝了過去，五秒鐘後，敵人的機關槍射手就被刺刀貫穿了數不清的洞，而敵人的第二道防線也就此被第九連英勇的突擊所佔領。

將近天亮的時候，敵人全線的攻擊都告失敗，我們第七連就由連長率領着，在晨光熹微中，毅然施行拂曉攻擊！我（吳海洲）七連的左翼，帶着兩班人衝到一條暗無天日的弄堂裏去；巧得可怕，衖堂盡頭五十咪達之處，就是一架機關槍後面，有五個黑影蹲伏着。我忙喊臥倒，一長貫的鋼彈早迎頭掃下。石塊和跳彈四嚮飛濺，我覺得右腿上部好像針刺似的一下子，知道受了傷；並眼看着五六個弟兄在左右掙扎着，一時怒氣冲天，抓到一個手溜彈，就向前擲去；同時自己將身體平伏着，張大了嘴，三秒鐘後，紅光夾着裂耳的轟聲，在目前一閃；整條弄堂似乎翻轉過來！我心裏一陣迷暈，就抱着一頂從對面飛來的鋼盔昏去。

生平已受過五次傷，却從來沒有像這次的感到安適，青天在上，我們擠在汽車裏向租界的病院馳去，血從傷口裏湧出來，我感到他的顏色很是美麗！—

吳排長在虎丘的假山底下將他的回憶說完，彼此都有些偉大的感觸。天忽然陰暗起來，樹葉被風吹得殺，殺，殺的響着。吳排長的容貌突然嚴肅起來，很莊重地望着山下。我跟着他的視線望去，原來又是一團人馬在那裏前進，繞着虎丘車站過去。臨高下望，這一千人的從隊，正像一道藍色的長城！

一個義勇軍的自述

上海既然有許多人知道我在前線工作：所以我想在這篇故事裏面，把我在閘北苦戰的經過敍述一下。我並非一個正式軍人，不過是上海的一個平民。太平時候，在本地公司裏作事。戰事爆發以後，公司停業了。在這危亂期中買賣都沒有了，大家都縐着眉頭，不知道將來是怎樣。

自從去年九月十八日日軍強佔瀋陽後，各地都組織了義勇軍，那時我便加入了上海商人的義勇隊。我在隊裏報的名字是包衞端。在四個月中間，我學會了操法；槍的用法；手榴彈的擲法；並且連開機關槍的法子也都會了。我除去在銀幕上，沒有看見過戰爭，也沒有見過殺人流血的勾當。雖然一點戰爭的經驗都沒有，我終於爲了保衞祖國而參加作戰了。

□偶然放幾槍

在閘北抵抗日軍的十九路軍，最初不要我們義勇軍參加，經過幾次堅決的請求，才准我們開到最前線去。在戰爭的第四天，我同另外四位兵士，被派到寶山路的防線，對面就是租界，日軍就駐紮在那裏。我們有兩挺機關槍，許多手溜彈，幾桿來福槍，一起隱藏在沙袋的後面。

日本的海軍陸戰隊正在我們對面，相距五十碼的樣子，也躲在沙袋背後。白天他們並不來攻擊。我們所要嚴守的命令是：「來則抵抗，但不許進攻。」這因爲我們本沒有進攻的意思，幷且日軍駐屯在公共租界內，倘使進攻，恐怕引起國際糾紛。我們從槍眼裏，可以看到日軍滿載士兵，軍火，糧秣的汽車，開足了速度，在租界上飛騰似的奔馳。我們伙伴中有一個，伸頭到沙包的上面去，想看個清楚；「砰」，從日軍陣線上飛來一顆子彈。幸運得很，子彈忽的從耳旁飛過，沒有打中。我們用槍刺挑着帽子，高舉出沙袋上，「砰」，「砰」，「砰」，接連響了幾聲，有一顆子彈，正打中我的帽子呢。

後來我們看見鐵皮帽子，在對面沙包上面露了出來，我們也就毫不猶餘地放了一排槍，至於我們是否打着了人，或是僅僅打着帽子，那就不得而知了。雙方這樣偶然的放幾槍，差不多是白天裏的功課了。日本人喜歡在夜間作事，在漆黑的時候。

□不能入睡的夜

我們整夜沒有睡覺，時時刻刻都在提防着日軍的進攻。我們前線上已到了援軍，防守的人，已增至十五個，後方還有幾道防線，有大隊援軍，在距離不遠的地方散佈着。我們輪流着睡覺，——其實只是半睡半醒，——當後方的伙伴，來替換我們防守幾點鐘的時候。日本兵士在夜間却可以很安穩的休息，因爲他們確信中國决不會攻擊他們的租界中的根據地。

前線上一切都很平靜，除去幾聲雜亂的冷槍聲，偶然打破了夜之沉寂。夜漸漸的過去，天快要亮了。我們模糊的看見幾個黑影在前面搖動，並且聽見裝貨汽車在路上轉動，發出了轆轆的聲音。忽然，對面的防寨開啓了，我們十五個人，都拿起槍來，手指扳着機關，一心注意着敵人的行動。從對面防寨開啓的空地方，忽的衝出五輛鐵甲車，槍聲震天的響，一排機關槍彈直射到我們陣線上來。鐵甲車上架著許多機關槍，向街上掃射，一個個黑影子緊跟在車後，向我們的防線衝來。

我們開始反擊，十五個人一齊動手，我們的機關槍吐出了一排鋼珠，長槍的射擊實在太慢了，正好用手溜彈向衝來的敵人拋擲。當我們的機關槍左右掃射的時候，我們看見他們一個個的倒下。一顆手溜彈爆炸的地方，總有許多人應聲倒地。有一顆手溜彈擲中了最前的一輛鐵甲車的輪子，因此就擋住了後面的四輛，不能前進。敵人都爬在地下，像蝸牛一樣；躲在甲車的底下，或背後；隱在電線桿子和綠色郵筒的後面，差不多任何牆角屋隅，只要可以掩蔽的地方，都藏着敵人。他們利用這種優越的地位，向我們射擊。鐵甲車上面的機槍，不斷的發出「拍」，「拍

」，「拍」，的聲音。打來的這些子彈，都給我們的沙袋吞進去了。戰爭繼續着。經過了一點鐘，兩點鐘，——不久天就大亮了。我們依舊在防線後面，瞄準，射擊着，保衛着我們老大的國家。日軍死傷的，都散亂的躺在前面地上，四輛鐵甲車囘去了，一輛毀壞的，仍然留在我們面前，顯示着這次日軍的失敗。敵人在退却的時候，帶了他們的死傷者囘去。我們的防線也已開到了援軍。

我們覺得熱烈，興奮，四周的寒氣，全不在意。這時，我們覺到飢餓得可怕。這在我們眞是一種異樣的經驗。

我轉過臉來，看看我們的同伴，他們也是同我一樣。現在這裏已經不止十五個人，當惡戰開始的時候，已來了幾百人援助我們。有幾個人受了傷，有幾個人作了戰爭的犧牲，——有的是原來十五人中間的，有的却是新來的。死的傷的，陳列在我們的前面，但是我們對於這慘酷的景象，一點都不覺得害怕，我們是興奮得發狂了。

□戰爭的靜默

在戰爭過後的靜默期間，就忙把死傷的伙伴運到後方去。我們的防線上又增加了兵力，軍備也較爲齊全，機關槍比以前多了幾梃；白天，日軍進攻了幾次，但總被我們很順利的擊退。我們在許多優越地點：如屋頂上，店舖的窗子裏，黑暗的巷子裏，發槍射擊；使日軍簡直不知道槍彈是從那裏來的。小戰發生過好幾次，但是我們一直堅守着陣線，絕未給敵人衝進防線。

我看看我的伙伴們跌倒，受傷，抬走，死去；人生便是這樣的——我恨日本人的心理，勝過了我一切同情和懼怕的感情。快死的人，並不叫喊，受傷的人，也並不呼號。那些人啊，或者稱小孩子還適當些，他們靜靜地承受他們的命運；這種沉默，眞是多麼高貴哪！我所以稱他們爲小孩子：因爲十九路軍大多數的士兵都是年紀很青的，差不多只有十幾歲呢。我坐了下來。這時槍聲完全息了，甚至連冷槍聲都聽不見一次。在那邊弄裏，擁擠着一羣人，婦女小孩，並且居然也有正在壯年的男子，都在掙扎着想找個砲火達不到的安全地方。

我不禁陷於深思了！我回想到許多的事情。爲什麼這些逃難的人們的生命就這樣的值錢？這樣的寶貴？一定要跑到租界上去呢？婦女，兒童，還可以原諒，但是正當三四十歲精壯力強的男子也要逃命，却是無可饒恕的了。我看看我們的伙伴，都還是青年，我卻比他們長大好幾歲。在中國，成人原來都屬於過去時代的，他們便該死去。新的青年，像戰壕裏面這些孩子們，才能起來領導國家，開拓出一個新時代來！

在沙袋後面，我們過了好多天。我們每天的日常功課，就是放步槍，開機關槍，玩留聲機。因爲除了開火的時候以外，實在無事可做，幸有一個年青兵士，名阿龍，生在廣東香山，他很歡喜音樂，曾帶來一個手提小留聲機，這便成了我們戰餘的消遣。軍器，軍火，不斷的從司令部運來；上海愛國市民所慷慨捐助的食物，用品；和各種珍肴，美味，都堆在我們的臨時堡壘裏面。總之，前線上的生活，是很有樂趣的。武器的戰爭，是世界上一樁最令人興奮的遊戲，假設雙方形勢能相等的話。不過這次上海戰事，兩方形勢就顯然的不相等了，日軍能衝進我們的陣線，但是我們却不能進入租界，所以常常在最激昂興奮的時候，我們偏要停止射擊，望着敵人們退却。

我想雷馬克寫的西線無戰事，有些地方是很錯誤的。

以這本書爲根據所攝製的影片，把戰事的情形誇大了好多。你在銀幕上總聽見過傷兵的可憐的哭聲，實際上受傷的人在戰場上往往連自己也不知道，他並不覺得痛苦，也並不哭叫的，至少中國青年兵士是如此。至於房屋的毀滅，我們也曾在影片上看過同樣的情景，不過這次所見到的更爲眞切，更加偉大罷了。

□鐵甲車衝破了陣線

有一次，在夜間，我們的陣線給日本兵衝破了。乘着黑夜，他們向我們陣線衝來。我們的機關槍和其他軍器，都一齊使用起來。雖然我們看不清敵人，但是我們可以確信他們一定有許多的死傷。

幾個日兵來搬開我們的沙袋，我們還沒有注意到，却已有一處開了口；從這口裏，猛然的衝進來幾輛鐵甲車，開足了速率，上面架着的機關槍，向各方猛烈的掃射着。

我們的散兵聽見槍聲，都來增援，頑強的抵抗着。我們將火把點起，在槍林彈雨中，重新將堡壘建築起來。但日軍已經進來得很多，只有面對面的肉搏了！於是刺刀，手槍，手榴彈，正好用着。天是那樣的黑暗，誰都不能說，一定不至于殺了自己人。我們也眞幸運，日本兵都穿着白色的裹腿，與他們的軍衣相配，我們可以模模糊糊的看見白色的東西在搖動，我們知道這就是敵人的腿，便對準這目標射擊。我的機關槍座，本來在一個很安全的角落裏。一顆子彈穿過我的衣服，劃破了我的皮膚，但我並不覺得痛苦。

我們的大刀隊來了！總司令部聽說前方已到了肉搏的時候，所以才派他們來的。我要把大刀隊說明一下，因爲現在軍隊裏面，沒有這種東西。這是一種中古時代的軍隊，手中拿着古代的大刀：正像在羅馬史上的一樣。他們裸着上身，赤着脚，這般裸體的死神使者，當被派到前方去的時候，他們立誓效命，决不退後。他們手執一口大刀，一枝手槍，腰間帶着許多手榴彈。他們臉上滿塗着黑油，頭髮亂披着；殺了一個敵人後，就把敵人的血抹在自己的臉上身上。他們的獰惡的形狀，連自己人看見了，也要害怕哩！

大刀隊已全到了。爲了避免槍彈，他們在地下滾着。從白裹腿上面，他們也能辨認出敵人來。他們伸着左手，摸索着前進，如摸到鐵帽子，羊毛制服，皮軍裝的時候，他們就猛烈的砍幾刀。有時滾在地下去砍白裹腿。日軍裝束的齊全，保護的周到，與中國兵士比較起來，眞有天淵的分別。中國兵士所僅有的軍裝，就是愛祖國的熱情。

正在這時候，有五輛鐵甲車在我們陣線的後方擾亂，我們䊪了一個手溜彈，把最後一輛的輪子炸毀；這樣，就阻礙了其餘的幾輛，不能退却。我們匍匐着身軀，差不多等於在地下滾，向着甲車的方向進行。這時天色漆黑，只有炸彈的火光時時閃着。有些人在未達到目的地的時候，就倒在地下了。最後我們到了車子的跟前，就爬上去；車上的機關槍不能射到我們，總算是安全了。我們用手槍向小洞裏放：「砰」，「砰」，「砰」！司機的人同機關槍手，都給我們打死。這些怕人的送死的車輛，都已無能爲力，我們一齊掠獲了，擺在陣線裏面。

◻擊退日軍

到了早晨，日軍已全被擊退，他們都跑到自己的沙袋後面去了。相距有五十碼的遠近，我們互相看着。只要有一個頭，一件軍衣，或任何別的東西，在對面沙袋上露出來，我們便立刻放槍。倘我們站起來向他們張望的時候，他們也開槍。我們前後左右的死屍，算起來，足有五十多具。有許多在臨死的時候，腿還不住的顫動。日軍的死傷極多，因爲他們是攻擊者，比較的沒有遮蔽些。我們大刀隊幹得好極了！很多日兵的屍體，都沒有了頭，或沒了手和腿，割去的方法都不相同，眞是各盡其妙。我們聽說日本兵和武裝浪人，在北四川路一帶，用極横暴極慘酷的方法，刺殺了很多的中國婦女和小孩，死後把屍體移到日本公園去焚燒，滅去他們殘暴的遺跡。旣然如此，自然囉，我們對於眼前日兵的死傷，覺得滿意而高興。

我在前線上經過了很久的實地練習，我的使用機關槍的本領，大家都曉得的了。我於是被派去看守一個高處的巢穴。我們的軍事計畫已經變更，除去最前線的防禦以外，我們還設立許多孤立的機關槍座。這些槍座，都設在高處，像屋頂上，二層樓或三層樓的窗子裏。這樣我們可以觀察敵人的進攻，格外來得清楚。

我的巢穴是在一所傾圮的房子裏，又髒又臭。但是因爲有垃圾和別的破碎物件遮蔽，敵人可以不致看到我，像我這樣的位置還有好幾個。日軍始終不曾知道我們在什麼地方。當他們進攻的時候，注意力都集中在前線的沙袋上面，他們看不到我，連我的槍頭都不能看見。日軍正在我迎面的南方。但在我的西邊，我可以很清楚的看到荒廢的界路——閘北和租界交界的地方。從前是多麼熱鬧的大道，電車和行人不斷的來往，現在却變成寂靜荒僻，充滿着死的恐怖。在此更有一個強固的堡壘。那裏防守的軍隊，既非日軍，也非我軍，却是租界上的中立國人。我可以看到守衛軍士的換防，他們的鈕扣和刺刀在冬日的陽光裏閃耀着。最初駐紮在那裏的是上海義勇團，後來開到了蘇格蘭人，穿着美麗的短裙，最後來了美國三十一聯隊。他們依次各隊輪流的開來，日子就這樣一天一天的過去了。

□美國兵

最先，我和美國兵發生了靜默的友誼關係。他們看我開機關槍，他們也看見敵人被我擊斃。每當戰爭一過，他們便拍掌向我招呼，我也向他們揮手，大家笑了。我們中間的距離只有一百碼左右，但是我覺得沒有這麼遠。後來蘇格蘭兵，和義勇團的隊伍來的時候，他們也是如此。他們過境來幾包吉士煙，巧可力，及各種糖菓。他們向我呼喊，並且送我一個綽號叫却利張，我既不是却利，也不是張，但是我喜歡這個名字，因爲這可以提高着桑子叫。每天早晨，我們互相揮手，表示問候早安。我們不能彼此談話。分開我們的是這一條充滿了死氣的街道，不但是閘北和租界間的一個界限，也是戰爭與和平的分界。

大部分的時間，我是一個人守在這孤另的巢穴裏。有時，我們的伙伴送幾碗飯同幾罐食物來，有時他們也來談天。每當砲火停息以後，他們就溜到下面街道上去，拾取我們的西洋伙伴摔過來的香煙，糖果，我也把些從日軍得來的鋼帽，摔到中立的堡壘裏去，給他們作爲上海戰爭的紀念品。有一次，我丟給他們一罐竹筍，砰的一聲，他們還以爲是個炸彈，嚇得慌了，但後來明白了，纔彼此大笑起來。

★ ★ ★ ★

我們固守閘北陣線整整有一月另四天，沒有失去中國寸土。忽然在三月三日，我們接到總退却的命令。我們都覺得惶惑，不知道是怎樣一回事！這是全陣線的有秩序的總退却。但究竟爲甚麽，我們直到現在還不知道。有人說因爲受日軍艦上的十四寸口徑大炮轟擊的結果，我們在吳淞，江灣，劉河方面的陣線受了很大的損失。日人因爲不能用野戰的方法取勝，才使用重砲和長距離的砲，把上海和吳淞間的村莊和市鎭，恣意毁壞了。飛機上隨意亂拋炸彈，也是日軍的一種有利的戰略；因爲這樣可以毁壞許多中國老百姓的生命和房屋，因此可以引起人民的恐慌。

有的傳說這次退却是由于我們已有詳細的軍事計畫，

預備使日軍脫離他們的租界根據地，這樣我們可以左右夾擊，加以包圍。但不管原因是怎樣，我們總是安穩的而且有秩序的退却了。

現在我駐在黃渡一個年代很古的石橋下面，我的機關槍仍然保留着。後來戰事停了好幾天，我於是發生了許多疑問。我不知東三省是否可以收復，我不知到什麼時候我們才能重返閘北的前線，我不知我的青年的伙伴現在是怎樣了。死了呢？還是像我一樣的活着？或是在醫院裏養病？我不知那些美國兵士現在的生活是怎樣，他們還捲香煙和巧可力糖麽？

神勇五烈士

嬌柔的月亮，微笑的稀星，好似被殘酷的戰雲欺凌着，嬌柔的不嬌柔了，微笑的也不微笑了。

遙遙的火光冲天，大概屬於閘北區罷。在竹園墩陣地的戰壕裏，大約二月二十四日午後八時三十分的光景，幾位英勇的十九路軍士兵互相談論着。

牛津草：『敵人埋頭埋腦的怕死，一點目標也沒有的射擊，我真替他可惜子彈。這樣稀的槍聲，「格……格！

」的繼續不斷放下去，怕他們不到三十分鐘子彈不告缺乏；我倒替他們危險！他們的危險，就是我們的安全哪！連長，（乒乓波劉）我們的砲彈不是也放完了嗎？補充吧，須在六小時以後才行；那末趁這個閒空的當兒，赴敵人的歡迎會，順便借幾桿六五槍和一兩挺輕機關槍來，做做紀念也好；祇要你派上等兵胡炳生和一等兵歐榮兩個幫我的忙，就夠了，可以嗎？」

乒乓波劉：『大光燈呀！我們歸他指揮。覃連附雖然牛津，這個提議却可以成立，你以爲怎樣？』

大光燈陳：『事實告訴我們，自己的彈藥盡了，牛津罩判斷敵彈缺乏，牠們就危險；但我們自己也是一樣，何嘗不危險？贊成牛津罩的提議成立，並且我請你也參加乒乓波劉，立刻實行吧！』

罩：『既蒙允許，又得協助，那末，決定！每人一枝駁殼，備一百子彈，六個手溜彈，一把大刀，就夠了。即刻實行啊！』罩一面招呼胡歐爾。

陳：『我主張推牛津罩爲指揮官。』

劉：『好呵！贊成！贊成！』

覃：『你們推我爲指揮官，我也就不客氣，不再辭讓；但你們不要以爲都是上尉，不聽指揮呵！老實說，軍法是不留情的呢？』

陳劉：『那個自然。』

覃：『各人趕快裝束好，限上午九時在左翼的出擊線口集合。』

大光燈陳乒乓波劉胡炳生歐榮與牛津覃互相握手告別，各歸各的掩蔽部去了。牛津覃回掩蔽部後，沉靜地在交通壕裏彳亍着，襲擊的計劃在他的腦海中旋轉着：『左翼出擊線口的右前方，這陣地裏的敵人，約有一小隊，配了兩挺輕機關槍。敵人的兵力既是這樣的單薄，我們就可以乘敵人的弱點去攻擊，最好是夜戰；使敵人的空軍失却效力，用快刀斬亂麻的手段，先發制人，實行死裏求生的彈藥的補充法。前進的方式，用散開的葡萄形，以免打草驚蛇……」

牛津覃這樣想定當了，便把駁壳槍上子彈一排，上筒，關保險機，掛在腰右，口啣駁壳彈一排，準備作槍筒掃射完了後的承繼者；手溜彈除左右手各持一枚外，頸項裏掛四枚；背負大刀，右反手的抽出；這樣敏捷地裝束好了，便出了掩蔽部，在交通壕裏向目的地前進。一會，到了自己指定的地點——左翼的出擊線口。胡炳生和歐榮倆已先在等待，爲避免敵人的耳目起見，各人見着，祇點點頭。隨後大光燈兵兵波都到了，也僅僅互相點點頭。牛津覃檢閱手錶，九點還差十分鐘，就招呼四人進了附近的掩蔽部，將方才想定的計畫，向大家宣佈。又要大光燈和兵兵波各寫幾張通報，交鄰近的士兵卽刻傳遞；並且請鄰近的指揮官，候他們的手溜彈擲到第二個時，就指揮兵士用猛烈的火力向敵人射擊。又規定了幾個代名詞式的記號，在必要時，就變更葡萄式爲躍進式。會議妥當，時光已正九點。牛津覃率領了幾個同志，魚貫的出掩蔽部，再出了擊線口；散開，葡萄般的前進着！牛津覃的忠勇殺敵的大志，使他的熱血騰沸到最高度，忍不住葡萄式的慢慢的前進，把預先規定的躍進式的符號表示給左右的大光燈，乓乓波，胡炳生，和歐榮看。他們都領會了，個個服從，爭先恐後，一鼓作氣，衝到敵人的戰壕前。敵人發覺了，就向他們射擊。胡炳生他們也不客氣，就把右手的饅頭——

北門式的手溜彈——作答禮！也不失爲國際外交的禮儀。

轟轟的響了五聲！又轟轟的響了五聲！這就是牛津覃，大光燈，乒乓波，胡炳生，歐榮，各人左右手裏北門式饅頭十枚，饋贈了我們同文同種的東洋友饗受着。敵人死亡了不少，其餘仍在掙扎中！五個忠勇的同志，先伸右手把掛在腰間的駁殼槍拿起，開了保險機，瞄準了放。一排子彈放完，將口袋的駁殼槍彈順勢又上了。牛津覃跳欄般的越過敵人的鐵絲網了！胡炳生，歐榮，大光燈，乒乓波，也依樣地越過了敵人的鐵絲網。胡炳生是精于國術的，把駁殼槍掛在右脚邊，一反手就抽出他那柄光閃閃的大板刀，飛舞着對敵人砍，有一個我們同文同種的東洋友，被他的大板刀一砍，由腦殼頂直劈到肚臍，眞是怪可憐的！

刹那間！五虎將一齊飛起了大板刀，把敵人砍得七零八落。最後只剩了歐榮還用大板刀與他的敵人的刺刀鬥劈，因爲歐榮在五人中要算年紀最小，却偏偏遇着勁敵。幸喜那時胡炳生已把敵人收拾了，發見歐榮尙在肉搏，大有不支之勢，精于國術的胡炳生卽刻馳到，對準歐榮的對手的腰裏，把大板刀一劃，立刻歐榮的勁敵便成了兩段！這時節，鄰近的敵人，何以不出來援救呢？因爲在未出發以前，已通報我們主要陣地的戰友，一聽到擲了第二個手溜彈時，就用猛烈的火力向敵人壓迫，敵人驚恐得以爲我們全綫出擊，也就不敢出來援救了。

至於戰利品呢，除了我們北門式的饅頭的洗禮，毀了的輕機關槍一挺，六五步槍六桿外，僅僅奪得六五步槍八桿，輕機關槍一挺而已。

時候到了十一點，燬了敵人的鐵絲網，胡炳生托一挺輕機關槍；歐榮，大光燈，乒乓波，牛津覃，每人托了兩桿六五步槍，向自己的主要地陣歸來。一路上敵人又不追趕，他們就樂得從容地回來。

歐仔（歐榮）左手負了傷，據他自己說是和他的勁敵的刺刀接了吻，他怕人家知道了，難爲情，所以秘而不宣，只自己裹了，免得到後方去。

在晨光微熹中，歐仔，乒乒波，胡炳生，牛津覃四個見敵方拂曉攻擊，有幾個同文同種的東洋友將近我們的突出部，他們不約而同的一齊躍出戰壕，一心想生擒那幾個敵人。不幸之至，敵人的砲彈正落在他們那裏，他們四個和幾個同文同種的東洋友同歸於盡了。

二十六日上午五時許，又逢着敵人用犀利的武器向我們轟轟的示威，大光燈在戰壕裏上下一帶巡邏，不料被流彈貫穿了腦袋。

這一幕悲壯的事實，將永遠留在人們的腦海裏了！使人敬慕的五位忠勇的烈士，生前都立了不少的戰績；雖然脫離了形骸，然而他們偉大的精神是永存不死的！我馨香祈禱着，將來還有更多的神勇的同志，踐着烈士的血跡，拾起烈士的骷髏，繼續向帝國主義者進攻，這才不辜負了五個烈士的神勇！

附註——大光燈兵乓波牛津都是粤語中呼人諢的名詞。

愛國的汽車夫

胡阿毛是一個汽車夫，年紀大約有四十多歲，在上海南市救火會裏做事情。爲人又熱心又忠厚，救火會裏的人沒有一個不敬愛他。他和年老的母親，溫柔的妻子，幾個活潑的孩子，過着和平的日子。

在去年二月廿六日的午後，他到虹口去探望一家親戚。那時候淞滬的戰事正在激烈的當兒，虹口一帶是日軍的根據地，危險非常。住在那裏的同胞，只要稍有錢財的，早就扶老攜小的逃走了。留在那裏的都是窮苦的同胞，起初因爲無處逃生，只得拚着性命不走，後來就是想逃也逃不出了。可憐那無辜的同胞，被野蠻的日軍慘殺的，不知有多少！

胡阿毛的親戚住在虹口百老匯路，家道非常貧苦。自從一二八戰事爆發以後，他四處打聽他們的消息，可是彷彿石沉大海一般的渺茫。一天天從虹口一帶傳出來的，我國同胞給日軍慘殺的惡消息，使他更替他們着急。後來他再也耐不住，決定親自到百老匯路去探聽個明白。

他一走過白渡橋，路上就瞧不見一個行人。除了遠遠的炮聲，隱約的槍聲；他自己沙沙的脚步聲外；靜悄悄的再也聽不到什麼聲音，彷彿走入了死城一般。他走了一程，倒有些驚慌起來，連脚步都不敢放重，眞想回轉身體逃跑。可是我早就說過他是個熱心人，一心想去探望親戚，便不顧一切，鼓着勇氣向前走。

他走到中虹橋附近，給幾個日本兵攔住。

「你幹什麼？」一個會說中國話的日本兵惡狠狠的問他。

「我去探望一個親戚。」胡阿毛心裏雖然有些着慌，可是仍裝着鎮靜的樣子回答。

他話還沒有說完，已給幾個野蠻的日本兵動手在他的身上亂搜。最後在他的內衣口袋裏搜到一張開車執照。

「你是個汽車夫！很好！跟我走！」那個日本兵扣着盒子砲，指着胡阿毛叫他走。

這時，胡阿毛憤怒得什麽似的，恨不得奪下那枝盒子砲來，打死這幾個野蠻的日本兵。可是他畢竟是個忠厚的人，暫時按納住性子，臉上還留着怒容，跟着日本兵走；

後面還有兩個日本兵押着。

他一路上想，他們大概是押他去槍斃的，他死了以後，老母妻子又怎樣過活呢？他想到這裏，心裏一酸，眼睛裏快要湧出眼淚來了。可是他以爲不該在日本兵面前露出胆怯的樣子，於是挺挺胸脯，大踏步的跟着走。

他們走到匯山碼頭日軍司令部門前，便站住了。胡阿毛瞧見一大排卡車，上面滿裝着子彈軍火。日本兵把他推上一輛卡車。那個會說中國話的日本兵吩咐道：「開到公大紗廠去！」這時他才恍然明白，原來日本兵要他開汽車。

他想，開了幾趟卡車，也許日本兵會放他回去，這樣想着，他便坐下來開動卡車，兩旁和身後，有三個日本兵看管着。

他風馳電掣的沿黃浦江開了一陣，心裏不免痛苦起來。他想自己難道是這樣的自私自利嗎？只顧自己的家，連替敵人運載軍火的事情都願意幹了！這滿滿一卡車的子彈，不知要打死多少努力殺敵的勇士！難道自己一家的性命，比無數勇士的性命還貴重嗎？

他這麼一想，便咬緊牙齒，暗暗的盤算一會，最後點點頭，好像決定了什麼似的。他轉過頭去，望着白茫茫的黃浦江微微一笑；兩手把車輪一旋，卡車便往黃浦江裏直馳，只聽見「轟！」的一聲，浪花濺起有丈把高，一會兒，日本兵，子彈，卡車，連我們那位可敬可愛的汽車夫，都淹沒在浪花底下了！

▲瞞不了連長的虎眼

春風裏飄着雨絲，炊烟中含着涼意。我從輪船的艙中，又移到火車廂裏。汽笛一聲，機輪鼓動着前進了。雄巍的高山，和那江裏停着的兩隻敵艦，都和我作一個小別。平野一切的景物，也都在車窗外面向後退去。

這時車廂裏的空氣，彷彿很是冷靜。除了幾個戎裝整齊的兵，在那裏談着閒話外，我們同行的幾位同志，都似乎在深思着。就是有時說一句無關緊要的話，但是又給機輪軋軋的呼聲壓迫住了，彼此只能看見嘴巴動作，語聲模糊，是無法回答的。於是大家都靜默着，兩雙眼睛望着窗外，希望在生氣勃勃的田野裏，發見新鮮的印象，來打破暫時的寂寞。

車過無錫的時候，上來一位長袍短褂的乘客，正坐在記者對面，大概也是苦于寂寞，時常尋出些談話的引線來誘惑。我當然很歡迎他這種舉動，所以很眞誠的接受他的談話的提議。於是三言兩語過去後，差不多成了很熟的朋友的樣子，彼此不客氣的談下去。

「……」

「我住在後方，對於前方的消息不甚靈通，不過零碎的片斷的，天天都有聽到：」

「請你詳細說一說，好嗎？」

「有一次，我聽一個南京的朋友說，日本俘虜有四五百人在某某地方，監視得很嚴密。但是每日的待遇非常好，所以他們感不到痛苦。看守兵常常和牠們開玩笑，用大刀對準他們，作欲殺的姿勢。牠們哀告着，用手勢來說明，就是喜歡後腦海開花（槍斃）最不願意殺頭。

「這倒有趣味的很。」

「……………」

「那麽，先生，你在鐵路上工作，很容易看到運輸的情形。」

「當然看到，如某某師和某某特務隊，到前方去，都是我親眼看到的。並且有一個敵人的女偵探，我詳細的告訴你：

「在一個小車站上（站名已忘記，）有一個賣香烟的女子，年紀有二十四五歲，生的還好看，說話聲音有點上海口氣，但不十分純粹。她每天在站上賣香煙，不離開車站，要有兵車通過，她就上車叫賣，對於兵士表示好感，煙價又便宜，所以買的人很多。有一次某某師的兵車經過，她照例上去賣，同時又和兵談着閒話，什麼那裏來的呀，第幾師呀。不提防一位連長瞧見，覺得這個賣香煙的女人，一定有什麼秘密。他於是故意也買幾包香烟，帶着幾分胡調的神氣。這女人倒有眼光，知道官長比兵的頭腦靈滑，表示忸怩的態度。但她又願意，在他的身上得點好的消息，所以又裝出點媚態，打算迷朦我們的英雄。那知道英明的連長聽她三句閒話之後，便得到了鐵證；馬上翻轉了虎眼，發了一道命令，搜查這賣香煙的女人。於是將她拖到連長的臨時辦公室內，(在火車上)當時幾名虎一般的勇士，大家一齊動手；將她的衣服脫下，細細驗看，有無暗記字碼，結果一無所得。賣煙的女人先時倒有點驚懼的樣子，一看證據渺茫，不但胆壯起來，反倒有所聲訴。這時立在連長身旁的健兒，都有點不知所措。而胆大心細的他，并不露出張皇失措的態度，用銳利眼神，注視着她，打算先壓倒她的驕氣。沉思了半天，從腦海裏，抓回了往日的經驗和記憶，趕快叫他們把她的衣服統統撕開，一驗內中秘密，但終於又失敗了。可是他仍不覺得這是失敗，最後他親手在她的布鞋底夾層裏面搜出一枚日本小錢幣。她認爲勝利屬於他了，很爽快的說：「我慚愧，對不住祖國，請馬上槍斃我！」於是呼的一聲，勝利的網罩在青年連長的頭上，機輪前進的聲音，好像給她敲着喪鐘。」

「這個女人到底什麽地方人，你知道吧？」

「實在我也說不清，不過是聽他們的傳說，但我也不敢相信。」

「……………」

他和我越談越興奮，不覺車已經到了美麗的蘇州，大家只得握手道別。

中華民國二十二年一月初版
中華民國二十二年三月再版

一二八之夜
——上海抗日血戰故事集——

實價銀一角

編輯者　少年書局
發行者　少年書局　上海蓬萊路
代售者　各大書局

少年書局

淞滬抗日陣亡將士追悼大會會刊

中華民國二十一年五月二十八日出版

蘇州文新印刷公司代印

目次

抗日戰鬥紀略

暴日自田中對華侵略具體决定後，突於九一八開始以武力强佔我東北，復及熱河，又於天津等地實行暴動，擾我治安，凡屬國人，莫不義憤塡膺，誓復此仇，本軍奉命衞戍京滬後，正擬組織義勇軍北上，以期與敵週旋遼營間，乃日敵變本加厲，向我滬濱時加挑釁，雖經政府一再容忍，終難塡其慾壑，本軍守土有責，義無反顧，一聲號角，刁斗風雲，以素稱積弱之邦，鼓其大無畏之精神，於一二八晚開始與雄視東亞威振全球之一等國馳驅於黃浦江畔，轉戰匝月，屢挫敵鋒，雖經優勢之敵，迫我側後，因戰略而退守二線，然敵經此霹靂震盪，已足寒其胆而奪其魄也，誰謂大中華民國軍人不足以抗强敵耶，所望國人同仇敵愾，一，視死抗，終計，三島實不足平也。歸毋

戰鬥前一般情況

倭寇猖獗，自佔我東北後，時於滬濱向我挑釁，通諜我市府，限令取消抗日運動，經我市府忍痛答覆後，敵復於一月廿八日向我市府通諜，限今本軍撤退，以國軍守國土，安有撤退之理，其蠻橫可知，其破壞和平更無可諱言，且未經答覆，突於是晚十一時卅分啓釁，向我防綫猛襲，戰鬥由是開始，誰爲禍階，可無待言。

甲、敵情之調查

敵有陸戰隊約六千餘，在鄉軍人三千餘，飛機五十架，裝甲車十餘架，統歸海軍少將鹽澤指揮。

乙、本軍戰鬥前之部署

七十八師一五五旅警備龍華，南市，北新涇，眞茹一帶，七十八師一五六旅担任吳淞，閘北一帶警戒。

1 甲、戰鬥經過

廿八日

敵於是晚十一時半，以天通菴車站爲根據點，右自虬江路口沿寶山路寶源路橫濱路左至青雲路等處，同時鉄甲車裝甲車掩護步兵向我七十八師一五六旅第六團防綫猛衝，并起火焚燒各商店，一面用手溜彈從屋頂擲下，來勢極兇，卒賴我區師長督率官兵沉着應戰，以手溜彈先擊燬其鉄甲車六輛，然後肉搏衝鋒將敵掃數擊退，氣吞東亞之倭奴，當先即遭此空前之慘敗，此關係於戰爭全局者甚大，即所謂有名之閘北巷戰是也。

廿九日

戰鬥經過

甲、眞茹以南一帶地區無戰事

乙、敵今晨利用空軍隨處擲彈，毫無人道，始在閘北轟炸重要機關及閘北車站，繼復沿北站眞茹南翔之綫擲彈，被毀貨車兩卡，鉄路一段，民衆死傷極大，至午後二時敵一方順各領停戰之請求，一方集結兵力向我閘北陣[illegible][illegible]襲，勢甚兇惡，無如我官兵奮勇抵抗，

猛攻

[illegible]不得逞退去。

一月卅日至二月二日

卅日起上海各領事出面調停，邀求停戰三[illegible]由各政府以外交手段解決，故至二日各方均無[illegible]激戰，惟敵特蠻蔑理，仍不時以機關槍向我陣地掃射，或以小部向我陣地攻擊，其構築工事等之戰備設施不斷，而陸戰隊則先後登岸者有五千之衆，其有意破壞和平，已無可諱，本軍一面飭部停止射擊，聽候解決外，一面仍嚴陣以待，免被敵乘也。

三日

本日各處戰況仍沉寂，惟據吳淞方面而報告稱：敵艦及飛機向我砲台攻擊，經我炮台發砲還擊沉敵艦一艘，傷其二艘，并擊落飛機一架。

四日

戰鬥經過

本日敵方以不滿意提案，和議破裂，敵以海陸空軍向我總攻。

甲、眞茹以南地區無戰事

乙、閘北江灣八字橋一帶，敵以陸空軍向我全綫總攻，并以鉄甲車掩護步兵向我江灣八字橋各要點猛力衝擊，自晨迄晚，并無間斷，經我官兵沉着抵抗，視死如歸，無不奮勇肉搏，斃敵數百，燬敵戰車兩架，敵見勢不佳，退回原防，仍對峙中，我六十師鄧旅是役傷亡甚大。

丙、吳淞方面敵集中猛烈之砲火，多量之轟炸，掩護步兵渡河，企圖佔領吳淞砲台，台上官兵逃避一空，經我翁旅長督率第四團[illegible]死力抵抗，敵卒不逞，我四團死傷數十人，是日敵發砲三百餘，擲彈百餘枚。

五日

戰鬥經過

甲、眞茹以南一帶地區仍無戰事

乙、閘北八字橋一帶敵自上午八時至下午四時不斷向我防線突襲，敵機尤慘無人道，向各商店村莊轟炸尤烈，居民死亡枕籍，房舍均成焦土，惟其陸戰隊缺乏作戰實地經驗，極怕我軍之肉搏，經我沉着俟其接近，旋以手溜彈向之轟炸，即向後去，眞茹方面擊落敵機一架，機師三員，同時焚斃，其中有海軍大尉一員名灸部讓五郎，中尉兩員，姓名未詳。

丙、吳淞方面本日無激烈戰事，惟有敵艦數艘向我浦東發炮數響。

六日

戰鬥經過

甲、眞茹以南地區無戰事

乙、閘北八字橋江灣方面本日有敵四千，大砲數十門，鉄甲車四十架，機關槍數十挺，向我八字橋江灣一帶猛攻，企圖策動閘北殘餘，經我沈師迎頭痛擊，苦戰數小時，敵始不支遁回，是役斃敵甚多，我亦傷亡百餘。

七日

戰鬥經過

甲、眞茹以南地區無戰事

乙、閘北八字江灣一帶，敵本日仍以八字橋江[illegible]攻擊目標，於閘北施行佯攻，始以極猛烈之砲火轟炸我陣地，繼復以鉄甲車掩護其步兵衝鋒，來勢極猛，無如我官兵久經戰場，尤憤敵之誇大蔑理，咸存滅此朝食之慨，故無不奮勇應戰，以一當十，專俟敵之肉搏，戰數小時，血肉横飛，斃敵甚多。我亦傷亡甚大，酣戰之餘，敵卒不支退去。

丙、吳淞方面敵以鉄甲十四架，掩護步兵千餘，由軍工路向吳淞前進，經我第四團第三營迎頭痛擊，後不支退去。

敵情之一般

1 據確息敵有一師團增援，一二日即可到達，將由江灣吳淞之線登陸等語。

2 據英人消息敵有陸軍數千由張華浜登陸，聲稱於本日攻下吳淞等語。

八日

戰鬥經過

甲、眞茹以南地區無戰事

乙、閘北至江灣一帶，敵本日全線向我猛攻，仍本其故智，先以大砲及空軍向我陣地盡量轟炸，後以鉄甲車掩護陸軍數千分向我閘北八字橋江灣之線，終日反覆衝鋒，前仆後繼，來勢極猛，幸我全線官兵奮勇百倍，迎頭痛擊，敵卒不支，損害極大，我亦傷亡甚衆，據沈師長報告自接防後連日作戰，以本日為最激烈。

丙、東塘家橋一帶發現敵小部，經由沈師毛師各派一小部，遊擊驅逐之。

丁、吳淞方面無劇戰，

九日至十一日

連日敵屢受重創，疲罷之餘，已成强弩之末，時僅以大砲向我陣地射擊而已。

十二日

戰鬥經過

甲、七十八師(缺翁旅)附王賡旅古閘方面無戰事

乙、六十師方面

下午九時左右有敵由青雲路天通菴八字橋三路向我攻擊對戰約一小時敵均退去。

丙、六十一師方面

唐家橋方面發現敵千餘，與我一二二旅激戰約一小時，敵卽退去。

丁、翁旅方面戰況沉寂

十三日

戰鬥經過

甲、七十八師(欠翁旅)附王賡旅方面無戰況

乙、六十師方面，敵本日不斷以砲火向我陣地轟擊，八字橋方面有敵數百向我陣地攻擊。

丙、六十一師方面本日敵以一部牽制我江灣，其主力向曹家橋猛力衝擊，企圖突破我六十一師陣線，佔領吳淞，經我一二二旅迎頭痛擊，并以一二一旅一部側擊敵之右側，雙方突擊五六次，短兵相接，敵殊死戰，卒以我官兵一心，振臂一呼，莫不同仇敵愾，視死如歸，搴旗殺敵，奮勇向前，敵雖頑抗，終歸敗退，是役計當傷斃敵千餘，傷者不計，但見蘊藻河畔倭寇之尸，有如山積，河水爲紅，慘不忍覩！此卽所謂有名之曹家橋之役是也。

丁、翁旅方面無劇戰

十四日至十九日

敵自十三日被我擊潰受巨創後，已無力再戰，故連日無若何劇戰，似在候援，一面盡量部署軍事，惟其偵察隊則不時向我陣地作威力之偵察。

敵情之一般

敵自紀家橋蘊藻浜之役，後敵陸續增援，至十四日其第九師團及十二師團之一混成旅，由植田謙吉指揮之下，全部到達上海，一方盡力部署軍事，同時提出議和之條件，至十八日和議破裂，當於十八晚八時對本軍提出哀的美敦書，限於廿日午後五時以前由租界起各撤二十粁，我卽嚴抗之，其態勢如下。

甲、閘北至八字橋爲敵之海軍陸戰隊約八營，(每營約一千。)

乙、由八字橋至江灣廟行鎭，爲敵之第九師團全部。

丙、由蘊藻浜南岸至張華浜車站，爲敵之久留米混成旅團全部。

二十日

戰鬥經過

右翼軍

甲、六十師方面

1 一二〇旅閘北一帶自拂曉後，敵卽以大砲向我陣地猛烈射擊，至下午六時，敵千餘，機關槍十餘架，由北河南路分向我新民路寶山路第四團陣地衝鋒，至八時爲我擊退，斃敵五六十，奪獲三八式步槍甚多。

2 一一九旅方面

自拂曉後敵以大砲飛機向我八字橋至楊家樓下一帶陣地轟擊，至正午頃有敵五六百猛擊我六團三營之沈家宅孟家宅陣地，并有敵千餘，續向新持志大學談家宅一帶移動，有繞攻江灣模樣，該營在孟家宅之排哨與敵肉搏，斃敵數十名，排哨長陣亡，孟家宅被敵佔領，該營隨派隊增援逆擊至夜十二時始恢復原陣地，計我三營，亡排長一員，傷二員，士兵傷亡二十餘名。

3 江灣車站係我黃團一營陣地，上午六時敵約二千餘，坦克車數十輛，騎兵百餘，大砲十餘門，向我猛攻，并有飛機十餘架，轟炸我江灣車站，我一營奮勇抵抗，并施放地雷炸毀敵坦克車六架，激戰至午後六時敵始退去，入夜後敵以坦克車掩護步兵衝鋒，均經擊退，是役營長李畏及連長二員負傷，陣亡排長二員，士兵傷亡數十名。

乙、六十一師方面

第二團佔領江灣，自十九日敵以飛機大砲向我江灣陣地江灣鎭村落猛烈轟炸，四處火起，後以坦克車掩護步兵二千餘向我陣地反覆猛攻，我守兵堅苦爭持，敵卒不得逞，至入

夜敵始退去，是役我黃團二營連長負傷。

左翼軍

甲、八十八師方面

自本晨至入夜，敵以重砲及海軍砲集中火力向我江灣及廟行鎮一帶陣地射擊，以掩護其步兵接近我陣地，工事被破壞極多，至正午敵二三千向我陣地前進，本晨敵借砲兵掩護，企圖強渡蘊藻浜，攻擊極烈，約二小時始將其敵擊退。

乙、八十七師孫旅方面

吳淞寶山方面

六時三十分，卽有敵機三架來偵察，九時增至六架，到處投彈轟炸，同時敵艦十餘艘開砲向我沿河陣地射擊，計發砲千餘發，陣地破壞極多，碼頭附近房屋中彈起火，我翁旅各部，沉着應戰，死傷約三十餘名。被飛機在我劉家行眞茹南翔崑山一帶到處投彈，人民死亡極多，南翔車站站長受重傷。

二十一日

戰鬥經過

右翼軍

甲、六十師方面

午前二時，敵以大砲向我寶山路天通庵八字橋及江灣車站一帶，猛烈轟擊，并用多量燒夷彈向我陣地後方房屋射擊，火烟四起，至天明後以烟幕彈掩護其坦克車及步兵，接近我江灣車站陣地，猛攻，激戰終日，敵軍不得逞，入夜後因江灣車站附近房屋燃燒，且受敵三方面交戰火力，當卽放棄。

乙、六十一師方面

六十師左翼方面，兵力太單薄，及由六十一師增加一團於楊家樓下，江灣鎮附近自昨日起，到處燃燒，今晨七時後以坦克車六七輛掩護敵第九師團之主力，向我二團陣地猛攻，激戰終日，至晚敵死傷千餘，我二團亦傷亡殆盡，乃由三團增加一營，敵始潰退，至晚十時，乃由第一團接防江灣，而江灣一帶陣地及地雷均被飛機破壞失效用。

左翼軍

甲、八十八師方面

於上午五時起，敵步兵數千向我嚴家宅廟行鎮之線猛攻，大批飛機亦轟炸助戰，敵我相距約百餘米達，遂行肉搏，敵死傷數百，我亦傷亡二百餘。

乙、八十七師方面

敵砲兵繼續向我陣地一帶射擊，至午後一時始息。

丙、本晨五時以來，敵機三五成羣到處擲彈，炸毀眞茹站劉家行汽車路一段，下午一時卅分，在董家宅附近被我五一七團一營小砲擊落敵機846號甲種四型戰鬥一架，落地後機身全毀，駕駛員名田中中隊長斃焉。

丁、八十七師之五一七團推進紫塘濮家橋歸俞師長指揮

戊、吳淞方面

自本日午前二時，敵機數架轟炸吳淞一帶，并拋放火球甚多，敵砲徹夜轟擊不絕，江邊一帶陣地隨築隨毀，至下午二時有敵艦五艘，飛機三架，轟炸獅子林砲台，我砲台還擊，因敵烟幕遮蔽，目標不明，收效甚少。

己、瀏河方面

有我六十一師之第六團，及軍校教導隊之一營警戒，

昨今兩日敵十二師久留米混成旅團向廟行正面佯攻，以第九師團之主力向我江灣猛烈攻擊，希圖突破江灣，斜攻閘北，故敵兩日來集合其數十架之飛機，百餘架坦克車，三四十架鐵甲車，掩護其步兵主力，反覆衝鋒，我陣地守禦之工事，被敵之大砲炸彈毀壞殆盡，士兵傷亡過半，血肉橫飛，戰況之悲慘壯烈，誠爲罕見，在陣地失所憑藉之官兵，站在大砲炸彈坦克車威力震撼之下，均能兀然不動，拚命爭持，卒將敵擊退，使不得逞，而敵數日來刻苦經營，欲突破江灣之計劃，又成畫餅，遂有翌日移其主力於江灣以北地區，以謀廟行鎮之劇戰。

二十二日

本晨閘北至江灣南端，戰事稍和緩，同時江灣以北至廟行鎮之間，敵人集中砲火射擊終夜，至午前五時第九師團之主力約萬餘向廟行鎮正面猛攻，我五二七團三營陣地被敵突破，俞師長將全部預備隊增加，仍不支，錢旅長及陳副旅長負傷，工兵營長唐循陣亡，後以傷亡全部過半，全線不支，總指揮部據報後，九時立下決心，卽由江灣至蘊藻浜及正面，全線同時出

擊，而作如下之部署。
1閘北至江灣南端，施行猛烈之佯攻
2六十一師副師長張炎率四五兩團由江灣西北端向敵側擊。
3區師長以一團接六十一師楊家樓下防務，以一團控置於夏家宅策應八字橋及江橋，
4八十七師孫旅加入廟行鎮正面與八十八師同時出擊。
5八十七師宋旅以一大部渡蘊藻浜向敵翼側威脅，至下午三時左右各部已到達準備出擊位置，向敵出擊，至夜十一時將敵大部包圍，各部之戰鬥經過如左：

戰鬥經通

右翼軍

甲、六十師方面

1閘北方面上午八時，敵以鐵甲車四輛，掩護步兵向天通庵突擊，同時青雲路中山路亦有敵向我進攻，激戰二小時敵卽退去，下午五時我全線奉命卽向敵佯攻，牽制當面之敵，俾江灣方面我軍作戰容易，時我野砲兵二連在彭浦鎮附近陣地向虹口公園持志大學萬國體育場一帶之敵約千餘轟散，中山路及天通庵之敵被我猛烈佯攻，全線搖動，認爲主攻，紛增援軍，戰鬥更劇，而敵死傷極大，壕內呻吟之聲至爲慘酷，我軍借砲火掩護，於夜十時退回原陣地。

2八字橋方面下午七時敵約數百向我突擊，當卽擊退。

3江灣車站附近，我軍已退出仍在沈家宅一帶與敵對峙中。

乙、六十一師方面

拂曉後敵以猛烈砲火集中射擊我江灣鎮至廟行鎮一帶陣地，飛機數十架同時爆擊，至九時左右，敵以坦克車掩護向我江灣陣地衝鋒，激戰數小時，當被我梁團擊退。廟行鎮方面我八十八師右翼，於上午八時左右被敵突破，但仍奮勇抵抗，我六十一師遂向湯朱家橋小場廟北端攻擊前進，官兵之勇敢，實爲開戰以來所罕見，至下午五時卅分進佔趙店宅前端，至七時，趙店宅前端附近村落，及孟家宅一帶，敵人大肆焚燒，有退却模樣，我張副師長乃派出一部追擊，至十一時佔領孟家宅，將敵包圍於金穆宅。

左翼軍

甲、八十八師方面

十九、廿、廿一、二三日以來我陣地破壞不堪，官兵傷亡甚衆，本日上午五時許敵以主力七八千人將我五二七團陣地突破，當由李副師長延年率錢旅長倫體陳副旅長普民工兵營長唐循及預備隊全部增功反攻，未幾錢陳兩旅長負傷，唐營長陣亡，至八時被敵突入大小麥家宅，全線危急萬分，至正午正面得孫旅長之增加，左得宋旅長支援，右得張副師長之側擊，乃三面對敵反攻，至夜十二時突破陣地之敵，大部擊退，敵死傷在二千以上，金穆宅方面包圍敵人甚衆由孫旅長負責解決之，是役敵以數萬之主力向木軍猛攻，意欲突破廟行，分攻閘北，乃我軍全綫出擊，鏖戰至一晝夜之久，卒殲敵至數千之衆，當時敵以全線動搖，虹口一帶日僑極端恐驚，苟我有援軍增加，則不難直搗其巢穴，惜兵力用盡，無法增援，以致坐失時機，可痛孰甚，此卽所謂有名之廟行鎮之役也。

乙、八十七師方面

宋旅於正午以四營開始渡江，至下午二時半在北沈宅附近正向敵側背前進，至七時與北沈宅之敵接觸，將其擊退後佔領之，至九時進佔南沈宅，將廟行鎮之敵取包圍，是役我宋旅傷亡官兵二百餘人。

孫旅加入八十八師正面攻擊前進，甚困難，因敵集中火力向廟行鎮射擊。

丙、吳淞方面

下午四時由長江開來敵艦四艘，南洋開來敵艦五艘，齊向獅子林砲台射擊，歷三小時，獅子林砲台完全破壞，本日反攻得敵戰利品極多，六十一師浮獲敵八師團營長一員，軍旅數面，及機關槍步槍甚多。

二十三日至二十四日

敵三日來施行總攻之計劃完全失敗，又向其本國請援，聞有續派第十第十四及第一師團來援之消息，敵自遭昨日之挫敗，似有待援重來之企圖，自今日起，各陣地祇有局部之戰事，本日敵對我閘北一帶六十師正面來攻擊，僅以砲射，不時向我陣地射擊，江灣鎮至廟行鎮之間

，敵仍猛攻，然終不達，至夜八十八師因傷殘太甚，乃調至廟行鎮西方地區整理，其所遺廟行鎮以南至江灣陣地由六十一師副師長張炎率部(三團)附八八師獨立旅古團接替，由廟行鎮至胡家莊之綫，由八十七師孫旅接替，二日各部戰鬥經過如左。

右翼軍

甲、六十師方面

廿三日敵斷續以大砲向閘北八字橋射擊，廿四日並有飛機多架時向我陣地一帶偵察及投彈數十枚。

廿四日無劇烈戰鬥，不過敵砲不時向我射擊，靑雲路寶山路天通庵一帶，落二百餘彈，人員略有損失，八字橋至江灣附近，則以飛機十餘架擲彈，並擊傷人，

乙、六十一師方面

廿三上午敵攻我小場廟，六十一師張副師長率部向其出擊，俘獲敵步兵少尉西尾其六一名，及俘獲敵第九師團第二營長百海實男一名，我營長一員負傷。

廿四日晨敵又以大部攻擊我小場廟，劇戰甚久，始將敵擊退。

左翼軍

甲、八十八師方面

廿三日金穆宅之敵尙在包圍中，敵以大部猛攻小場廟，經我六十一師出擊後潰回。

入夜後本師撤至廟行鎮西方地區整理，正面交六十一師及八十七師孫旅，

乙、八十七師方面

宋旅退回蘊藻浜北岸

孫旅方面不時小有接觸

二十五日至二十六日

敵探知我軍之弱點在小場廟與廟行鎮間，故今日後試行其大部份兵力之攻擊，我軍初受敵砲之火力，殺傷過大，曾有動搖，我步兵沉伏於壕內不動，步兵接近，起而肉搏，故屢次予敵以重創，使不得逞。

戰鬥經過

右翼軍

甲、六十師方面

廿五日晚十一時許許敵二百餘人攻我八字橋，戰約半小時，敵卽退去，閘北及天通庵一帶，不時有敵向我射擊。

廿六日上午二時江灣車站附近有敵二百餘向我進攻，當經我第六連擊退，上午十一時天通庵附近佯攻，協助左翼六十一師之逆襲，斃敵甚多。

乙、六十一師方面

廿五晨八時，敵陸空軍協同助作，猛攻我廟行鎮以南至小場廟之線，至九時後敵集中重砲野砲之火力，猛攻我金家木橋之陣地，一小時內發砲二百餘發，我古團陣地稍有動搖，經派六團增援反攻，始告穩固，至下午四時，敵復由空軍指示目標，向我小場廟陣地猛攻，隨以步兵數千衝鋒，我古團因敵之砲火猛烈，傷亡極大，陣地動搖，當由七十八師黃旅謝團增加，幷由一二一旅第二團由嚴家宅協力出擊，敵受大創，六時卅分我軍進展至小場廟附近，因敵陣地已設電網，遂停止前進，江灣鎮廿五日無甚激戰，然自廿日以來，房屋被焚殆盡，且因敵突入小場廟，江灣不能立足，廿六日上午十時乃放棄，退扼金家園夏家溝及竹園之線，沿河配備，廿五至廿六敵死傷在三千人以上，我六十一師亦死傷二千餘，乃令竹園墩以北至廟行鎮南端之線，由一二一旅担任。張副長率一二二旅至牆前宅附近整理。

左翼軍

甲、八十八師於廿六接六十一師之防務，

乙、廿五六兩日八十七師正面甚沉寂，惟敵機三五架常來偵察

丙、吳淞方面廿五日敵無動靜廿六晨七時有敵機三架來偵察，至八時後來六架幷擲彈數枚張華浜方面敵砲亦向我射擊，敵艦多艘在江面游弋，向我獅子林砲台及寶山城射擊極烈。

二十七日至二十八日

敵情之一般

自廿日敵全線向我總攻，至廿三血戰四天，敵死傷且萬人，乃一方由國內輸送補充兵力，幷增加第十一、十四、第一、十六等四師團，同時派軍事參議官白川大將爲主將，計自一月廿八開戰以來，敵已四易司令矣，其十一師團於廿七到達上海，廿七日全線沉寂，敵飛機常向

我後方崑山蘇州一帶偵察，并企圖爆炸鐵道，敵正在部署軍事中。

廿八日全線仍極沉寂，正午後九時張華浜附近發現極多木板，黃浦江中敵艦十餘艘，拖帶民船十隻，企圖向我瀏河附近登陸。

二十九日

戰鬥經過

右翼軍

甲、六十師方面

今日無戰況

乙、六十一師方面

本日上午十時敵用砲轟擊我閘北一帶陣地，繼以坦克車掩護步兵向我北站一帶陣地衝鋒，我軍沉着應戰，斃敵卅餘，寶山路天通庵路沿綫則無激戰，其餘一部則仍集結大場附近整理。

丙、七十八師（缺第四團）方面

自拂曉後，即以大砲向我三團陣地發砲數十枚，飛機十二架投彈十餘枚，即行猛衝，旋被我擊退，是日傷士兵十餘陣亡三名。

左翼軍

甲、八十七師方面

二五九旅本日午後三時許，見金穩宅附近敵約二百餘向北移動，午後五時許又見敵部隊向蘊藻方面移動，但終無與我接觸。

乙、八十八師方面

自下午九時許敵用大砲向我全線陣地轟炸，約三四百響，後有敵步兵三百餘以步機槍向我射擊，一時火力極爲濃密，經我沉着抵抗一小時許，敵始退去，是役我方負傷官兵卅餘人。

丙、一五六旅（缺五六團）吳淞方面

是日午後六時敵在蘊藻浜對岸時以機槍向我射擊，并有渡河模樣，但我方嚴密抵抗，敵遂不得逞退去。

三月一日一般戰況

敵將植田謙吉所指揮之第九師團及十二師團之一混成旅自廟引鎮小場廟各役迭被我軍擊退後，敵增加大批援兵，於二月廿九日先後到達有十一，十四兩師師團，由敵將白川統率。

我四十七師有槍四千餘，奉命參加滬戰，其一小部已到達崑山，其餘巳到達鎮江附近。

本日午前八時，敵以海陸空軍向我全線總攻并以密集强大砲火及空軍之炸彈向我七十八師及左翼軍全線陣地各要點施行極猛烈之轟擊，以掩護其步兵之進展，我全線官兵奮勇迎擊，肉搏數小時，惟敵亦前仆後繼，源源增加，尤以楊家樓下及竹園墩之陣地血戰最烈，迨至十二時左右，我七十八師正面一部傷亡殆盡，敵遂得乘隙而入，隨後調所有預備隊增援，始得將敵擊退，恢復原有陣地，而敵仍滯留我陣地前端，正擬全線出擊，與敵決戰，乃據急確報告，瀏河以西楊林口七了口一帶有敵十一師團之一部約萬人利用煙幕及海軍與飛機之掩護，强行登陸，乃不得不將正面作戰之部隊，並抽調左翼軍之孫旅趕赴瀏河，企圖將登陸立足未穩之敵，一舉而殲之。時午後二時矣惟敵同時復加派生力軍增加乘我正面薄弱，死力突擊，血戰數小時，我八十八師及七十八師正面又有一部被突破，然尚死力支持待援，此時第二綫戰鬥羣業已使用完畢，加以全綫肉搏竟日，死亡籍，同時我瀏河方面又受優勢之敵極力壓迫，支持至晚，以四十七師，尚未到達，增援又苦無兵，爲避免全綫被敵包圍，乃決心下令撤至第二防綫，以圖待時反攻，此當日之實在情形也。

抗日陣亡將士姓名表

▲十九路軍抗日陣亡官佐姓名錄

六十師共二十九員

陳正倫	白鶴呂	周榮生	黃莊	龐秀南	張慶雲
黃周輝	萬長海	張永清	黃振民	王標	黃瑾
景秀豐	伍澤林	唐庚生	黃泗	嚴桂生	李芳輝
陳德功	林景芳	張熙才	邵桂芳	譚啓友	蘇夜定
艾質彬	馮芳玉	丁子堅	黃桐山	岳壽慶	

六十一師共四十四員

楊明修　熊保忠　李冠勛　林　鍾　彭皇明　靳國棟
黃　元　陳拔雄　李勝輝　陳志鵬　王學森　唐祥會
王殿祺　胡　斌　張　雲　黃少卿　胡業興　張鴐初
楊漢臣　劉牖民　譚慈恩　陳漱石　鄧祥陽　許國華
李玉村　曾鉄民　羅　永　石炎華　王堅民　楊福基
林炳光　楊煥民　伍發初　黃景成　何章市　蘇貴清
林　得　李榮熙　韋裕昌　王定中　廖可常　李權芳
汪詠頤　童　勛

七十八師共四十六員

雲　勉　鍾太初　刁明春　劉　興　羅　黎　江　燊
周達和　邱鎔鈞　朱　桂　朱德甫　張輝廷　唐之章
朱錫蔭　葉展球　賴忠和　陳希亳　吳春田　黎青天
馬熾南　偉奇生　羅雲漢　黃振明　郭振英　龐　傑
羅漢屏　譚秀軒　梁世榮　黃以淦　鄭企瞻　梁震次
林　海　尹　杰　邱挺國　趙金聲　劉得標　吳英才
唐勝標　周漢雲　羅　彬　梁保生　張福甫　胡子軒
陳修明　唐明卿　彭明貴　龐春毓

▲十九路軍六十師抗日戰役陣亡官佐表

隊別	級職	姓名	年籍 永久通信處	陣亡時日及地點	如何營葬	家族狀況	附記
一一九旅一團	一營少校營長	陳正倫	三十四歲廣東瓊山 瓊山西門街粵豐號收	二十一年二月十日一時上海寶興路	經辦棺木收殮停在眞茹區	父日標 母王氏 兄 弟瑞林 妻林氏 子 女	
一一九旅一團	一營機關連少校連長	白鶴呂	三十四歲北平白河 白家堡正街交白鶴齡	二十一年二月十四日八時上海西寶興路	備好棺木安葬眞茹	父玉田 母王氏 兄鶴齡 弟 妻儲氏 子 女	
一一九旅一團	一營少尉連附	周榮生	二十七歲東南海縣 廣州市惠愛中路星洲兄弟影相樓交周振興收	二十一年二月十三日十二時上海西寶興路	由衛生隊收殮	父振興 母李氏 兄 弟 妻 子 女	
一一九旅二團	二營中尉連附	黃　莊	三十八歲廣東龍川縣四區鉄市場均香齋轉洋貝村石頭湖竹排裏黃德三收	二月廿九日上海八字橋陣亡	備棺殮埋	父可康 母戴氏 兄黃德三 子黃亞福 妻郭氏	
一一九旅二團	三營上尉代連長	龐秀南	三十九歲廣西博白	二十一年二月廿九日在上海八字橋		父 母殁 妻史氏	

一一九旅二團	中尉代連附	張慶雲	二十九歲廣東欽州南路八步圩天衮堂	二十一年二月廿九日在上海八字橋		父平光 母王氏	
一一九旅三團	一營少尉連附	黃周輝	三十一歲廣東合浦縣白石水局官橋村	二十一年二月卅日上海江灣勞動大學右側	被飛機彈炸死屍身不知炸散何處	只有叔父黃日貴 父母早亡	
一一九旅三團	一營機關連中尉連附	萬長海	三十一歲山東省長青縣萬家村	二十一年三月一日燕毛灣	在陣地稍爲掩埋	胞弟萬世平	
一一九旅三團	少尉連附	張永清	二十六歲江西省大庾縣東門外十三中學右邊	二十一年二月二十日江灣勞動大學頭門房內	屍身炸散無法收殮	母馬氏 父之胞弟永棟 家貧寒	
一一九旅三團	三營少尉連附	黃振民	二十八歲廣東和平縣南門外幹記號	二十一年二月廿二日江灣		父炳華 母謝氏	
一一九旅三團	三營代理少尉連附	王標	二十五歲廣東和平縣西門街	二十一年二月廿九日殷家宅		父廣豐	
一一九旅三團	三營上尉連長	黃瑾	三十六歲廣東和平大利墟利民商店	二十一年二月廿九日錢家灣		妻朱氏 子鐵錚 振宗	
一一九旅三團	三營機關連少尉連附	景秀豐	三十三歲西山大原	二月廿九日錢家灣		父奎元 母任氏 兄兆紅 弟兆元	
一二〇旅四團	一營上尉營附	伍澤林	三十一歲廣東省番禺縣南浦鄉慎修小學校附近伍海洲收	二十一年二月八日上海閘北寶興路	軍醫處派員收殮	父海洲 妻黃氏 母畢氏 子時健稚	家中清寒
一二〇旅四團	一營少尉連附	唐庚生	三十三歲湖南省寶慶縣東門外劉祥英收交東路鄉庚伯成交曾氏收	二十一年二月六日上海閘北寶山路廿一在院死亡	由醫院收埋	母曾氏	家中清寒

一二〇旅四團	二營機關連中尉連附	黃泗	三十八歲廣西恆集永固堡爐村	二月十八日上海寶隆醫院	棺木殮埋	父善綱 妻陳氏 母梁氏 兄乃生 弟乃廣	
一二〇旅四團	三營中尉連附	嚴桂生	二十七歲湖南祁陽黃道門河街第八家黃富鄉號	二月四日在上海西寶興路	棺木埋葬上海	父開信 母李氏 兄光發	
一二〇旅四團	三營上尉連長	李芳輝	三十七歲福建省連城縣人廣州第一救養醫院收轉	二十一年二月四日在上海寶山路負重傷送法界中央大醫院身亡		弟芳淮	其弟芳淮現在李宗仁部充當營附通信寄廣州第一救養醫院院長
一二〇旅四團	三營機關連中尉連附	陳德功	二十歲廣西馬平白洋村交陳德謀收	二月四日上海西寶興路	棺木葬埋上海	弟德謀	
一二〇旅五團	上尉機關官	林景芳	三十三歲	三月三日南翔附近		父金福 母杜氏 兄俊	該員負傷入院因傷重身故死之時日及如何安葬不知
一二〇旅五團	二營中尉連附	張熙才	二十六歲廣東紫金藍塘圩梁福記轉張夢連交張俊				
一二〇旅五團	三營少尉排長	邵桂芳	二十四歲廣西桂平縣蒙圩牛行馬松記轉交	三月四日黃渡車站鐵道上	葬于黃渡車站附近	叔邵日恩 遺妻韋氏	
一二〇旅五團	三營上尉連長	譚啓友	二十六歲廣東羅定四區龍九村	三月四日黃渡車站路道上	葬于黃渡車站附近	胞弟啓統 妻鄧秀珍	
一二〇旅五團	上士代排長	蘇夜定	二十六歲廣西慶近龍頭圩廣昌隆覃福泰	三月四日黃渡車站路道上	葬于黃渡車站附近	兄蘇成英	
一二〇旅六團	二營上尉連長	艾質彬	三十歲湖南平江縣北街鍾篤琴轉交	二十一年二月六日上海閘北橫濱路	衛生隊營葬	妻鍾坤順	

一二〇旅六團	少尉連附	馮芳玉	二十九歲廣東順德縣廣州市永漢北路老成六藥房馮名收	二十一年二月二十日上海八字橋花園	該員尸體在陣地無法搬收	父良興兄珠母黃氏號弟潤寬丁才
一二〇旅六團	三營中尉連附	丁子堅	二十三歲湖北武昌保安門竹子廠正街交丁忠金	二月六日上海八字橋	收葬方家木橋	祖父忠金父兆魁母楊氏妻羅氏子平訊
一二〇旅六團	三營少尉連附	黃桐山	三十七歲廣東欽州陵縣那麗竹唐交黃國柱	二月二十日上海孟家宅	衛生隊收葬	兄國柱
一二〇旅六團	三營上尉連長	岳喜慶	三十二歲河南許昌縣南關大街	二月五日上海八字橋	存在江灣	父紀崑母葛氏兄水再

▲十九路第六十一師教導團抗日戰役陣亡官佐表

隊別	級職	姓名	年籍 永久通訊處	陣亡時日及地點	如何營葬	家族狀況附記
教導團	上尉軍需	楊明修	二十三歲廣東廉江	二月二十二目冀茹		
教導團	上尉軍械官	熊保忠	二十七歲廣東連縣	二月二十一日大場		
教導團	一營少尉連附	李冠勛	三十五歲河南湯陰	二十一年二月二十五日江灣廣肇公學		
教導團	一營中尉連附	林鍾	二十三歲廣東瓊州	二月二十六日廣肇公學		

教導團	准尉特務長	彭望明	三十歲湖南嘉禾	二月二十日大場汽車站			
一二一旅一團	一營少尉連附	靳國棟	二十七歲河南故春	二十一年二月二十五日後郭家宅			
一二一旅一團	一營少尉連附	黃　元	二十一歲廣東南海	二月二十五日南郭家宅			
一二一旅一團	三營上尉營附	陳拔雄	二十四歲廣東興寧	二月二十三日江灣顧家宅			
一二一旅一團	三營少尉連附	李勝輝	四十二歲湖南甯鄉	二十一年二月二十三日顧家宅			
一二一旅三團	一營上尉連長	陳志鵬	二十五湖南祁陽	二月十三日上海江灣			
一二一旅三團	二營中尉連附	王學森	二十二河南柘城	二月十三日朱家橋			
一二一旅三團	少尉連附	唐祥會	二十八湖南岳州	二月十三日朱家橋			
一二一旅三團	二營中尉連附	王殿祺	卅五山東管陶	二月十三日朱家橋			
一二一旅三團	三營少尉連附	胡　斌	二十五廣東順德	二月十四日三具宅			

一二一旅二團	一營中尉連附	張　雲	二十八河南正定	二月二十一日江灣鎮			
一二一旅二團	二營少尉排長	黃少卿	二十五湖南長沙	二月二十五日楊燒橋			
		胡業興	卅三江西峽江	二月二十日江灣			
一二一旅二團	二營中尉排長	張篤初	二十八福建蒲城	二月二十日江灣			
一二一旅二團	特務隊中尉排長	楊漢臣	二十七廣東合浦	二月二十一日江灣			
一二一旅四團	步砲連上尉連長	劉潚民	二十七廣東番禺	二月二十五日竹園墩			
	少尉連附	潭慈恩	廿七廣西平南	二月二十五日竹園墩			
一二一旅四團	一營上尉營附	陳潄石	二十八廣東順德	二月二十六日竹園墩			
一二一旅四團	機關連少尉連附	鄧祥陽	三十一廣西灌陽	二十年二月二十六日竹園墩			
	准尉	許國華	三十歲湖南寶慶	二十年二月二十六日竹園墩			

一二一旅四團	二營中尉連附	李玉材	二十五歲湖南臨湘	二月二十五日竹園墩			
一二一旅四團	二營少尉連附	曾鉄民	二十五湖南寶慶	二月二十五日竹園墩			
一二一旅四團	二營中尉連附	羅　永	二十七廣西桂平	二月二十五日竹園墩			
一二一旅四團	三營中尉連附	石炎華	二十六歲廣東增城	二月二十五日竹園墩			
一二二旅五團	中校團附	王堅民	四十一歲廣東文昌	二月廿傷至三月四日亡大場附近傷保隆醫院亡			
一二二旅五團	一營准尉特務長	楊福基	二十六歲廣東吳川	二月十三日紀家橋			
一二二旅五團	二營上尉連長	林炳光	三十一歲廣東鶴山	二月廿五日廟行鎮			
一二二旅五團	三營上尉連長	楊煥民	三十六歲湖北	廟行鎮			
一二二旅五團	三營中尉連附	伍發初	廿八廣東吳川	二月二十五日廟行鎮			
一二二旅六團	一營上尉連長	黃景成		二月十三日紀家橋			

一二三旅六團	一營中尉連附	何章甫		二月十三日紀家橋			
一二三旅六團	一營少尉連附	蘇桂清		二月十三日紀家橋			
一二三旅六團	二營中尉連附	林　得		二月十二日季家橋			
一二三旅六團	三營少校營長	李榮熙		二月十三日朱家莊			
一二三旅六團	三營中尉連附	韋裕昌		二月十三日紀家橋附近			
一二三旅六團	三營少尉連附	王定中		二月十三日紀家橋附近			
一二三旅六團	三營少尉連附	廖可響		二月十三日紀家橋附近			
一二三旅六團	機關連中尉連附	李權芳		二月十三日東家莊附近			
一二三旅六團	三營少尉連附	汪永頤		二月十三日東家莊附近			
一二三旅六團	一營上尉代連長	童　勳		二月廿五日廟行鎮竹園墩			

▲十九路軍第七十八師抗日之役陣亡官佐表

部別	階級	職別	姓名	年齡	籍貫	陣亡日期	陣亡地點	備攷
第一五五旅一團	上尉	連長	雲勉	二十八	廣東文昌	三月一日	上海江灣西夏家塘	
第一五五旅一團	上尉	連長	鍾太初	二十八	廣東五華	三月一日	上海江灣西夏家塘	
第一五五旅一團	中尉	連附	刁明春	二十四	江蘇南通	三月一日	上海江灣西夏家塘	
第一五五旅一團	少尉	連附	劉興	二十六	廣東陽春	三月一日	上海江灣西夏家塘	
第一五五旅一團	一營少校	營長	羅棃	三十九	廣東羅定	三月一日	廣肇山莊	
第一五五旅一團	一營上尉	營附	江燊	二十九	廣東五華	三月一日	廣肇山莊	
第一五五旅一團	少尉	連附	周達和	三十四	廣西省豐樂縣	三月一日	廣肇山莊	
第一五五旅一團	少尉	連附	邱鎔鈞	三十四	廣東信宜	三月一日	廣肇山莊	
第一五五旅一團機槍第二連	少尉	連附	朱桂	二十九	廣東廣州	三月一日	廣肇山莊	
第一五五旅第一團	上尉	連長	宋德甫	二十八	廣西貴縣	三月一日	二十三渡	
第一五五旅第一團	少尉	連附	張輝廷	二十二	湖南平江	三月一日	竹園墩	
第一五五旅第二團	少校	團附	唐之章	二十六	廣東防城	三月一日	楊家樓下	
第一五五旅第二團	上尉	軍醫	朱錫蔭	二十八	廣東台山	三月一日	楊家樓下	
第一五五旅第二團	少尉	連附	葉展球	二十五	廣東羅定	二月二十八日	江灣	
第一五五旅第二團	中尉	代連附	賴忠和	二十五	福建上杭	三月一日	江灣	
第一五五旅第二團	少尉	連附	陳希豪	三十	廣東始興縣	二月二十八	江灣	
第一五五旅第二團	中尉	連附	吳春田	二十九	廣東恩平	二月二十五	竹園墩	

第一五五旅第二團	少尉	連附	黎青天	二十六	廣東羅定	二月二十五	竹園墩	
第一五五旅第二團	中尉	連附	馬熾南	三十五	廣東合浦	三月一日	楊家樓下	
第一五五旅第二團	少尉	連附	偉奇生	二十六	廣東南海	二月二十七日	楊家樓下	
第一五五旅第二團機關槍連	上尉	連附	羅雲漢	二十一	廣東欽州	二月二十九日	楊家樓下	
第一五五旅第二團機關槍連	少尉	連附	黃振明	二十八	廣東靈山	三月一日	楊家樓下	
第一五五旅第三團	中尉	軍需	郭振英	三十二	湖南	二月四日	閘北	
第一五五旅第二團特務隊	少尉	排長	龎傑	二十九	廣東高州	三月一日	小場廟	
第一五五旅第三團	中尉	連附	羅漢屏	三十	廣東合浦	三月一日	小場廟	
第一五五旅第三團	准尉	服務員	譚秀軒	三十六	廣東欽州	三月一日	小場廟	
第一五五旅第三團	中尉	連附	梁世榮	二十七	廣東欽縣	三月一日	上海江灣	
第一五五旅第三團	中尉	服務員	董以淦	二十五	廣東羅定	三月一日	江灣小場廟	
第一五五旅三團機關槍連	少尉	連附	鄭企瞻	三十	湖南新甯	三月一日	江灣小場廟	
第一五五旅三團機關槍連	少尉	連附	梁震次	二十九	廣東茂名	三月一日	江灣小場廟	
第一五五旅三團機關槍連	少尉	連附	林海	二十九	廣西陸川	三月一日	江灣小場廟	
第一五五旅三團機關槍連	少尉	連附	尹燕	二十四	上海	三月二日	江灣小場廟	
第一五五旅三團機關槍連	少尉	連附	邱挺國	二十四	廣東省	三月二日	江灣小場廟	
第一五六旅四團	上尉	連長	趙金聲	二十八	江蘇泰興	二月二十一日	吳淞永安紗廠	
第一五六旅四團	少尉	排長	劉得標	三十八	廣西留江	二月二十一日	吳淞永安紗廠	
第一五六旅四團機槍連	准尉	排長	吳英才	二十四	湖北監利	二月七日	吳淞	
第一五六旅第五團	中尉	排長	唐勝標	二十八	廣西平樂	三月二日	南翔	

第一五六旅第五團機槍連	准尉	排長	周漢雲	三十	湖南湘潭	三月二日	錢家宅
第一百五十六旅第五團	上尉	連長	羅彬	二十六	四川內江安全鄉	二月十四日	吳淞砲台灣
第一百五十六旅第五團	少尉	連附	梁保生	三十	廣西南寧	三月一日	大場孟家角
第一百五十六旅第五團	上尉	連長	張福甫	四十一	廣西崇善	二月六日	青雲路
第一百五十六旅第五團	准尉	特務長	胡子軒	三十八	湖北武昌	三月三日	南翔
第一百五十六旅第六團	上尉	第二營營附	陳倏明	二十六	福建福州	三月一日	孟家角
第一百五十六旅第六團	中尉	連附	唐朋卿	二十五	廣東澄邁	三月一日	孟家角
第一百五十六旅第六團	准尉	服務員	彭名貴	二十五	湖南常德	三月一日	孟家角
第一百五十六旅第六團	中尉	連附	龐春鏞	二十四	廣東化縣	三月一日	孟家角

▲十九路軍六十師抗日陣亡士兵姓名錄

共三百五十名

宋福 李宗元 邵廣發 崖炎峯 楊葉榮 吳雲清
崔有才 黃金龍 張榮本 李紅順 周德勝 張松
李福嶺 王有 鄒有德 鄺貴民 張麥惠 文詠生
梁安貴 羅雲青 唐陰 溫雲星 易石松 王春海
齊初義 周德福 楊士家 藍以清 吳德標 黃來興
凌開英 張垒 李清明 徐安 梁達金 葛仁卿
黃正仁 盧輝標 候良科 王福林 李忠 劉宇成
陳六 丁雲龍 蔡鳳廷 陳復朝 王九傑 陳少卿
張振廷 吳澤 劉顯色 龍得泉 朱國才 高凱
馬朝柱 熊永山 林華 陳桂標 符正統 李樹標
劉德明 葉德明 謝雲卿 姚應福 孫尚芝 于魁順
楊文彬 霍天才 楊勝標 黃得 陳洪吉 劉高

常正德 劉松林 崔貴生 屈清彥 李漢魂 趙青林
王安忠 陸星臣 林星 蔡崇禎 吳林 鄧坤
楊海林 康金山 王長大 秦留根 陳德勝 沈金
葉國華 黃心善 郭順祥 孫懷仁 宋雲 唐桂林
李菊生 聶桂興 龔有南 梁耀 黃勝標 劉金柱
候長發 聶玉林 劉德勝 韋振 蔣坤 李順興
錢和 蔣玉桂 陳聚合 包石銑 吳迪惠 劉祖生
楊善述 羅本營 劉同興 邢中良 李恆德 李春榮
梁生 張鳳田 孫回宗 王得勝 宋沼浜 孫學斌
李興邦 黃萬金 謝眷科 李志善 陳成福 鄔清山
黃少雄 劉子春 鍾廣材 王仲武 吳有林 王玉山
楊志有 楊永田 曹雄 劉德 駱國強 曾娘金
凌樂平 曾金 劉章甫 曾乾 張福林 梁郁周
黃忠 黃祥 曾毓嶔 林鳳鳴 林炳廷 葉仲先
鄧光輝 林雲廷 鄺銀 曹珍如 鄧雲春 詹天佑

張榜 藍佘華 張立盛 袁英雄 徐明元 陳金章
徐國基 鄭振湘 徐木林 黃德標 李廷芬 吳煌
巫標 徐漢州 潘克昌 苗榮華 袁寰 孫少康
陳漢 徐維翰 劉雲清 徐明華 吳少平 楊玉亭
葉青盛 葉廷忠 徐南陽 王桂標 徐聲標 徐定遠
劉眞標 張允 王東漢 王德才 譚正才 劉紹光
黃鴻基 梁興 劉國南 李照 黎成武 何家平
文有才 黃金臣 詹景禎 武國義 蔣振標 彭漢文
周雲廷 馬萬卿 鄧振雄 馬浩英 麥德明 張文才
蔡玉秀 田玉志 何華德 楊隆春 陳盛 董樂金
金大富 蔣正標 劉清石 何保旺 范壽表 黃正文
農豹 胡福 張得勝 郭志仁 林其興 彭克元
陳桂標 蔡光明 蔡光榮 崔得勝 林廣科 莫振華
王彪 王文祿 杜福葵 吳炳辛 黨萬聚 吉慶國
歐林標 姚文魁 陳友泉 周生林 張勝初 陳華漢
楊順廷 陳有生 李春秀 陳福生 劉少春 李正安
施洪魁 許慶華 范金標 鄧忠 鄧勛 梁利
何輝 蒙如廷 鄧福如 伍國全 李超 黃雄
甯啓 甄六 楊漢林 周成伯 劉萬全 宋學賢
鄭玉清 候德潤 田琇華 陸志祥 周廷華 張則良
張振裕 鄒順陽 楊善民 李文湘 廖光明 劉福德
鄒富國 張惠珍 齊得勝 董子明 李旺 吳紀生
陳東榮 李振標 張標 周明泰 鍾同科 郭玉田
張得勝 張子元 鄧文高 胡順昌 劉德勝 陳桂標
伍新 黃澤 何富善 胡興堂 伍雲山 王勝林
呂得林 梁洪 張先 王雲貴 楊春生 黃光德
鄭其中 趙國富 梁發 陳才 葉田 王正中
張德榮 張廣芝 廖漢雲 潘名卿 范保生 蔡相廷

楊培生 李才 蔡忠華 張水生 黃金 劉成
李炳才 謝貴金 胡清山 周漢清 趙東壁 劉雅軒
韓德漢 黃紹模 賴成桂 朱寶祥 劉寅文 黃尙武
劉鳳鳴 秦光明

▲十九路軍六十一師抗日陣亡士兵姓名錄

共七百六十四名

王輝 李福春 曾桂生 蕭世坤 傅華亭 王銀
羅得標 孟慶雲 彭德勝 沈潤英 廖壽興 蕭得南
梁桂才 呂少雄 黃炳堂 胡榮臨 葉蘇 崔漢
彭建和 何思玉 周福生 朱廷貴 邱錫海 尹春霖
寥雲 袁洪發 杜傅倫 鍾龍 程英 李濟鄉
李保光 周國林 黃浩 孟憲清 馮少堂 潘李
蘇春生 朱貴仁 覃桂 杜清潤 邵國芳 王福全
宋懷志 胡子玉 毛壽南 章祖全 梁均伯 胡坤芝
秦天祥 高尙富 吳有興 張連生 郭文階 劉福生
劉武忠 閻德榮 孔德標 石建標 朱殿山 李斌
黃福標 薛進 姚炳坤 岑耀 寧慈堂 陳文奉
李顯 公乃生 諸長勝 黃炳福 鄭治海 李明才
瞿文漢 彭澤 羅金生 陳復生 劉清林 岳得勝
李華明 李協和 伍林勝 李松 楊子希 陳欽雲
孫玉和 張標 鄧春林 李玉清 殷元端 宋孝叉
楊雲富 梁衍餘 梁華 歐陽古 鄧雲勝 劉福生
張貴廷 王雅齊 彭雨廷 黃子全 唐有清 王銘
王玉奎 林福生 何志明 邱家勝 朱崑 陳廉
周春 候鑫 譚其生 鄧玉林 胡壽親 曾云親
李榮生 黃得標 何桂林 周坤福 成利江 蔣國俊
石國正 韓梯 都浩 魏得林 曾价臣 孫桂廷

梁得才 甄子 田漢生 黎勝標 黃逵林 李勝龍 張治國 張德 周元 張俊福 宋福茂 戴成 楊哲明 盧炳光 劉永成 鄒志誠 蔡春生 龍源清 趙正强 楊玉明 李紀田 彭林冊 何志忠 邱連陞 段昌友 李秀恩 趙清雲 關孝蔭

董漢林 易東林 朱振其 鄭標 田記興 高玉關 蘇善朗 張進周 劉立棠 王起發 高金升 葉錦文 蔣鳳清 周少坤 徐華臣 徐均峯 羅文祕 岑鳳成 習長生 梁玉 張傑 曾球 葉桂華 邱英達 江薪 高玉龍 趙森源 曹建德

王漢廷 黃值 程友勝 熊賢治 周漢清 李德明 衛如璧 劉順甫 方赴才 鄧國璋 王卿貴 曾能煥 周志光 左騰芳 張永興 葉吉坤 鄭明山 李世發 李文標 陳得明 劉得勝 王漢 陸漢英 廖建 黃忠 陳福善 董力勝 董仲芳

賀金正 唐景光 白元中 彭芷庭 張建國 劉正宏 蔡文 羅德英 鄧從坤 閻鴻勳 劉玉興 黎連 陳學安 馮朝雨 龔星亭 黃復興 楊占春 邱速 萬興桂 胡慎仲 林國華 郭鑫 潘得才 李鴻標 李穰 胡德明 徐振法 汪湖建

左平順 楊燊善 孫泰方 王小順 葉法海 周勝初 郭墨秋 劉有 林廷國 董運福 高德正 段世訓 陳勝發 邵玉如 劉相山 陶福生 姚玉和 高元奎 趙錫祥 蘇川年 羅金標 李富貴 杜勝 謝林芳 宋從龍 陳玉廷 胡明田 林月勝

嚴致芳 李斌 丁憲深 王松勳 王金川 徐琢武 雷正海 陳標德 黃桂中 楊樹清 張東海 王忠良 趙少安 陳發榮 屈海全 蔣福棠 游得敏 閻振標 陳得勝 王得喜 周少初 唐斌 周炳流 廖北川 曹玉金 霍雲福 王崇德 楊世成

關瑞廷 鄧功春 曹漢川 朱世英 曾開 李劍虹 李桂華 林成基 龍步云 潘扶恆 郝昆鴻 張鳳彩 胡金標 胡炳山 李水勝 王金初 陸廷桂 閻關有 鄧玉惠 賴福照 蘇彬 方國良 王廷有 劉得才 王丰善 趙海法 江輝 鍾貴標

李福修 夏得甫 許大 辛文標 姜福生 徐偉才 黎華興 廖有 吳得勝 毛俊升 李殿魁 焦坤 何壽南 歐榮 焦富臣 劉漢清 龐永先 黃玉楷 胡雪清 吳彩南 蔣有清 王玉文 何國强 韓景臣 張福保 黃仁山 鍾手權 陳志標

宣桂中 黃成標 李文山 傅海清 廖麒 孔堂 李德才 許森 鄧石 石立 程金橋 劉祥 莫英 李來 劉得英 盧洪 張光勳 黃鑑 陳坤如 陳樹斌 譚甫臣 荊書峯 陳漢標 高自勤 劉長生 夏漢清 鄧得生 王有清

李云桂 蔣福山 姚國長 蘇白 曹桂陽 農金生 李日明 李耀 高雷得 劉光保 郭明有 楊標 王震堯 陳有 黎雄傑 林進 鍾廷 陳金 李勝 蔣得勝 洪俊發 孟祖太 劉鳳祥 李國治 顧正克 陳南 孫慶祥 葉華海

陳炳南 戴慶言 張桂洞 王阿有 佐朝生 陳子煐 陳福廷 梁英 江南朝 蔣麗華 薛又亭 胡斌 許金龍 張振根 葉青茂 石玉清 黎任先 劉振州 趙有來 楊文忠 余運祺 蔣玉卿 郁起得 彭福其 宋陶全 楊五九 吳德三 胡治軍

張興其 龍日生 任又貴 曹家强 李綑唐 潘振初 楊方勝 張如生 曾壽廷 黃玉才 朱得標 卞守經 李雲卿 陳得下 郭文有 康成隆 劉玉廷 吳漢 蘇長興 鄭有南 章文桂 周乾甫 杜從學 聶成有 李振華 劉壽臣 曾倫 張海清

溫培勝　莫得周　曹得勝　劉永開　蔡菊卿　黃井忠
趙甃　賀華　何發　王金星　黃家祥　唐烈
黃華清　黎漢　石勝　楊志高　梁三　吳益云
馮錦　雷魯芳　王又臣　黃勝　曾東元　田玉林
邱國安　潘平標　呂和建　宋國良　陳得初　黎廷
譚卓　彭桂廷　陳貴卿　楊貴　陳成　陳金才
吳玉南　劉海煥　唐勝甫　吳根　吳立芝　謝有信
吳炳修　許龍光　李德明　黃奪　張松林　鄭心善
江雲　閻敬忠　陳孔智　袁欽柳　李文　張國貴
何清　黃國榮　張金木　簡新　郭廷相　周慶鍾
芮福陞　劉學運　卜日朽　章得朽　唐春林　黃子清
譚日良　陳煥周　沈勝　朱益田　吳木　蔡東明
蔡壽生　黃少興　顧標　徐介清　閻西善　謝廷宣
王登科　李勝　容福廷　楊德清　孫保華　韋海山
羅金陵　吳福才　王土保　張純甫　萬賢才　王有林
黃明　李有廷　吳玉生　歐傑州　林振英　黃言播
陳子明　陳熾揚　屈志堂　繆萬清　黃泰山　劉新華
張得富　鄒步初　楊志清　朱子玉　張國彬　侯尚文
金福生　熊斌　郭德標　俞志球　胡莊南　曾漢光
曾金輝　莫漢廷　黎得勝　吳友　周富初　陳杰
周志遠　潘明　葉清　黃仁善　王佑　陳玉樑
林仁東　何桂　潘得如　瞿永彬　夏泗和　王自强
鍾有志　盧玉　郭利標　徐達平　李學登　梁福
林祥　許春　田福興　賴得輝　杜羅章　陳德
周洪　劉式南　梁炳生　廖漢文　陳明芬　戴岳生
葉伍昇　陳子華　蔣桂林　賴福秀　李忠　張玉明
巢展福　陳福　龍德　魏品　朱少華　寗振華
林清　周漢清　張正保　陸器　傅金水　張晚景

馬得榮　張清全　張鐵夫　劉振權　盧志赫　潘炎
戴洪恩　鄭雲生　孫九　曾國樑　胡少達　劉子清
譚月標　容桂森　蕭桂山　潘福林　李順清　馮桂卿
包均　張添　陳興　王振光　李連清　石壽
李國標　劉日均　黎尚武　陳信賢　陳侯敬　張文標
梁朝　孫康元　梁華廷　余華德　江建平　郭其珍
李桂芳　蘇振德　陳銳明　韓田　羅明　周勝華
許照連　陳俊軒　王同奇　農秀林　崔敬　張子高
黃得勝　王祥　王有祥　彭興隆　蘇衡　金標
陳卿　李方南　吳遊達　吳桂標　李四　王叉
胡戴生　劉受才　馮振華　王全　林得甫　蔣龍
黃昌　譚吉　陳英　陳振三　馮明　莫什
王雄　陳富堂　吳劍雄　周康　劉善祥　劉福珠
李成敬　李明珠　譚彪　劉坤　南玉科　李勝標
駱太志　盧永興　毛勝標　劉玉南　鍾康弟　郭興
韋光山　賓永才　江玉山　張德巧　唐得勝　李振青
劉來廷　王雲　李標　李文清　張振生　黃日光
熊漢生　吳坤山　陳國威　羅廣廷　黃有清　郭勝標
謝桑　植初　曾貴　張隆發　封吾開　阮德清
方名　段少卿　李海清　陳彬　潘新生　湯林書
徐香進

又生死不明（失蹤士兵）王延祿等一百三十一名

▲十九路軍七十八師抗日陣亡士兵姓名錄

共計一千一百七十八人

王楨普　周萬里　袁得勝　博學爾　陳柱廷　夏標
孫玉龍　歐陽鋥　蔡文德　徐世忠　張金華　陳成就
吳國華　馮振夔　齊學禮　蔣玉榮　陸慶宗　劉玉山

楊楚傑　崔金文　梁　炳　彭秋生　劉金玉　滕福林
劉賢順　張玉肥　區鑑文　翟玉崑　王志忠　趙考才
朱鼎卿　朱成聯　徐正明　鄧得明　張國華　梁福興
張勝元　李彩雲　王金和　莫桂標　鄧有才　王玉林
張學運　任安邦　陳得明　張租清　首臣甫　周保元
沈期生　羅夢筆　祁堂林　胡東安　楊舉興　劉得勝
黃漢榮　周美林　唐桂英　譚菊生　張　福　劉瑞雲
章大成　戴　四　盧少臣　譚增云　陳　安　周民和
關　四　陸　錦　丁玉仁　馬成廣　于景海　王　仲
黃才東　莫錫發　趙雲強　陳桂年　梁　生　梁水秦
歐陽德　袁方照　劉雲生　李　宗　鄧鴻標　李國修
彭振廷　王　廷　林洪標　邱　強　蕭　徙　余明山
彭占標　王少清　陳東初　李得勝　彭橋生　王木生
陳　昌　袁耀輝　王仁清　張開春　郭朋興　楊炳坤
陳　四　許心棠　黎　日　蕭錦倫　王記田　岑　樹
黃　明　郝文日　楊明卿　楊　開　劉長春　賴水木
黃　龍　李延壽　賀桂龍　藥　言　袁鳳標　何亞元
陳新平　李有發　韓漢鼎　馮清池　俞雲根　王喜來
胡玉生　袁錫芝　陳　英　謝廷仕　張性吉　李連山
陳　光　司鳳起　李廷司　賴得標　楊得勝　楊振榮
張炳坤　唐清永　陸光廷　李洪發　陳祖元　戴桂雲
汪順來　王國華　嚴雨生　曾升全　李鳳芝　周寶山
王林棠　李木清　劉鑫泉　梁　福　周與武　陳　福
陸　錦　曾水清　張　君　李東乃　李永福　譚得高
羅　雲　周玉誓　利培楷　任玉懷　黃永輝　秦海銘
陳　標　梁　祺　陳得勝　曾　忠　楊興隆　伍加林
黃　漢　艮貴水　何志均　鄒漢清　張四元　曾貴清
李進才　蕭碧金　王貴斌　宋子倫　梁　貴　梁東才

張如勝　王有勝　洗露桂　周慶魁　曹連貴　候尙鴻
戚朋敬　楊俊峯　廖　全　張福桃　廖得才　張得初
黃德全　于永昌　劉玉成　劉金生　陳見隆　杜少清
李少良　梁　平　盛定得　張廷振　廖得標　張所保
何有才　高　漢　崇　威　李月標　劉　芳　黎金忠
黃有廷　何　吉　蔣海波　梁　芳　陳福慶　劉青雲
彭桂清　李岡泰　楊秀清　章　才　周義消　楊貴榮
謝德勝　吳日芬　秦明甫　王連春　孫雲青　明道松
王貴清　周鳳多　裴廣賓　唐順之　邱有發　黃建祿
胡益三　李新海　劉亞扎　王廷山　薛洪勝　楊榮森
楊占標　蔣占標　戚連發　王海青　陳春華　李秀芳
劉良林　梁　寄　湖漢光　段清羲　羅　四　王福臣
谷金臣　徐得勝　陳日秋　譚　啓　葉禾和　馬文敬
劉之松　趙朱和　秦興寶　張榮超　巫國雄　王玉生
于得海　楝　桂　張得英　胡金林　胡永昌　劉耀春
胡桂生　陳　來　謝　安　楊租安　張　勝　劉得才
武興業　王同勛　韓月明　王進才　王云增　楊漢民
王長生　趙臣得　汪長睦　趙玉臣　李文林　石立本
王竟成　謝　才　羅振太　蘇定標　羅喜生　鄧亦清
楊世林　陳加其　鄭云清　周俊山　喬金生　張　生
張武欽　廖德明　陳　福　林勝才　陳鳳山　彭金銘
劉海同　張永源　謝　德　莫　芬　張文山　李伯良
賀海龍　鄧振武　陳任利　凌正達　伍德標　邱承烈
李樹培　張　林　李　忠　傅成功　陳　金　林得勝
陳德標　謝森山　孟超全　楊國治　熊清平　李　林
陳玉卿　周平喜　段文山　歐世莫　郭振武　王炳辰
劉長生　陳渚三　黃世榮　杜同春　陳家祥　莫　和
朱　更　劉得貴　劉義康　甘少興　葉高林　甯雲元

—— 22 ——

楊得勝 黃志平 文遠忠 鄧炳河 何志雍 羅元彬
劉得 劉文貴 姜澤甫 李賞初 彭禧 朱殿青
胡長有 焦占魁 李鴻德 楊明錫 崔保 徐繼立
譚就成 張永龍 崔子榮 吳發明 楊振華 王時貴
李玉清 張霈山 韓文生 曾蘇 凌義 袁光明
班桂方 郭清海 梁炎 鍾元才 蘇羅 吳揉
王欽章 黃有 胡斌 陳榮 朱林春 李星五
謝坤廷 徐家成 劉金標 陳阿喜 孟榮泰 許明盈
李勝 何芝 皋學宏 劉志文 何森茁 程德輝
甄進 廖林 韓敬森 黃卓創 梁火 陳行
何章 詹三小 陳如俊 陳昌元 楊阿六 顧西田
陳玉龍 李報生 王子成 謝三 紀純 倪才武
宋萬有 陳心田 盧子祥 楊中源 何榮 吳長清
楊文火 李志遠 候朝泰 陳玉田 黃林 許昌宗
超功 馬田玉 陳富增 張書申 殷光燦 潘國云
劉之伯 丁儀成 潘兆生 甯逢佳 陳吉初 李壽槐
黃朝 劉得勝 盧勝才 黃得與 易何 陳金榮
周桂林 郭煥標 梁新廷 林表德 彭四 阮錫標
覃建光 溫伯成 王新文 吳志德 梁英 楊金生
郭學海 申負新 韓邦玉 李春玉 蔡迎春 文謝培
裴明才 張會元 郭長行 朱振發 李同心 就雪
梁守善 譚得才 王明初 王光海 鄧旺 何保桂
林得 唐漢 葛權 游勝標 李富成 吳德輝
馮國芳 梁炳南 程有才 梁成生 陳水桂 段松山
陳秀 陳得修 莫玉林 黃德 梁炳 黃仲泉
劉祝佑 魯心清 徐士高 蔣介鑫 李文明 孫木林
姚坤 王寶華 馮洪山 楊寶山 楊玉山 龍福山
詹取昌 游俊清 范福林 連旺 龍洪 再瑞林

程興云 吳福 區曉初 陳坤 黃潘 何根
陳標 鄧加 張見 姜榮生 甘濟斌 王德修
許明合 王金芝 鄧少廷 汪金玉 鄧玉祥 劉永生
董發 黃標 孫玉桂 陶永生 張義順 歐陽福
高林 王德明 王振泰 連成山 徐自連 黃金
黎森 崔金才 岳金才 李金周 李貴 唐才
何照安 余國勛 楊榮 孫永祥 阮海 洗世忠
嚴榮 陳初 鏞才 黃金忠 李德全 林漢忠
易松林 龔惠泉 黃海 陳森發 張樹林 宋學崑
鄧金森
楊提山 梁傑 徐祥培 陳春華 劉文斌 黃國强
霞忠 黃飛洪 丁秀堂 顏珍廷 黃桂 蘇廣
沈福廷 韋德才 曾日初 鍾岳 張權 何文志
胡熾明 許金福 尤洱 陳志榮 張和 姜金
黃得明 黃昭 洪威 曾進南 李金 張風田
藏富春 黃孝廷 李桂林 梁健 黃常 歐陽富
尹榮卿 盧正 文增榮 王楚 李桂元 梁章
吳昌 黃貴 莫才 朱金才 黃瑞 陳立鴻
陳國興 馬得福 楊震寰 馬振標 陳耀庭 馬如意
趙永貴 趙梅林 趙玉山 黃才 尹得標 張新
黃得標 葉鳴輝 譚義保 廖廣 張珩 葉安
游奇 何就 黎民生 陳德 陸子怡 袁義卿
劉本立 徐國良 馬明德 張滌瀛 徐英 陳勝標
易文武 梁友 王霓 張良 鄧祺 黃順
謝芬 劉來 邱火 蕭松山 周其昌 崔楠馨
陳廣進 林河藩 楊占禮 張遠杰 姜子標 黃球
許祥盛 余七 鄧明 梁漢英 樊松林 王炳魁
方德 黃光 盤金山 劉寶三 王英 刁治有

羅　帶　李學文　陳治生　李得昌　張景六　李文田
馬保深　君道明　候清堂　蒙懷仁　張德龙　馬　昌
李　庭　黃啓興　陳德法　韋三元　石永昌　孫　志
張　文　陳秀仁　鄧得標　史漢臣　孫振標　胡金春
牛德元　陳有彬　何　德　謝桂標　陳洪賓　鄭德寬
邱僉橋　楊文章　張新年　潘長收　王一賓　葉全勝
周發興　汪洪生　李占奎　何　金　陳　旭　王安順
馮　林　林　標　劉振芳　梁吉甫　陳　輝　林　明
潘全發　胡　立　李林保　蕭邵清　楊連山　蕭國貫
段東海　李永良　黃　安　劉志榮　孫來成　張　明
石　國　劉　册　王召祥　凌建忠　邱　洪　李　云
張石逵　黃貴倉　張文遠　胡文洲　鍾友泉　張仁和
周耀宗　潘　二　章桂林　高廷福　蕭國才　韋應忠
施桂南　譚　雄　梁振洪　卜如生　黃振輝　楊洪標
林　仲　黃　才　余少明　張啓明　羅　生　張國安
陳　桂　何　興　張法賢　馮　康　陳德勝　鄭瑞榮
謝繼希　曾　進　楊　斌　劉　濤　楊　德　許志標
甘雲卿　明洪卿　趙勝華　金得勝　曾　勝　黃　祥
劉得祥　朱正月　陳　錫　李炳坤　林　興　謝　桂
楊金德　程學義　黃　仁　張福生　馮　全　范　德
孔祝三　張永伍　陳　祺　陳　森　李少卿　趙　松
王子明　楊全孝　王福初　陳朝生　方　標　陳　昌
陳　華　黎國和　馬鴻飛　戴文彬　梁　生　黃阿山
黃　昌　王安才　古有金　王文祥　劉鉄生　劉　堂
丁得勝　李瑞祥　來謝明　薛立範　杜明義　李尚云
孟清川　周德才　王明山　陳　生　陳桂標　杜阿水
管福林　謝　勝　林有才　李昇雄　郭子修　黃　相
孫得印　丁長海　譚　俊　蔣萬年　陳　華　徐　英

路南桂　丁元章　梁保初　李成番　吳炳南　蘇阿池
毛順東　熊正才　古占元　余長生　蔡　云　仲金祥
鄧有福　蔡灑洲　莫炳權　李均照　郭佛當　王明思
喬玉清　金志云　黃發初　郭占勝　朱佞武　曾文章
何東春　袁正山　卓起祥　旦東良　孫廣化　羅少蔚
韓金貴　姚王清　姚占農　倪新根　韓希宗　沈洪明
申鴻賓　吳成貴　鄧士甲　郭有文　朱雄祥　畢金亭
刁紹林　梁　振　吳　洪　楊懷坤　杜占元　蔣奇標
張　華　陳正英　鄧　七　李壽發　王光三　何德標
雷光明　樊玉潔　李正清　劉清祥　朱國英　郭伯勛
陳　順　張啓瑞　劉振標　譚　金　常得勝　張子祥
曹桂林　謝元龍　張勛平　許士志　鄧六標　周　清
楊桂芳　趙材標　胡進標　龍　生　楊蔚蘭　劉振標
羅　錫　邱　來　嚴德勝　王得友　唐天明　何強興
蕭得標　羅超芬　鄧成甫　陳　榮　林國清　黃德眞
王子才　楊　林　陳　林　趙得勝　郭楷梅　李梅生
尹其生　李秀清　彭保卿　煽熾洪　劉天喜　王　標
朱星橋　曾照明　廖海波　王良彬　林得標　張萬全
劉水城　徐景林　楊得勝　王得貴　陳培玉　陳得勝
鄧有田　高得勝　梁　貴　張　志　秦學清　劉西和
周銀彬　呂錦綸　趙學禮　張玉山　河林清　姚洪浦
孔憲周　潘世基　閻勝海　盧桂廷　洪海祥　彭英傑
龍雨林　王振林　黃英人　何　基　謝國權　吳　福
陳　弈　張子才　王　玉　黃　景　萬煥楊　劉　添
程　貴　孫桂才　呂銀夙　苗長清　葉章南　鄭德平
黃貴林　李志遠　張仕興　趙對明　黃廷發　陳福田
李煥然　陳均山　林　生　范樹德　楊春林　劉家錫
牛福勝　李　法　彭承斌　孫儒林　李石秋　李永和

劉　開　蔡國清　陳得勝　蔡有元　曹小生　曹有其
范金明　曹永龍　馬得勝　劉清松　唐德芳　魯松周
王志成　林金高　卜縣中　李金珍　周華安　廖千權
龔飛云　劉善清　宋金元　鍾　勛　鄭　明　杜永貴
劉富林　尹金山　謝廷皆　邢占奎　馬得元　朱文林
李正春　丁福祥　魏得能　張貴芳　陳　四　周得標
趙開憲　楊立平　王子修　黃振廷　許進達　王之信
李新平　羅棟樑　黃　平　曹湘祖　劉春福　嚴金生
駱石根　何　如　賀桂標　曹　有　潘盛鎰　張占雲
包正棟　白雲生　劉　坤　黃　梁　黃桂林　白明德
魏金西　宋得海　唐　坤　洪金勝　陳永廷　陳海林
曹金光　吳仁梁　張　三　何　二　王登元　莫步雲
黃少良　張應城　蔣漢斌　馬寶珍　王文勝　劉長生
戚志高　徐得福　張桂林　李有成　鄭有明　楊　臣
劉科生　王義德　史愼孔　劉貴榮　高清山　陳　和
王定云　楊根全　齊金甫　潘得標　孫子然　翁得甫

楊公亭　張吉才　姚炳云　楊化云　余裕祥　陳捷三
黃志強　祝錫同　沈振標　吳傅五　張玉華　譚　進
于廣德　河海清　何秋權　趙德勝　李明洲　萇興甫
朱飛云　劉云正　李中和　王得勝　米致祥　羅福勳
田占京　葛金生　王修連　楊其正　陳鳳山　劉正才
李建中　丁起延　時國斌　張文華　宋子彬　張魁林
劉　標　曹正清　王邦立　孔當倖　王有桂　鄭彰才
李先鑫　廉平貴　姜才爲　劉得全　化炳武　胡開山

▲十九路軍補充第一團抗日陣亡官佐姓名錄

補充第一團一員

張鉄民

▲補充第一團抗日陣亡士兵姓名錄

共十七名

楊又才　張錫海　蔡繼福　朱　發　馮國才　鄒玉田
蔡三子　沈保華　楊國樑　周道陽　傅又富　趙復君
陳光貴　王有德　張長才　楊春友　朱法海　蔡傅富

六十師抗日陣亡將士事略

▲國民革命軍陸軍第六十師第一一九旅第一團第一營營長陳

正倫傳略

陳營長諱正倫。號鼎新。粵之瓊州人也。緣隨本軍致力革命。功授陸軍少校營長。方日寇遼陽。公卽撫髀自嘆。慨然擬改義勇軍出關。收復失地。未幾。一二八滬戰發生。公卽決死殺敵。肉搏數十次。身先士卒。親率全營官兵。屢挫敵鋒。卒以飲彈而亡。倭奴未平身先喪。不亦悲乎。

▲國民革命軍陸軍第六十師第一一九旅第一團第一營機槍連一連長

白鶴昌傳略

白連長鶴昌。字煥文。北平香河縣人也。性剛直。勇敢過人。歷充排長等職。以戰功遞升少校連長。居恆常謂同袍曰『喚醒民族復我山河』爲我鸞職責。迨一二八滬戰發生。君卽鼓勵士卒。誓死爲民族爭生存。爲國家雪恥辱。陷陣衝鋒。追亡逐北。乃未竟全功而身已飲彈而長逝矣。痛哉。

▲黃故連長瑾事略

黃故連長瑾。字薰南。原名凱。籍廣東和平縣大利墟鄉。詩禮家子也。世有清德。少習文。卒業於縣立高小。適當國家多事。遂投筆從戎。以服務努力。屢獲升調。十六年充新編第二師第三團第三營第八連中尉連附。乘駐防之際。入韶關軍官教導隊畢業後。學術大進。勇敢之氣亦由此激增。二十年八月。充國民革命軍陸軍十九路軍六十師一一九旅第三團第三營第九連上尉連長。孜孜管教。雖勞勿間。自東北淪亡。每以參加義勇軍北上殺敵爲請。其滿腔熱血。公忠奮發有如此者。迨滬戰發生。出發前綫。二月二十九日。江灣錢家溝之役，倭寇大臨。君以劣勢之陣地。受敵方槍炮機彈三面之夾擊，鏖戰竟日。身負重傷。臂足兩部。彈洞數見。熱血沾衣。然猶負創指揮。死力抵抗。不稍退却。我精忠勇敢之黃連長竟殉於此役焉。嗚呼。倭寇未滅君先殞。長使英雄淚滿襟。但君為民族而犧牲。為救國捐軀。遺體雖失。浩氣長存。實足與黃花烈士并垂不朽也。君父母早世。遺妻朱氏妾何氏。子二。長振宗。次鉄錚

▲楊故連長喚民傳略

六十師一一九旅第三團第三營營長周剛如撰

先生諱喚民。字篤卿。湖北漢川人。幼聰穎好學。及長有大志。畢業於湖北講武堂。以學術優長。曾任該堂區隊長。後調湖北陸軍第一師充連長。繼升營長。迨民國十三年即南下赴粵。投入十一軍。從事革命工作。頗為努力。厥後隨軍北伐。倍著勛勞。二十年本路軍進剿贛匪。先生尤出力不少。此次暴日侵滬。先生身任連長。義憤填膺。嘗謂外敵侵凌。凡屬軍人。均應出死力禦侮。以盡天職。其後身臨前敵。果忠勇奮發。一往直前。卒以中敵彈陣亡。聞其臨終時。猶大呼前進殺賊不已。按先生平生儉以持已。厚以待人。亡時年方三十六。

▲六十師一二〇旅五團 伍故連附發初傳略

先生諱發初。粵之吳川人。出身行伍。勇敢有為。生性率直。作事極負責。頻年隨軍討逆剿赤。極著勛勞。本年暴日來犯淞滬。先生身任連附。與日寇作殊死戰。卒致中敵陣亡。時年二十八歲。

▲國民革命軍陸軍第六十師一一九旅第一團第一營第三連 排長周榮生事略附像贊

周排長榮生。粵之南海人也。英勇絕倫。尤富有愛國熱血。此次在滬抗日。決死衝鋒。屢挫強敵。最後衝入敵人陣地。與敵肉搏。卒被彈要中害陣亡。時年二十三歲。睹其遺影。為之贊曰。惟爾英俊。卓犖豐姿。南征北伐。抗日健兒。暫借滬濱。以戰倭寇兮。斬其將而搴其旗。功未竟而駕鶴兮。遽棄神州而西返咸池。吁嗟乎。英骨已長埋荒塚。千戈何日靖邊陲。

六十一師抗日陣亡將士事略

▲六十一師第五團抗日殉難中校團附 王公堅民傳略

王公堅民。諱僧。廣東文昌保國鄉人，軀體魁梧。素性忠勇。民國九年。畢業於護國軍講武堂。民九。十。十一。十二。年充粵軍第一路第二統領第五營連長。及海防游擊隊連長民十二。十三。充東路討賊第三軍中校團附。旋升第十一旅二十一團團長。民十四年。充兩廣鹽運使署緝私處準提艦長。旋調充粵軍第二獨立旅第四團中校團附。民十五充國民革命軍第六軍第十七師師部少校參謀。民十六充本軍二十四師七十團中校參謀長，民十七充廣東南路善後處中校參謀。後奉派赴南洋募捐。建築瓊崖碼頭。備受華僑歡迎。成績斐然。蓋公於民國四五年間。曾充南洋芙蓉埠新中華革命黨廣東支部幹事及華僑革命軍隊長。已先得彼處華僑之信仰故也。至十八年。改充第八路第二獨立團中校團附。旋調充第三營營長。民十九。充廣東保安隊第三團第一營營長。後調第八路中校參議。民二十年十一月奉為六十一師第五團中校團附。迨本年上海事變。公隨軍抗日，曾於紀家橋之役。身臨前線。與敵作殊死戰。旋因倭寇敗退。本旅調回大場一帶為預備隊。公於二月二十三日奉派赴大場附近分配地區。構築工事。適是時敵機多架。橫行天空。肆意擲彈。公不幸被炸頸部。即晚舁送上海寶隆醫院。距傷中要害。醫理無効。延至三月四日殞命。時年四十有二。遺有妻龍氏長男蕣錫。次男蕣欽。及女一口。

▲第三營第七連 駱連長事略

李燮華

駱君名揚。號建業。籍隸湖南臨武。世以耕讀傳家。君父春廷公。生君兄弟二人。君行其次。賦性穎悟。品質溫良。幼而嗜學。兼事耕稼。行年未冠。即博覽群書。略通經史。於民十四年。畢業桂陽臨藍中學。時因國事日非。於民十五年即投筆從戎。君年纔十九。君祖父希聖公。甚愛之。未許遠行。君母鄺太夫人。更愛憐甚。唏噓握裾。君竟絕裾而出。即投充粵軍第十一軍兵士。日夜淬礪。以求造就軍人資格。時蔣總司令大舉北伐。隨之入湘。下武漢轉戰京滬。定都金陵。以作戰勇敢擢升充班長。十七年班師回粵。入十一軍官教導隊肄業。畢業後派充六

十一師教導團第三營九連見習官。旋調任第十連少尉排長。十九年九月擢升中尉。二十年三月升本營上尉營附。五月調任第九連上尉連長。十月改編爲第七連。仍任本連連長。君轉輾數千里。大小數十戰。無不身先士卒。精悍勇敢。所向克敵。君處事雍容。大有儒將風流之概。營長古公熾深倚重之。目爲左臂。九一八東倭入寇。侵略我東北。復於一二八犯我申滬。京都阽危。羣情洶湧。至二十一年二月五日。出師令下。君慷慨趨前。八日抵江灣。九日倭奴以大砲唐克車掩護陸戰隊千餘。來犯江灣之屈家橋。適君奉命迎擊。激戰半日。傷亡枕積。竟以一連之衆。擊退千餘之敵。至廿三日。我營奉令向顧家宅攻擊。時炮火較前尤烈。君率該連身先士卒。肉搏相爭。身帶重傷。血流如注，猶指揮殺敵。經救護入院。乃於二月廿五日傷亡於上海寶隆醫院。卒年廿有五。嗚呼。君爲學生時。卽以身許國。及投身戎行。兩過其門而不入。努力拚命。志在救國救民。竟以身殉國難。獨惜其志未遂。而身先殞。勳未酬而骨肉已寒。良可哀也。

▲國民革命軍第六十一師一二二旅五團二營六連上尉

連長林炳光傳略

陳茂光撰

林故連長炳光。係第六連上尉連長。廣東肇慶鶴山縣人。年三十一歲。生於前清光緒二十八年十一月八日。終於中華民國二十一年二月二十五日上海廟行鎮抗日之役。幼時善習武技。孝悌寬和。童年後。富有革命思想。投筆從戎。民十八投充本師獨立團三營中士班長。經廣東花縣派尾之役。民十九升中少尉等排長。經廣西北流湖南七塘山東濟南河南五虎廟等役。民二十升上尉連長。經江西勦共之役 平日服務勤慎。御下有方。勇敢善戰屢樹奇勳。抗日軍興。屢戰廟行。時率部衝鋒陣亡。

▲陸軍第六十一師一二一旅第一團三營

陳營附拔雄史略

陳營附拔雄。廣東興寧人也。少負奇氣。天資聰穎。民八卒業於興寧義正高小。民十二畢業興寧中學。負笈浙江。考入之江大學。君感國事日非。外患頻臨。乃棄文就武。毅然入粵投考廣州十一軍軍官教導隊。畢業後派我師九旅服務。歷任政治訓練員及排連長等職。由學而桂而湘。以迄魯豫討逆各役。均與參加。迨十九年冬。我軍入贛勦赤。師次興國。時君始由九旅調我團服務。高興圩一役。赤匪披靡。我軍奉令開駐贛城整理。嗣調京滬衛戍。斯時君調充我營營附。勷贊實多。廿年九一八瀋陽事變。君憤倭奴侵凌。矢拾救國之宏願。旋我軍組織義勇軍。決赴東北收復失地。君爭先報名。並致書與家屬，示意決絕。一月廿八日。倭寇又復進逼上海。二月八號我團由鎮江開拔到達江灣。當二月九日。敵來犯我江灣之屈家橋。煌奉令督率七九兩連機關槍一排馳赴迎擊。君亦隨往。得君奮勇上前。鼓勵士氣，卒將來犯之日寇擊退。又二月廿三日拂曉。奉令出擊犯我江灣葛家橋陣地作業之倭軍。彼時飛機轟炸。機搶掃射。君振臂大呼。衝入敵陣。所向無前。敵因敗潰。是役斬獲甚多。生擒日寇陸軍少佐宮閑昇一員。斃敵官兵八十餘員名。鹵獲敵旗三面。惟敵困獸猶鬬。彈如雨集。適第七連踏連長名楊負重傷。君更忿不可遏。親率七連隊伍。猛追殘敵。君正高呼打倒倭寇聲中。竟遭敵彈所創。一蹶不起。時年二十五歲。嗚呼。君之死。實爲軍人爭人格。爲民族爭光榮。馬革裹尸。死有榮焉。惟煌與君同窗而讀。同袍而舉。方祈朝夕有惕。效命疆場。以期踏平三島。奏凱東京。何圖夙願未酬。喪我良輔。撫往傷來。心焉傷之。綜君平生之沉毅勇敢。在在足爲吾人之風範。啓迪我後死。中華民國廿一年四月廿九日古煌記於崑山軍次

▲六十一師教導團陸軍上尉

軍需楊明修傳略

蔡定章撰

楊君明修。廣東廉江安鋪人也。去年十月始與余同事。意甚相得。君崇尚廉潔。磊落胸襟。處事剛直。奉公勤慎。性嗜酒。每當公餘。恆酣飲暢談。君生長田家。幼失怙恃。伯父撫養成人。少重里閭。長愛邦國。年十九。投筆從我。歷充粵軍第一統一營連排長等職。緣感軍政不良。卽行罷去。歸里後。興利除弊。不遺餘力。赴義急公。鄉人愛之。民十八年。嘉張公世德治軍有方。翻然來從。竟蒙器重。委充旅部副官。同年廣東保安隊學員班創辦。保送入學。畢業後復充九旅特務營排長。連年轉戰。勇敢著聞

。追敎導團成立。擢升上尉軍需。會計稱當。見東北淪於日寇。憤激異常。痛斥不抵抗之非。聞本軍組織義勇軍赴關外抗日。欣然加入。未幾滬戰暴發。隨軍奔走前方。于二月二十一日午在大場被敵機轟炸殞命。嗚呼。爲國捐軀。雖死猶榮。求仁得仁。應無憾矣。君卒年三十有六。妻一。女一。景況蕭條。思君生平。不勝慨歎。爰撫梗概而傳之。

▲第三營八連中尉 連附楊德昆事略

李定寰

楊君德昆。字聿修。四川秀山人也。父通霖公。早世。母劉太夫人。伶仃撫孤。年甫十五。即已長成。像貌魁梧。膂力過人。尚豪俠。好交遊。不事生業。然奉母至孝。娶妻吳氏甚賢良。生子熾昌甫週歲。君謂妻曰「方今國事蜩螗。羣雄蜂起。吾素有志於四方。以盡匹夫興亡之責。奈母老無人侍養。今幸爾來。又生有子可遂吾願。賴卿仰事俯育。好自爲之。」於是叩母別妻。即投滇軍第三師朱培德部充當兵士。十六年改充第十一軍敎導營下士。十七年軍長陳公銘樞創辦軍官敎導隊。被選入校。十八年三月畢業。派充六十一師敎導團第三營十連中士。十九年三月擢升本連少尉排長。二十年七月升中尉。十月改編爲第八連。仍任中尉連附。廿一年二月九日於江灣屈家橋之役。身負重傷。竟於十二日卒於上海骨科醫院。時年三十有四。其間如十五年之克惠州。十七八年之破朱毛於五華梅縣。十九年之大破張發奎於衡州。連克馮閻於濟南。二十年之擊散共匪於興國。廿一年之抗日於江灣。大小百數十戰。君每臨陣爭先恐後。所當披靡。屢建奇勳。營長古公煌。常曰。「此吾之鮑超也」。及聞其傷亡。痛曰。「而今而後殺敵衝鋒者又弱一個矣」。爲之唏噓流涕者終日。吁。君以任俠從我。經戰多役。今爲民族爭生存而死。死得其所。身雖殞而名不朽矣。

▲六十一師一二二旅陸軍中尉 連附伍發初傳

李瓊璣撰

伍君發初。廣東吳川人也。幼失怙。耕鑿食力。勤苦不倦。及壯。慨國家之多難。感身世之無聊。毅然棄耒耜。投戎行。剛膽敏慧。爲上峯所器重。民十七。選送入黃埔軍校入伍生部學兵隊肄業。畢業後復回原部服務。民十八開張公世德任第九旅旅長。去職來從。民十九擢升少尉排長。民二十贛南剿赤各役。頗著勳勞。晉升中尉連附。及日寇東北。君聞之。悲憤塡胸。決志爲國捐軀。乃請纓加入義勇軍。時値滬變驟發。苦戰兩旬。身先士卒。二月念五日小場廟之役。身中敵彈斃命。尸首無從尋獲。昔人謂馬革裹尸爲最榮幸。今君尤有過之者。嗚呼壯哉。君年二十八。未娶。無兄弟。與余同事。感情最洽。去歲軍次首都。余奉命他調。君依依不忍捨。再三流連。有逾骨肉。其富於感情也如此。憶滬戰發生前十日。余曾與君促膝痛飲。暢談時事。君慷慨激昂。殊深悲切。撫今思昔。不禁爲之痛哭稀噓。惟君覓得成仁以去。亦可以無遺憾矣。

▲六十一師第一二一旅第一團第一營第三連 連附黃元傳略

黃元同志。粵之番禺人。民國十七年。入第十一軍軍官敎導隊畢業後。派六十一師第九旅充見習官。旋升少尉排長。二十年調一二一旅第一團第一營第三連少尉排長。去年九月我軍在贛勦興國高興圩與赤匪劇戰兩晝夜。負傷就醫南京未愈。而日寇侵滬。黃同志激于愛國義憤。扶傷離院趕來前綫。不幸于二月廿六夜攻前郭家宅之役。竟以身殉。時年二十五歲。黃同志平日治兵嚴而愛兵切。遇事輒以身作則。誠爲不可多得之幹部。今爲國殤。殊堪痛悼也。

▲第三營八連少尉 連附吳子和事略

李定寰

吳君子和。字文乾。湖南安化人也。少有雄略。天資穎悟。美豐姿。性倜儻。畢業湖南中學。十七年。考入粵軍第十一軍軍官敎導隊。十八年三月畢業。取例優等。大爲華主任所賞識。派充第六十一師敎導團第三營十連中士。十九年七月。升本連准尉特務長。二十年三月升任本連少尉連附。十月改爲第八連。仍任原職。廿一年二月九日於江灣屈家橋之役身帶重傷。至二月十八日。在上海紅十字總醫院亡故。時年廿三歲。綜其戰役。如粵東之勦共。湘桂之破張。山東之討馮閻。江西之誅共逆。申滬之抗倭奴。大小可數十戰。勦輒身先奮躍。敏捷若猿。所向無敵。故每出有功。營長古公煌深器重之。及噩耗傳來。擲筆於地。爲之不豫者經旬。吁君以年少英俊。受知古公。屢建奇勳。屢殲大敵。卒以身酬知己而報國恩。

▲六十一師一二二旅第五團第一營第二連代理連附

烈士楊君福基傳略

陸軍少尉楊君福基。號業成。粵之吳川人也。爲人英勇。在前第十師軍士教導營畢業。効力本軍有年。民十九年升充本師五團二連特務長職。因該連中尉連附羅君負傷留醫未返。奉命代理連附職務。滬事發生。隨軍抗日。于二月十二日辰時杞家橋之役。率隊衝鋒。不幸爲敵彈傷中要害。因以陣亡。楊君在臨危時。猶勉勵所部云『余已不能再與兄弟等殺敵。幸你等勿以我死而怯』。言終而逝。嗚呼。其言何等精忠悲壯也耶。楊君年二十有六歲。遺族有老母幼弟并妻女各一。

▲黃連長景成何連附章甫蘇連附貴清陳連附廷輝四烈士合傳

黃連長景成。字志齊。年三十二歲。廣東陽春人。爲人忠勇剛毅。品學兼優。處事果斷。有名將風。何連附章甫。字孝感。年三十八歲。湖南郴陽人。秉性敦厚。做事老成。沉着應戰。尤爲擅長。蘇連附貴清。字以一行。年三十一歲。廣東化縣人。性好詼諧。善工詞令。教練有方。兵士悅服。陳連附字太平。年四十八歲。廣東瓊州人。身經數十戰。經驗豐富。雖年力衰老。殺賊不肯後人。黃何蘇陳四烈士。均服務本師一二二旅第六團一營三連。於民二十一年二月十三日在滬杞家橋抗日之役。先後陣亡。四烈士爲國家爭正義。爲民族求生存。效命沙場。前仆後繼。其大無畏之精神。使三島倭奴。聞風喪膽。五洲強暴。掩耳驚心。四烈士死有重於泰山。其正氣永存於宇宙間。不能磨滅。余與四烈士同連。擔任政訓工作。轉戰湘贛豫粵間。朝夕相處。共苦同甘。彼此相投。未嘗稍離。待後政訓改組。分折未得同居。此次滬浜抗日。四烈士大志竟酬。余獨偷生。愧怍無似。爰誌數語。以示不忘。

周之江謹誌五•十四•

▲六十一師一二二旅二團中尉隊附

楊烈士漢臣史略

邢定漢撰

楊君漢臣。字鳴武。粵之合浦人也。幼失怙恃。長依叔父。家貧而失學。然烈士稟性聰穎。雖未從師。而能自修習讀。年十四。覩國事蜩螗。軍閥鋒起。志切從戎救國。而苦無革命良機。乃就近投入八屬軍鄧本殷部。明知珠不投暗。不過藉習軍事學識以待時耳。迨革命軍討鄧。烈士遂辨清涇渭。奔投國民革命軍第四軍第十師三十團充當下士。時在民國十五年也。未幾。隨師北伐。汀泗橋。賀勝橋。武昌城以及河南諸役。均經身歷其境。民國十八年。白坭湖梅等役。以功升充廣東編遣區第三師第八旅十五團第三連准尉排長。民十九年。晉豫之役。受傷。醫愈後。以功擢升同團教導連少尉排長。旋參加江西高興鹽田剿共之役。頗著勞績。又擢升爲中尉。二十年十月改編後。調充六十一師第二團特務隊中尉隊附。及我軍奉命調駐鎮江。整理待命。奉假回粵結婚。閱一二八事變。我軍爲正當防衛。已開滬抗日。烈士遂毅然由粵返滬歸隊。適值奉令固守江灣。二月二十一日。敵方猛攻十餘次。烈士適當其衝。乃率部奮勇肉搏。殺敵無算。敵未得逞。是日江灣左側之陣地。未致動搖者。烈士與有力焉。烈士亦頭部中兩彈。而爲國犧牲矣。嗚呼。痛哉。烈士殉國之日。爲民國二十一年二月二十一日未時。享年二十有七。靈柩尙厝于江灣鎭。父母均歿。遺妻鍾雪瓊。仍住粵陽江岳家。烈士家庭眞相。余因與烈士同事未久。不獲其詳。僅抒其所知者略爲之記。

▲六十一師一二二旅二團二營

連附黃烈士少卿小傳

楊立榮撰

黃烈士諱少卿。字石生。年二十五。湘之長沙人。幼英俊而家貧。年十六投身于行伍間。初爲列兵。繼升班長。在本軍教導隊畢業後擢充陸軍第六十一師一二二旅二團二營四連特務長。服務敏捷而勤懇。上官器之。旋升少尉排長。本軍連年轉戰。烈士無不參與。奮勇異常。自九一八倭寇東北。慷慨激昂以無由殺敵爲恨。其後我軍有挑選義勇軍之舉。烈士默思時機已至。當不可失。遂報名加入。未幾而滬濱戰起。我軍奉命赴援。當第二團担任死守江灣時。敵傾精銳來犯。戰爭極爲劇烈。烈士奮勇殺敵。迭挫兇鋒。旋敵援驟增。烈士連隊官長傷亡殆盡。只餘烈士一人統率。沉着應戰。倭寇仍不敢越雷池一步。而烈士頭部亦受重創。上官令其退後醫療。而烈士殺敵心切。視死如歸。聲稱苟我退出火綫。則全連士卒。將蹤何人指揮。倘一不愼。陣綫搖動。影響及於全軍。我一人死何所惜。仍率衆殺敵。乃連中數彈身亡。嗚呼烈矣。

▲六十一師一二一旅二團二營一連附張烈士篤初小傳

沐和齋撰

張烈士諱篤初。字志良。閩之浦城人也。生于清光緒三十一年。幼聰穎。性至孝。里人以孝子稱之。及長蒿目世事。深具國憂。旣欲効終軍之遺風。復感懷宗慤之氣慨。決移孝作忠。請于父。父嘉其志。允之。奚卽別親入粵。攷進十一軍軍官敎導隊。志堅學敏。畢業時蒐冠儕輩。後分派于第六十一師一二一旅二團二營見習。期滿。授准尉排長。益勤苦。且爲人謙和。重信義。同事多敬愛之。每逢征戰。衝鋒陷陣。勇敢踰人。上官嘉之。賑擢爲中尉排長。去秋在贛剿赤。腿部中一彈。損筋骨。治數月。始愈。甫出院。卽參加抗日之戰。竟於江灣一役爲國犧牲。烈士家素貧。遺有一妻一子。雙親健在。皆已年高。身後之事。殊堪憐憫。且烈士當成仁之際。適値戰事正酣烈之時。未備棺木。暫葬于江灣西廿三圖竹林中。有小碑爲記。

▲十九路軍第六十一師一二二旅二團一營二連中尉連附張雲烈士紀略

烈士張雲。別號從龍。河北正定人也。年二十九歲。幼而家貧。曾習藝正太鐵路機器房者五六年。於修理機件。頗具心得。幷略通法語。每感國事凋零。乃矢志從戎。於民國六年投入奉魯軍。刻苦耐勞。學術大進。民九直奉之役升充副目。民十直皖之役得升正目。民十三憾軍閥賣國。乃請假赴粵投効國軍第十師。從事革命工作。民十五隨軍北伐。調升傳達上士。民十六升特務長。民十七東江之役因功調升少尉排長。民十八白泥之役。暨民十九魯豫諸役功績卓著。乃升中尉排長。民二十於江西剿赤之役。尤勇敢奮戰。蓋自參加革命以來無役不從。對於職務。絲毫無苟。且管束士兵極嚴。賞罰尤公。士兵無不誠服。見倭寇橫侵。恨入骨髓。此次我軍抗日。江灣之役。於敵情嚴重砲火之下。身先士卒。如入無人之境。幷嚴督所部。不許稍退。俟敵近前。卽一鼓殲滅之。詎未畢竟被敵彈所中。烈士之願從此遂矣。嗚呼爲國捐軀。雖死猶榮。古云死有重於泰山者。其張烈士之謂歟。景與同袍數載。謹撰數語。以誌不忘云耳。

▲六十一師一二二旅二團連附胡烈士興業小傳

張尚模撰

胡烈士。諱興業。三十三歲。贛之峽江人也。余與相處未久。故弗稔其家世之興微。及烈士幼時之軼事。余來時。見其在六十一師一二二旅二團爲服務員職。旋升二營四連少尉排長。察其爲人。沉默寡言。刻苦自勵。好求知。學不倦。故干學術兩科頗優渥。復富有愛國心。每思外侮日亟。猶復操戈同室。輒深恥之。戰時衝鋒陷陣。尤以驍勇稱。前于剿匪諸役。屢負傷。迨至日寇淞滬。烈士喜曰。我翟捨身報國。此其時矣。江灣之戰竟以身殉。嗚呼。烈矣。

▲第六十一師一二二旅第二團二營第四連連附胡興業小傳

第六十一師軍需處 李東白撰

胡連附名興業。字清泉。江西峽江人也。幼以家貧。輟學改商。居闤闠中。暇輒讀書報。由此曉國事。壬戌之夏。總理孫公就非常大總統於廣州。檄討北洋軍閥。國中青年志士。聞風慕義者。輻輳而集南都。君亦於是年入粵投軍。十五年國民革命軍北伐。君爲前第十師三十團第二營營部軍需上士。追隨今六十一師師長毛公。勤職事。著勞績。追十一軍囘粵。創辦軍官敎導隊。君獲選入隊。成績斐然。卒業後。充本師八旅十五團敎導連特務長。數年。幹練有聲譽。知者咸惜其久淹卑位。顧君怡然自得。益勤職事。十九年春。擢任第五連少尉排長。尋剿匪於梅縣。奮勇進擊。深入匪巢。君因中彈負傷。齒折舌破。腮穿而血流如注。猶奮戰不已。長官嘉焉。傷甫愈。復參加贛南剿赤之役。今春回任二團第四連連附。走告余曰。暴日佔我關東三省。更於沿海尋釁。吾輩效命之時至矣。此次我軍淞滬抗日。既屢挫敵於閘北。於是倭寇援軍大集。陸海空軍十萬挾其新式犀利之兵器。合攻我江灣吳淞。君率部酣戰四晝夜。激烈無比。竟於二月二十一日陣亡於江灣。年僅三十也。君好學。善書。篤信三民主義。諳習軍人精神教育。嘗曰。軍人之最大目的。當爲國爲民。而以成功成仁爲歸宿。故死生必置諸度外。乃能盡其職。今君果以抗日殉國。遂其素志。君當含笑九泉矣。余與君知交有年。稔其性行。尤嘉其志。而壯其死。爰爲綴小傳。以彰忠烈云。

▲王連附小傳

王連附學森。別號叢生。河南柘城人。母田氏。兄學冠學孔。妻高氏。王君生性高傲。落落寡合。年十五。入福建陸軍十二師教導團當學兵。畢業後。充錙重營事務長。時民國十二年也。十七年充三師少尉排長。旋入第一軍獨立第三團任中尉排長。十九年轉入六十一師新兵訓練處充第一隊隊長。二十年調充第八旅十六團二營五連少尉排長。同年七月升一二一旅三團二營四連中尉連附。廿一年三月十三日于紀家橋抗日陣亡。君年纔廿四歲。是日與倭寇激戰時。王君率兵一排。直前逐敵。奪獲日旗一幅。當時士兵僅五名而已。王君猶沉着抗禦。瞄準射敵。不幸左腳與胸部相繼受傷。且中要害。遂溘然氣絕。及收殮時。王君猶目張口開。手指敵方。若疾呼殺敵之狀。嗚呼烈哉。

▲李營長傳略

君諱榮熙。字守敬。一字煦。我粵之台山人。爲人廉稜有崖岸。而接之溫然。少遊學東瀛。有高譽。卒業於陸軍士官學校。冠其儕。倭欺我華人。每斬其奧藏。君百計探索之。倭懼焉。歸國後。思有所獻替於當路。多不省。十八年夏。始任第十九路軍六十一師司令部參謀。廣東花縣之役。君贊助頗力。乃於是冬調升該師九旅十八團即今之一二二旅六團少校團附。時團長爲蔣君光魯。蔣素稱驍勇善戰。復佐以君之機警靈敏。故十九年春。北流。夏。衡州。秋。濟南各役。均獲全勝。濟南一役。且與蔣君率隊先登。旋調充第三營營長。是冬。新鄭之役。蔣團長陣亡。君痛哭最甚。曰。先旅長張 公世德已死於衡州。而蔣團長又死於此。領導迭失。實吾人大不幸事。此仇不復。何以對先靈。其對上忠憤有如此。二十年春。中央檄調該路軍入贛剿赤。與匪大小數十戰。君參戰輒半。每戰身先士卒。部下有戰死者。君必遷棺收殮。痛哭致祭。并以後死任重。勗勉部衆。莫不感奮流涕。其對部下又如此。九一八東北事起。該路軍正在興國剿赤。聞報。怒髮衝冠。旋奉命調防京滬。乃轉怒爲喜。嘗曰。連年內戰。徒作無爲犧牲。所得代價。不過予敵人以可乘之隙耳。際茲倭寇方張。軍人能爲國効命。於願足矣。迨抵滬後。倭艦絡繹海上。知有變。常誡所部毋懈。旋奉命鎮守幕府獅子諸要隘。努力佈置。爲同人所盛稱。時黑省馬占山部正孤軍抗日。蔡軍長目擊時艱。擬組織義勇軍北上收復失地。徵集死士。君首簽名無難色。適滬戰暴發。君知報國之機已至，二月十二日。君奉命佈防蘊藻浜北岸。担負警戒約六里許。翌晨。寇衆猛用煙幕彈及大砲飛機掩護。渡河來犯。君首當其衝。雖竭力抗戰。而敵衆我寡勢頗兇頑。瀕于危者屢。但猶作殊死戰。肉搏者久之。大呼曰。此而不守。是無吳淞矣。我決不以尺地寸土淪於異族。既而鄭團長爲耕率援軍至。卒獲全勝。而君竟以彈貫頭部以死。且相從而死者達三百餘人。嗚呼。烈矣。君好學寡欲。雖戎事倥偬。抽暇讀書不倦。絕少作無謂酬酢。今年三十有一。祖父焜明。祖母葉氏。父聖福。母余氏。均健在。妻譚氏。

子二。長九歲。次七歲。女十歲。君事親至孝。撫妻子恩愛甚深。其行誼良有足多者。

▲第六團第一營第一連上尉連長童勳小傳

童連長勳。別號蔚衡。廣東廉江人。性情剛直。慷慨待人。畢業於國民革命軍第五軍軍官講武堂。民十四年在建國粵軍司務長排連長等職。是年十一月改充淮北鹽務緝私小隊長。至十八年復任職十九路軍。于本年二月二十五日。在滬廟行鎮抗日作戰。身先士卒。中彈身亡。時年三十三歲。祖父文賢。祖母陸氏。父啓元。母龍氏。均精神矍鑠。而門閭空倚。痛哉。

▲葉連附小傳

君諱蔭生。別號世毓。世居廣東雲浮。家小康。幼好學。長畢業於第五軍講武堂。旋見習於十五師。期滿。調第六師排長。淮北鹽務緝私小隊長等職。民十四討陳及三四次北伐。湘桂魯豫等役均與焉。十八年。任十九路軍六十一師一二二旅六團一營少尉連附。衝鋒殺敵。絕不後人。旋升爲中尉連附。至二十一年二月十三日。隨軍在滬杞家橋抗日。出入於槍林彈雨之中。竟致身受重傷而亡。時年二十有七歲。祖父炳盛。祖母吳氏。父榮泉。母陳氏。均健存。君事親孝。待人接物無間言。同志聞君之死。無不痛哭流涕。

▲黃連長小傳

黃連長景成。別號志濟。粵省陽春縣人。畢業于潮梅粵軍教練所。歷充六十一師排連長等職。學術優良。管教得法。均爲人所不及。對於作戰經驗。尤極豐富。曾參加粵桂湘贛魯豫等省戰役。不下數十次。每與敵戰時。必欲身先士卒。此次淞滬抗日戰役。于二月十三日與敵鏖戰。當白刃相加之際。以致中彈陣亡。君秉性溫和。慷慨好義。遇人有難。必欲全力以濟之。死時年三十歲。妻王氏。子女各一。子三歲。女五歲。竟成孤寡。痛哉。

▲何連附小傳

何君章甫。字開順。年三十三歲。湖南祁陽人。在國民革命軍第五軍四十五師學兵連畢業。充六十一師一二二旅六團一營中尉連附。淞滬抗日之役。于杞家橋陣亡。君勇敢善戰。遇事沉着。常爲袍澤所推重。父恆忠。母謝氏。均健在。妻劉氏。生女一。現十五歲。

▲蘇連附小傳

蘇連附桂清。年三十歲。世居廣東省化縣。無兄弟妻子。家中惟二老猶存。君生性剛直。待人謙恭。極爲同事所稱許。曾畢業於淮北鹽務緝私訓練所。任該處緝私隊小隊長。旋入六十一師。充上士見習員。作戰奮勇。勤于職守。遂升該師一二二旅六團一營三連少尉連附。今春倭寇圖佔淞滬。君于杞家橋一役。具大無畏精神。冒彈衝鋒。雖已中炮彈。猶高呼殺敵救國。竟以身殉。

▲陳連附小傳

陳連附廷輝。別號太平。粵省瓊州人也。年三十八歲。少懷大志。異於恆人。鑒于國勢垂危之秋。毅然從戎。君曾畢業于國民革命軍第四十五團學兵連。歷任本師見習員。准少尉排長職。北流濟南以及江西剿赤諸役。莫不身先士卒。猛勇衝鋒。疊著勳績。去歲倭寇強據東北三省。君憤慨異常。今春倭寇復進窺淞滬。我軍參加抗禦。二月十三日杞家橋之役。君奮不顧身。中彈殉國。

▲第六團二營五連中尉連附林得小傳

林君廣東海豐人。現年三十歲。曾肄業十一軍教導隊。爲人勤謹好學。和藹可親。同學無不愛敬。民十八年。在本旅十八團二營八連充排長。曾參加湘魯贛諸戰役。後改充第六團二營五連中尉連附。任職以來數年如一日。從無與仝事爲忤。且忠于職務。此次在滬抗日。慷慨直前。生死不顧。大有殺身成仁之概。民二十一年二月十二日。杞家橋之役。卒以殉國。遺妻陳氏無子女。

▲六十一師蔡烈士傳略

蔡烈士策元。本團第三連上尉連附。黃浦六期生。粤之汕頭人也。賦性恬淡。落落寡言。臨陣勇敢。爲同僚所贊服。迨日寇西犯。東省淪亡。烈士奮然作色。曰。「大丈夫當爲國家雪恥辱。若鬩牆相煎。此亡國者之所爲也。」及至滬濱告警。本團奉命增加廟行。力拒頑敵。壕中苦戰。經逾旬日。而烈士輒高歌其救國之曲。以勵部屬。數襲頑敵。無不致勝。既而奉命變換陣地。移防婁塘之線。本團策千餘疲乏之兵。當頑敵十一師團五千生力之師。午夜應戰。血搏竟日。三面被圍。而我左翼之第三營激戰尤烈。營長被創。陣線頗受影響。俄而敵竟以千餘之衆。突佔我朱家橋頭。遂將團部陷入重圍。而團部人員。仍誓死抵抗。當此千鈞一髮之時。我朱營長耀章率烈士部數十人。倉促來援。奮勇惡戰。所殺過當。敵遂潰退。我團得免于圍。不幸烈士竟于此役偕朱營長耀章先後身中數彈。悽然長埋于腥風血雨中也。嗚呼。烈矣。

白門張世希

七十八師抗日陣亡將士事略

▲第七十八師第一團二營營長羅營長鋆傳略

羅營長名鋆。號冠羣。粤之羅定人也。家居壚西。世務農業。家境雖不富饒。而衣食則無慮不足。且尊翁幹練。庭訓有方。故當學齡。即就讀鄉塾。君以天資聰穎。師輩咸器重之。乃學未數年。尊慈逝世。君傷感不已。怨痛若絕。時君年已十有三矣。家遭斯變。乃無心向學。且時值滿末。外侮日逼。政治腐敗。民心思變。君念國家如此衰弱。非武力不足以救危亡。故決心中途棄學。于十六歲即投義軍。旋因清室既屋。民國成立。君心稍慰。後以內戰頻年。民生凋弊。國運日蹙。君因痛恨當局之昏瞶。曾一度解職回家。迨陳公真如在粤軍第一師時。君聞風來歸。舉凡平楊劉。討鄧本殷。征陳炯明。以及一二次北伐諸役君莫不奮勇直前。上級知其勇敢善戰。擢升連長。民十六共黨變起羊城。本軍奉命援粤。君戰于變廣嶺役。重傷幾至身殞。幸醫治得力。方免于難。而君以戰績升任本團第二營營長。民十九本軍入贛剿共。在高興與匪血戰三晝夜。君任後方警戒。未得參加作戰。常引以爲平生憾。蓋君以歷年作戰。皆係內亂。剿共乃爲民除害。反不及參與。有愧也。一二八事起。君深夜聞訊。不勝憤慨。本團駐南市高昌廟龍華警備。留君一營在南市警戒。浦江沿岸。日艦如織。君徹夜巡防。幷奉令指揮民團。慎密戒備。南市各界慰勞紛至。軍民情感。極度融和。終以作戰關係。本團調往江灣前線。君固所深願也。當赴前線之先。鋆邀集全營官長訓勉。時敵人集全力來攻。砲聲彈炸。空前之猛烈。我軍傷亡殆盡。或謂全線移動。無可挽救。營長可暫避其鋒。君乃厲聲相責曰『結果如此。何有面目回見長官及民衆。與其偷生。不如速死。』卒以身殉。曷勝痛悼。滋相隨羅營長有年。聊舉其生平事略。以誌紀念。

唐滋謹述

▲第一營第一連長雲烈士勉傳略

雲烈士。諱勉。原名昌綿。廣東文昌湖心村人。少讀書。曾畢業于中學校。性剛强。富于救國思想。入黃埔軍校。研究直接殺國賊救國家之學。畢業後。曾任在粤各軍排連長，民十九加入六十師教導團。任上尉連長職。在山東河南討逆之役。曾著戰功。二十年在江西剿匪。尤能表現其救國之精神。後該連改編爲七十八師第一團第一連。此次在淞滬抗日。該連長以一連之衆。抵千餘敵人而使敵人不敢正視。三月一日該連長穿胸受傷以後。尚不肯就醫。繼續指揮殺敵。當敵大部衝至陣前。猶手刃敵人數十。而已身卒被砲彈所滅。家素貧寒。父玉山。母謝氏。兄昌綺。弟昌綸。均業農商。妻吳氏。現流落中江無靠云。

▲第一營第二連長鍾烈士太初傳略

鍾名太初。粤之五華縣塘湖村人。少時喜讀王陽明學說。束身自好。無邪僻暴慢之習。年十七。在汕頭正始學校畢業。後入廣州法政肄業。慨然曰。『男兒當如班定遠。爲國家禦侮。在此國難正亟之秋。豈我研究法律之時耶。』乃入黃埔軍校。卒業後。曾任如皋縣黨務指導員。但執筆非其素志。投入六十師敎導團。任特務隊長職。即今七十八師第一團也。民國十九年春本軍轉戰于桂湘豫之間。君無役不與。後調任本團第二營營附。旋又調任第一營二連連長。及滬濱事起。君悲憤填膺。駐淞滬時。叠寫三書寄家。其第一書曰。『日人故意挑釁。時局日趨嚴重。蔡軍長現組織救國抗日義勇軍。預定成立三團。由官兵自由加入。今早男已填具志願書矣。關於此事。個人抱極大決心。聊盡國民天職。請勿以爲念。』此一月二十一日信也。其第二書曰。『引翔港日僧案。現既談判破裂。從昨晚二時起。閘北方面。開始發生戰事。三時起。日寇飛機迴旋空中。放出夜光。拋擲炸彈。繁華的上海。頓成悲慘地獄。弱國小民。實在太可憐了。東北之行。因上海事變或將停頓。惟義軍之組織。在所必行。請不必送眷來申。』此一月廿九信也。其第三書云。『我團於八日調來眞茹作預備隊。前線戰況。日來劇烈。日本最近復增加生力軍一萬。于八日到滬。合計原有軍力。約二萬五六千人。而我方旬日來在前線作戰者。僅有四五團之衆。帝國主義者雖傾其海陸空之能力。未能動我戰線之毫末。足見所謂帝國主義者最强之陸軍。亦不過如是而已。現此間後備兵力極厚。即就十九路駐滬隊伍言之。前線四五團。後方仍有十餘團之衆。倭奴所恃者。僅器械精良耳。而我則士氣奮發。作戰之勇。外國軍事家亦稱爲歐戰所未有。於此足徵中國前途。尙未至於絕望也。我在此精神甚健。準備殺敵。請勿念。』此二月十一日信也。綜觀三書。舍生救國之念。已盡露於筆端。三月二日江灣一役。君督隊力戰。奮不顧身。迨中彈傷臂。猶指揮所部前進。全連官兵無退却者。卒之砲火橫飛。殉國于江灣戰地。可謂壯烈矣哉。君有弟三人。均幼小。父母均存。妻溫氏。未有所出云。

▲第一營第三連長蔡烈士幹青傳略

蔡烈士。幹青。字漢元。廣東梅縣西街人也。父文桃。經商南洋。烈士生於異國。十歲始偕母返鄉。不久父歿。烈士乃入梅縣城西學校。卒業後。執敎于鞭于某處。時適革命高潮澎湃。軍閥專權橫行。烈士乃投筆從戎。在粵軍部爲副官。轉戰閩贛之間。卒因辦事勤愼。作戰勇敢。擢升爲連長。十三年陳烱明叛變。烈士竟棄職他往。因其有感于革命非受軍事政治嚴格之訓練不可。乃毅然決然。改入黃埔軍校求學。自入伍後。烈士覺爲病魔纏擾。以致身體日見虛弱。迫不得已。乃退學休養于家中。輒言須貫澈初志。爲國捐軀。迨十七年春。陳軍長銘樞因感軍官人材之缺乏。乃創十一軍軍官敎導隊于河南小港。烈士竟于數千人中考試獲取。在校孜孜求學。對於革命主義。尤有深刻認識。十八年春畢業。充廣東憲兵司令部機關槍隊中尉排長。隨軍討逆粵桂。是年升爲六十師敎導團第三營十連上尉連長。十九年夏。張桂閻馮先後反抗中央。本軍奉命出發征討。所經諸役烈士皆奮勇向前爲長官所稱譽。去年本軍。在贛剿匪時。烈士輒訓誡士兵。切勿擾民。後敎導團改編爲七十八師一五五旅第一團。烈士即充該團三營機關槍連連長。旋般調任該團一營三連連長。當九一八瀋陽事變發生後。烈士時向士兵講述日本之橫暴。和軍人應盡之責任。一二八滬戰既起。烈士率部抵抗。血戰月餘。不幸中毒彈于腹部。延至七日即溘然逝世矣。嗚呼痛哉。烈士秉性忠厚。態度英武。無疾言厲色。臨難則果斷異乎常人可謂大勇者歟。

▲第三營附陳烈士必有傳略

陳烈士。必有。廣東瓊東大路市人黃埔軍校畢業生。性沉着果敢。臨危不却。辛勞不辭。少讀書。能文章。對于政治軍事均有相當經驗。民十七由軍校送第十師（即今日之六十師）見習。後調任二三七團政治訓練員。民十九任六十師敎導團第三營上尉營附。在魯豫討逆及在贛剿匪諸役大著戰功。後調充七十八師第一團第三營營附。滬戰起該營奉命担任廣肇山莊陣線。烈士指揮若定。殺敵最多。不幸于三月一日被彈身亡。

▲第二營附江烈士榮傳略

江烈士榮。年二九。廣東五華縣。郭田村人也。少有大志。聰慧超人。生性剛烈。民十四畢業於汕頭迴瀾中學校。旋因家庭慘遭赤禍。父母俱死於共匪之手。烈士悲憤欲絕

○憤然曰○『殺父母之仇不報○何以爲人子也○』於是于民十六投入廣東地方武裝團體訓練員養成所○畢業後○派往五華縣警衛隊充中隊長○烈士之志既遂○即竭力清除赤禍○地方得以太平○鄉人無不欽佩○後升爲大隊長○然烈士終以其壯志未伸○並覺中國地位之危險○本其救國之素志○乃轉投六十師教導團任第二營第六連中尉連附○連年轉戰粵・桂・湘・豫・魯・贛・等省○烈士無不身先士卒○戰功甚偉○後教導團改編爲七十八師第一團○烈士亦調升爲第二營附○自滬戰爆發後○烈士更爲憤慨○嘗與人言○『吾阿江此次不殺矮奴○誓不回頭○』果也○三月一日在竹園墩一役○烈士奮不顧身○卒爲敵彈所傷○不能行動○其時適在撤退之間○烈士尤能臨危不懼○預伏於路口假斃○俟敵人衝至○斃敵數人○然終爲敵人刺斃○痛哉○言猶在耳○而烈士竟違其壯志○如烈士者誠可謂神勇矣○惟烈士僅遺一妻○猶抱病滬上○料理乏人○則又終不免使人爲烈士悲也○

▲七十八師第二團陣亡各將士傳略

▲唐之章○號早立○廣東防城人也○七十八師第二團少校團附○兼代第二營營長○勇敢善戰○指揮有方○性和平○行動溫文○表面似一介書生○實則一員勇將○曾在湖北第四軍軍官教導隊畢業○歷充副官○營附等職○北伐四次○及江西剿赤諸役○均著奇勳○此次抗日戰爭○在江灣楊家樓下指揮○不分晝夜○與士兵同辛苦○極得部下之誠服○故該營之戰況最佳○皆由烈士指揮得宜所致○三月一日楊家樓下○敵集中大砲轟擊○該代營長陣亡○年方廿四歲○

▲葉展球○年廿五歲○七十八師第二團一營一連少尉連附○廣東羅定人○少時已有救國之思想○常謂人曰「中華堂堂大國○何受帝國主義重重壓迫而不能一致團結起來打倒牠○」十九歲○憤然投入軍伍○因其熱心願受長官之訓練○不多時卽升班長○又升排長○此次暴日在上海起釁○正合該連附打倒帝國主義之志願○乃義憤塡胸○誓死抵抗○殺敵之多○不可以數計○於三月一日○因敵彈過猛○中彈陣亡○

▲賴忠和○第三師軍官教導團第一期步科畢業○七十八師第二團第一營第三連代連長○福建上杭人○年廿五歲○爲人忠實而富於勇敢性○每次臨陣○均身先士卒○有進無退○歷年來戰功卓著○而尤以此次抗日之役○其犧牲奮鬥之精神○爲他人所不及○在江灣前線○身中數彈○仍不後退○繼續向前猛衝○擲手溜彈炸燬敵之坦克車二輛○斃敵廿餘人○卒因身疲力竭○被後至之敵鉄甲車輾爲數段○亦云慘矣○時三鐵一日之事也○

▲陳希豪○號玲山○廣東始興人也○十一軍軍官教導隊畢業○七十八師第二團五連中尉連附○處事公平○智勇兼備　○爲將來有用之將才○每臨大敵○不動聲色○其於持槍瞄準○彈無虛發○爲射擊之巨擘○又能運用神祕之戰術○令人不可度測○在江灣引敵一隊深入○取大包圍○無一漏網○其善戰有如此者○郎本軍亦不多得○惜於二月廿八日中彈陣亡○

▲吳春田○粵軍第四軍十一師軍士教導營第一期畢業○廣東恩平人○七十八師第二團二營四連中尉連附○以勇敢耐戰著稱○在十九路軍勞績頗著○二月廿五夜十一時暗襲竹園墩之敵○陣亡○年廿九歲○

▲黎青天○廣東羅定人○第十一師軍事教導營畢業○性溫良而富於軍事政治之學識○曾充六十師政治訓事員等職○此次抗日○異常奮勇○二月廿五夜暗襲竹園墩之敵○陣亡○

▲馬爔楠○號耀○粵東合浦人也○七十八師第二團第八連中尉連附○性豪直○事無苟且○曾在第六軍軍官研究班畢業○十五年參加北伐○已充第六軍第十七師五十二團六連連長○卓著奇功○以後諸次北伐及閩贛剿赤諸役○無不參加○此次抗日之戰○尤見勇敢百倍○不顧一切○原來該連附痛恨倭奴已達極點○常謂「倭奴不滅○中國永無寧日○」惜於三月一日中敵砲彈陣亡○年卅六歲○

▲章奇生○陸軍第四師軍官教導隊畢業○處事精明○待人宏厚○廣東南海人也○七十八師第二團第九連少尉連附○槍法甚準○無發不中○臨大敵又能泰然應戰○不動聲色○此次抗日之役○在楊家樓下陣亡○

▲羅寔漢○七十八師第二團第三機關槍連中尉代連長、廣東欽縣人○三十一歲○甚聰慧○兼有胆略○此次抗日之役○該連長担任楊家樓下

之陣地。敵屢次來犯。均被該連長與該連之少尉連附黃振明迎頭痛擊。不得越雷池一步。該連長于二月廿九日陣亡。

▲黃振明。廣東靈山人。二十八歲出身行伍。。性仆實。不務浮華。而幹事極能負責。七十八師第二團第三機槍連少尉連附。十九年山東河南之役。廿年高興圩之役。均有善戰名。隸屬於羅雲漢連長部下。與羅親如兄弟。凡事兩人必相商至再。羅陣亡時。該連附深爲痛惜。乃相誡全連弟兄曰。「無論如何要與羅連長復仇。要與受暴日殘害的一般同胞復仇。」至三月一日。雙方砲火最猛烈之際。該連附亦陣亡。

▲七十八師一五六旅六團 陸益初傳略

陸君益初。諱彬。年三十三歲。宜興西門紅塔鎮南四房人也。性溫厚。而眉宇間有英氣。胸懷磊落。夙具大志。初致力教育。卒業于吳縣江蘇省立第一師範學校。執教鞭者五六載。中華民國十六年革命軍底定長江流域。革命高潮尤磅礴于東南。陸君以教育事業雖爲救國之根基。然而急則治標。革命之障礙未除。真正之統一未成。欲獻身于黨國。尤須努力于戎行。時適南京創立政治工作人員養成所。由總政治部主任陳公真如主其事。於是陸君欣然曰。上馬殺賊。下馬作露佈。固余之素願。今而後其得遂乎。纔班定遠而投筆。此其時矣。乃于夏初考入。備受政治軍事各科之訓練。秋季畢業。十一軍由贛入閩。陳公復任軍長職。乃隨之走閩垣。服務于軍政治部。

十七年春。十一軍開粵。創設軍官教導隊。陸君復入學員班。以研習軍事政治。秋仲卒業。成績斐然。由陳公破格以上尉錄用。任第十師二十八團第一營政治訓練員。當肄業軍官教導隊。適值物候遞轉。由春而夏。驟雨酷暑交相逼。華強素趙良驄林人越諸師長復主嚴格訓練。諄諄以軍事政治各科相教授。操場講堂。幾令人日不暇給。或冒雨演習。耐著危坐。同學畏之。陸君晏如也。曰。勞其筋骨。苦其心志。然後可以任大業。同學欽服。而余尤心折焉。出任營訓練員。復獲長官嘉許。不久即代團訓練員職務。團長即今六十師沈師長無畏也。十一軍於全國編遣會議後。實行縮編。第十師改獨立第二旅。陸君即調任旅政治部幹事。後陳公真如主粵政。乃入廣東省政府民政廳講校室任主任。粵省成立保安隊。復出爲第一團第三營十一連連長。治軍寬猛相濟。恩威兼施。官兵翕服。爲黃團長志堅所激賞。客夏隨黃入江西。黃任十九路補充旅長。即任陸君爲營附。並代營長職。循補充旅編入七十八師。乃被任爲一五六旅六團一營營附。閘北之役。一二八晚日帝國主義者驅其虎狼之衆。襲我軍防地。陸君駐守是間。即率部抵抗。毀敵鐵甲車。並俘獲之。卒以猛烈進擊。奮不顧身。爲日寇所算。嗚呼痛哉。夫成仁取義。衛國殉身。陸君固已瞑目于地下。然我後死誦杜老蜀相之什。能不哀感逾恆耶。且陸君年僅三十餘。正大有爲之時。昊天不弔。遽奪其壽。爲民族惜英才。爲國軍悼戰士。而我儕尤當涕零太息者矣。陸君先已成家。娶妻蕭氏。生子女各一。不幸于從軍後。相繼病沒。軍次鮀江。噩耗傳來。竟爲泣下。余慰之。並强作壯語曰。大丈夫從征萬里。但求獻身黨國。以酬素志。胡爲家庭之變。而遽作兒女態。陸君曰。人孰無情。我非木石。蕭氏夙惇慧。事親治家。靡不稱善。况幼同窗硯。敬愛逾恆者乎。至是益泣。余亦黯然。留粵既久。始續娶。舉一雄。今在襁褓間。猶寄羊垣。陸君以生前不屑治產。是以身後倍覺蕭條。兄陸傑。字乾初。已拆居。擬撫育遺孤。老母尚健在。聞予捐軀。雖云其死也榮。然情痛骨肉。哀慟又當何如。

余與陸君自政治工作人員養成所迄十一軍軍官教導隊。均屬同學。誼厚交深。雖非足語。表忠彰烈。豈敢後人。淞滬戰竟。本路軍追悼抗日陣亡將士于姑蘇。爰揮淚書此。以爲陸君傳。姑蘇乃陸君生前遊學之鄉。吾知其衛國之精誠。當與虎坵天平同其雄峙。而長留于天地間也。壬申初夏。武進朱家聲誌于十九路總指揮部。時駐遂園。

▲七十八師第三團 連長陸威臣傳略

已故連長陸威臣。別號森桂。原籍廣東欽縣。年四十。曾受中學教育。民國二年。投身戎行。充粵軍排長。旋蒙上峯推愛。選將校講習所肄業。卒業後。復供原職。其爲人也。英姿卓犖。忠勇誠愼。爲上峯所器重。按級擢升連營團長等職。

民國十二年。充上校團長。其治軍也紀律嚴明。賞罰有條。對於同僚。親如手足。視其下屬。一體同仁。其自從戎以來。經戰數十次。每戰必身先士卒。民九年白茫之役。曾沙場負傷。後粵軍失敗。賦閑寄居廣州市。至民一九年。嘆國家之日岌。憤軍閥之兇橫。乃投廣東省政府保安隊第一團充上尉連長。二十年黃埔抗陳。激戰終日。因孤軍無援。衆寡懸殊。遂遭失敗。迨後虎門收容。未幾由閩開贛。充七十八師一五五旅三團一營二連上尉連長。至九一八東北事變。君憤日寇之殘暴。不勝髮指。嗟請纓無路。殺敵無由。及滬戰發生。楓雀躍自喜。謂滅寇有日。雪恨在卽。二月二十六晚。奉命加入江灣線。與日寇作戰。血戰三晝夜。致敵不能越雷池一步。三月一日。敵寇以其最猛猛烈之砲火。向我陣線攻擊。在砲雨彈霧當中。身先士卒。衝鋒數次。殺敵無算。卒使倭奴喪膽。不幸中彈胸部。鮮血淋漓。尤復振臂奮呼。激勵士氣。與敵喋血肉搏。不稍畏退。士卒視此情形。均爭先陷敵。再接再勵。殲滅梟帥。願以其受創過劇。旋卽仆地。當卽救護至上海醫院救治。因創劇不能起立。尙振臂嘆恨暴寇未除。國難不息。身遭毒手。復仇伊誰。大呼數聲而逝。時爲三月七日也。其英勇剛毅之精神。實足爲我後死者所崇拜焉。

▲羅故連長彬傳略

第二連連附梁景山謹誌

羅烈士。四川內江縣人。少年英俊。懷救國大志。毅然投入十一軍軍官教導隊習軍事。學術優良。長官同學問聲稱羨。畢業後。派二十四師七十一團當少尉排長。廣東泰尾福建討逆剿匪各役。奮勇殺敵。深得前丘團長之嘉許。因提升中尉排長。烈士對于管理教育。井井有條。山東河南討逆之役。曾建功不少。河南鎖崗之役。竟以一排之衆。挫強敵數百。聞者吊舌。二十年冬升任連長。當時我軍正在江西剿匪。烈士常對人云『欲強中國。先剿除赤匪。對士兵訓話。總以救中國相勉勵。吳淞抗日。烈士死守蘊藻濱。奮勇抵禦。敵終不得逞。性嗜酒。好談笑。但對人忠實。實一少年模範軍官。二月十四日戰事沉寂之際。竟爲敵軍飛機擲彈炸死。同袍聞耗之下。極爲悲痛。時年祇二十六歲。

▲張故連長福甫事略

張烈士。福甫、廣西崇善人。家亦貧。幼失怙特。賴祖母躬親撫養成人。性剛毅。寡言笑。具大志。因蒿目時艱。國內外帝國主義與軍閥之戕賊不已。慨然與匹夫有責之志。民國十五年。遂入本軍。旋畢業于本軍軍官教導隊。提升爲連長。凡北伐淸黨粵桂魯豫討逆江西剿共各役。無役不從。勇敢有爲。同事中無不嘖嘖稱羨。是年「一二八」暴日侵犯上海。我團奉命盡守士之責。烈士常對人云。「寧願救國死。不作亡國奴。」當二月二日暴日以全力向我陣地猛攻。烈士身先士卒。奮勇殺敵。食彈陣亡。烈士謙恭謹慎。和藹可親。待士兵如手足。故其陣亡時。士兵皆痛哭失聲云。

▲王烈士靖事略

林濟雄述

王烈士靖。粵籍東莞縣人。現年二十有九。椿萱並茂。昆仲共六。家頗小康。未配佳耦。烈士聰敏篤實。幼入邑中小學。再進廣州致忠師範。研磨五年。品學優良。思想新穎。師長見愛。同學敬仰。且富於革命性。於是時對師長同學感嘆：『我國外受帝國主義之侵略。內被萬惡軍閥之摧殘。國勢阽危。生民塗炭。凡我好漢男兒。皆應抱着熱血勇氣。努力於衞國救民之工作』。故民十五年。方由致忠師範畢業。時值本黨統一兩廣。與師北伐。毅然投充國民革命軍第十師政治部中尉科員。隨軍北上。由粵而湘。又由湘而鄂。及第十師擴編爲國民革命軍第十一軍。烈士亦奉命調充軍政治部上尉科員。再由鄂入豫。不畏艱辛。盡忠職務。同事欽佩。及共黨叛變。烈士乃辭去政治工作回家休養。民十七年再出任國民革命軍第五軍政治部上尉科員。旋受廣東省立第一中學聘爲事務員。辦理合作社。認眞負責。潔已廉明及。「九一八」事件發生。暴日佔我東北。我軍又奉命調防京滬。烈士卽奮然隻身由粵前來投効。盡國家興亡。匹夫有責之義。剛抵南翔。約有一月而『一二八』日寇侵我滬濱。七十八師祕書兼師特別黨部臨時辦事處主任徐公名鴻時在眞茹前方。奉命辦理義勇軍接待事務。與烈士特有故舊之誼。相知甚深。因約烈士爲義勇軍接待處幹事。與濟雄共同辦理接待義勇軍事務。日夜勞苦。雖敵飛機飛逐轟炸。而烈士鎮靜如恆工作不息。其後義勇軍接持處工作稍得結束，烈士見七十八師軍械處輸運正繁。即又參加服務。詎料三月一日上午十一時。敵機八架。軋軋而來。環繞於軍械處所駐之李子園村莊。烈士大胆沉着。毫無懼色。後因敵機久繞不去。烈士出而探望。竟遭敵機炸彈。炸斷左右兩手指。並傷及肚胸部三處。不幸流血過多。致不及車送醫院。即慘死途中。嗚呼。痛哉。余與烈士相知有素。情深鮑管。特將所知烈士過去之事跡。略爲陳述。永誌不忘。二十一年五月十五日于軍次蘇州。

▲陸軍第七十八師一五五旅第三團第三營少尉 連附尹杰君傳略

故少尉連附尹君杰。年二十八。江蘇崇明人。幼失怙。鮮兄弟。僅一弱妹。家貧。母爲人浣衣度日。君性至孝。弱冠從戎。恆以薄俸供母氏饘粥。民十九。從余學軍事於廣東黃浦島。品學兼優。且文筆挺秀。余雅愛之。常期以前途無量。此次暴日寇滬。小場廟一役。君奮勇殺敵。竟以身殉。

一五五旅第三團第三營營長馮　岳謹識

▲陸軍第七十八師一五五旅第三團第三營八連故少尉 連附丘挺國傳略

丘君年廿五歲。廣東蕉嶺人。父母俱存。兄弟各一。無妻子。性忠孝。品行端正。學術優良。曾在蕉嶺中學。及十一軍軍官敎導隊第二期。廣東保安隊第一期各校畢業。後歷充排連長副官等職。身經多戰。奮勇過人。上官同事。莫不贊其努力奮勇。於民二十年。奉派十九路補充旅第一團三營充當少尉連附。是年十二月。編入七十八師一五五旅第三團。仍充該職。此次抗日戰爭。奮勇殺敵。屢次衝鋒。莫不身先士卒。誠不愧爲模範軍人。旋於本三月一日。在江灣小場廟之役。衝鋒時頭部中彈。登時殞命。

陸軍七十八師一五五旅第三團幹事 林竹友謹識

▲第七十八師第三團 連附鄭企瞻事略

已故連附鄭企瞻。號紹翹。原籍湖南新寧。曾受普通敎育。民十二出外從軍。在滇軍粵軍中。由行伍擢升至排長。爲人撲實誠篤。刻苦耐勞。士兵異常愛戴。迨粵滇軍失敗。留寓廣州。後投効於第八路軍特務營。仍充少尉排長。勤愼任事。盡忠厥職。爲上官所器重。君自感覺軍事上技術知識不能過人。決計辭去。求受訓練於廣東省保安隊敎導隊。畢業後。編入本連充少連附。生平所經過戰役。不下數十次。彼血性過人。每戰必身先士卒。自去年九一八事變以來。憤日寇之强暴。恨不得立刻馳至東省。殺盡倭奴。淞滬戰起。我軍奉命抵抗。彼認有殺敵之機會。輒躍躍欲試。二月二十八日。我團奉令參加作戰。君率兵一排。前往應戰。施放機關槍。其彈着點。無不命中。殺敵無算。經三晝夜之血戰。敵聆我機槍聲所在。知我機槍陣地。用大砲猛擊。不幸鄭連附及全排士兵機關槍完全被燬於强敵砲火之下。時三月一日下午二時也。年三十歲。

機關槍第一連連長梁春海 謹誌

▲七十八師第三團機關槍第一連故少尉 連附鄭君企瞻事略

機關槍第一連少尉連附鄭君企瞻。湖南新寧人。曾充第八路總指揮部特務營第三連中尉連附。民十七十八二年東江花縣諸役。多著勞績。十九年辭去軍職。就學粵保安隊敎導隊第二期學員隊。二十年四月卒業。派充保安隊第四團機關槍連見習。旋升少尉連附。是年六月。黃埔失敗去職。八月投十九路軍補充旅充第一團機關槍第一連少尉連附。十一月改隸於七十八師一五五旅第三團。仍充少尉連附職務。二十一年一二八日。倭奴犯滬。君隨軍任京滬路南中山馬路一帶警戒勤務。迄二月二十五日。江灣戰事吃緊君隨軍前往增援。三月一日小場廟對陣之敵。大舉來犯。君奉命率帶士卒於指定陣地。猛力抵抗。初一敵砲彈落其身旁數尺處爆發。傷一士死二卒。君之頭部亦受微傷。君不爲少動。乃以巾裹頭。督率隊伍。奮勇射敵。並親操機槍一挺。加速放射。斃敵甚多。敵攻稍戢。未幾爲敵一巨彈射中。君與機身同爲粉碎。血肉與鐵片齊飛。嗚呼。慘矣。君爲人沈靜。寡言笑。待士卒極和藹。此次爲國捐軀。已盡軍人天職。可謂死當其時而得其所矣。

▲七八師一五五旅第三團 連附梁世榮傳略

已故連附梁世榮。號奕華。原籍廣東欽縣。曾受普通敎育。民國八年投粵軍。其為人忠勇樸誠。不惜勞苦。由行伍擢升排連長。後粵軍失敗。投國民革命軍黃埔軍校教導團。由班長升至排長連長。隨師北伐。經戰不下數十次。每戰必身先士卒。其性剛勇毅。前曾率一連之兵。衝鋒陷陣。若推枯拉朽。是以屢得上官嘉獎。後因家故辭職。至十九年。投廣東省政府保安隊第一團充中尉排長。二十年夏。在黃埔抗陳。激戰終日。不稍畏退。可見其膽略過人。為下級幹部所僅見。迨後由補充旅編入本路軍七十八師一五五旅三團一營二連充中尉連附。及九一八事變。君日夜搥胸痛恨。恨不能剗驅東北。盡殲倭奴。及滬戰發生。本路軍為守土而抵抗。二月二十八晚。加入前線作戰。三月一日。敵寇大舉向我陣線猛攻。彈如雨下。君率兵一排衝鋒。肉搏數次。殲敵無數。致令倭奴聞風潰逃。豈知當指揮之際。飲彈當場陣亡。時年二十七歲。

第二連連附梁景山謹誌

▲七八師第三團連附林海事略

陸軍第七十八師一百五十五旅第三團第二營機關槍連故少尉連附林海。字斌。廿八歲。廣東陸川人。曾在廣東省保安隊第一期畢業後。充保安隊第二團特務隊少尉排長。及本軍補充旅第一團第二營機關槍連少尉連附。君前後參加戰役。計民十四年廣東東江之役。十五年江西九江之役。十七年龍潭之役。每役奠不勇敢殺敵。身先士卒。不幸於本年三月一日。在滬抗日於小場廟之役。雙方肉搏之際。忽中敵彈而歿。際此國家存亡。千鈞一髮。能以身許國。決死抗日。誠不愧為愛國男兒也。

▲連附梁震次傳略

林竹友謹誌

陸軍第七十八師一五五旅第三團機關槍第二連故少尉連附梁震次。字英龍。年廿九歲。廣東茂名縣。無父母妻子。僅有一弟。君性樸質。為人忠厚。幼時因家貧少讀書。於民國十二年投入陸軍第二師獨立旅軍士教導隊求學。畢業後充當該旅排長。民十五年參加廣東松口討周之役。十七年龍潭濟南之役。十八年湖北討唐之役。十九年河南討馮之役。二十年江西高興勦赤之役。本年在滬抗日於小場廟之役。奮勇殺敵。於衝鋒時中彈殞命。似此犧牲奮鬥的精神。可為吾人之鑑。

▲七八師一五五旅第三團排長羅漢屏事略

林竹友謹誌

羅君漢屏。籍隸廣東合浦。未婚。少讀詩書。頗通文翰。尤擅書法。壯年從戎。隸屬十一軍。北伐諸役。轉戰數省。屢著戰績。覓由兵卒迭升至排長。民國十六年。卒業於該軍教導隊。後因環境不良。負氣他去。民十九年。粵設保安隊。君任少尉排長。民二十年粵變。應召入贛。隸十九路軍。仍任少尉排長。及移軍淞滬。擢升中尉。其人沉默寡言。勤督教。重服從。誠幹練之良材也。此次淞滬抗日。廟行之役。血戰數晝夜。雖至陣危。殆左右友軍動搖。猶體上官之意。圖激勵士氣。支持至最後之一彈一卒而後已。是役遂殉難焉。時三月一日也。年三十歲。熱血如君。誠不多覯。從今永訣。嗚呼痛矣。

第一連連長閉澤林謹誌

▲潘故排長盛益傳略

潘烈士。上海虹口人也。家徒四壁。無親可依。立志從軍。十四年投入浙江警備師當兵。操練純熟。勇敢過人。翌年我軍駐閩。警備師奉命改編為十一軍二十四師七十一團。烈士始提升中士班長。討逆剿匪。無不參加。去冬我軍調京滬駐防。烈士選送入本師軍士教導隊。未一月。滬戰發生。烈士調回服務。連長甚器重之。即保升為少尉排長。三月一日于江灣孟家角之役陣亡。時年二十六歲。

▲唐故排長勝標傳略

唐烈士。廣西滕縣人。桂軍講武堂畢業。十四年投入本路軍。北伐討逆剿匪大小數十戰。無役不從。體格魁梧。胆量過人。平常訓練士兵極嚴。曾兩次負傷。均得醫治痊愈。淞滬抗日各役。烈士奮勇非常。江灣孟家角之役。屢挫强敵。不幸於三月二日陣亡於小南翔。聞者哀痛。時年二十八歲。

▲梁故排長保生傳略

梁烈士。三十三歲。廣西南邕人。於民國十四年入本軍（其時為第四軍第十師）當兵。北伐汀泗橋之役。負傷。傷愈歸隊。提升為班長。烈士抱救國大志。十九年夏。山東河南討逆各役。奮不顧身。戰後奉令訓練新兵。頗有成績。深得直屬長官之稱許。提升為排長。吳淞鏖戰月餘。烈士功績不少。尤能忍耐在戰場工作。士卒均羨慕之。不幸陣亡於江灣孟家角之役。嗚呼。烈士爲國殉身。殊堪痛悼。

▲陣亡官兵小傳（陸軍第七十八師一五六旅第四團）

一、趙故連長金聲傳略

趙烈士。江蘇泰興縣人。生性聰慧。畢業於南洋中學。因感懷國。事遂毅然投入福建陸軍教導團。畢業後。任排長。學術優良。被聘爲十一軍教導隊分隊長。訓練有方。成績卓著。教導隊結束。調充六十一師第七旅十四團第二營營附。剿赤之役。厥功甚偉。二十年本師在江西成立。調充本團第三營第八連連長。今年「一·二八」滬變發生。烈士率部奮勇殺寇。二月八日蘊藻浜之役。烈士以所部一連之兵。抗暴日一營之衆。血戰經日。敵不敢違。其英勇可想而知矣。二十日敵復蓋其陸海空軍之威力。來犯吳淞。烈士身先士卒。屢挫敵鋒。竟以身殉。時年二十八歲。

二、劉故排長得標傳略

劉烈士。廣西留江縣人。爲人誠實。服務勤勞。十八年隨軍北伐。歷經東江花縣北流三甯討逆剿赤諸役。二十年擢充本師第四團第三營第八連排長。吳淞抗日之役。烈士身冒矢石。飲彈陣亡。嗚呼痛哉。烈士嘗以頭可斷。國不可亡。昭示士卒。今竟以身殉。其壯烈爲何如耶。

三、吳故排長英才傳略

吳烈士。湖北監利縣人。矯捷雄武。義俠悲壯。淞滬抗日之役。烈士扼守要隘。奮不顧身。血戰數日。且親擕機槍仰射敵機。其勇敢亦可想而知。惜乎敵機未毀。而烈士殺身成仁之志願已遂。嗚呼痛哉。烈士年二十四歲。尙遺妻及幼女。幸皆負托有人矣。

四、盧烈士傳略

盧烈士。名桂庭。廣西南甯人。弱冠投軍。民十七轉入本軍。凡討逆剿赤諸役。均參加。魁梧奇偉。膽略過人。去年升充本團第三營第八連下士班長。二月七日暴日圖在蘊藻浜偷渡。佔領吳淞。烈士在趙烈士指揮之下。奮勇殺敵。卒以身殉。年方三十歲也。

五、彭烈士傳略

彭烈士。名承斌。去年投入本師。以勇敢善戰。擢充本團機關槍第三連中士班長。二月七日暴日圖佔吳淞。烈士架槍要隘。敵屢次衝鋒。均被擊退。殺敵無數。後被敵機發現陣地。擲下巨量炸彈。將機槍炸毀。烈士亦因而陣亡。年方二十七歲也。

六、孫烈士傳略

孫烈士。名儒林。安徽人。幼習詩書。素懷大志。民八年見國事日非。毅然投軍。曾任排長。去年投入本軍。以其經驗宏深。編入第四團機關槍第三連。充中士班長。今年淞滬抗日之役。亡於吳淞陣次。

七、梁烈士傳略

梁烈士。名振。廣東高州人。民國十七年。由粵投軍。隨師北伐。討逆剿赤諸役。均參加。先在六十一師第七旅十四團第二營第五連充當列兵。去年本團成立。以其勇敢善戰。服務勤勞。調充勤務下士。今年淞滬抗日之役烈士親擕短槍。出發前線。於二月七日被敵機炸死於吳淞鎮外馬路。年方二十四年。臨死猶大呼。曰恨不能生擒東洋鬼也

八、陳烈士傳略

陳烈士。名正英。廣東南海縣人幼讀詩書。頗識文字。家貧不能升學。遂經商。連年內戰。商業殊受影響。憤而投軍。十九年在六十一師充當列兵。歷經討逆剿赤諸役。去年本師成立。編入第四團第一連。淞滬戰事發生。烈士嘗語人曰。余從軍數年。未有遇到眞敵人此次乃是眞敵。余當誓死以殺之。二月二十日暴日大舉來犯。烈士堅守砲台灣。敵不敢越雷池一步。然卒以身殉。時年二十有六歲。

九、蔣烈士傳略

蔣烈士名奇標，廣西全州人。十九年四月投入本軍。生性剛直。處事果斷。去年升充本師第四團第一營第一連中士班長。淞滬戰事發生。烈士奉命死守砲台。二月二十日敵大舉來犯。企圖登陸佔我砲台。烈士以一班之衆。扼守要隘。俟敵至。我步槍射擊有效時。則同時快放。斃敵無數。敵屢進屢退。終不得逞然卒以陣地炸毀。而烈士亦以身殉焉。

十、常烈士傳略

常烈士。幼時經商。十九年投入本軍。大小戰役十餘次。淞滬抗日。烈士衝鋒陷陣。奮不顧身。卒以身殉。嗚呼哀哉。。烈士年屆而立。河南開封人也。

十一、曹故班長桂林傳略

曹烈士。名桂林。湖南衡陽人。因家貧。服工役。素抱大志。嘗語人曰。中國之整刷。須待我工人之奮鬭。二十年投八本軍。以其天資聰穎。訓練有方。遂升充班長。滬變發生。烈士曰。此我中國振興之機會。我輩當奮鬬也。二月四日敵犯砲台。烈士死守。身中數彈。獨高呼生擒東洋鬼。然卒以身殉。嗚呼痛哉。烈士年方二十四歲也。

十二、劉故班長振標傳略

劉烈士。名振標。幼傷父母。寄養叔家。聰明異常。叔愛之。遂命其苦讀。以期成人。因叔母凶悍。不容其同居。遂憤而投軍。臨行語嬸母曰。余不為國家做一番事業。決不回來見你。滬變發生烈士憤慨異常。二月四日敵攻砲台。烈士奮勇殺敵。竟以身殉嗚呼。哀哉烈士廣東梅縣人。年二十六歲。正有為之青年。今倭寇未除。而烈士已身死。不令人痛心耶。

十三、朱烈士傳略

朱烈士。名星橋。浙江寧波人。因啓唇即說『阿拉』。故人皆呼之曰『阿拉』。倭小精悍。膽略過人十九年投入本軍。二十年編入本師第四團機關槍第一連。此次抗日。不畏砲火。能於槍林彈雨屢中。從容不迫。措置裕如。因此之挫強敵。二月七日。暴日犯我砲台。烈士沉着應戰。腰腹兩部均受傷。殁時獨高呼打倒日本帝國主義。其英勇有如是者。然卒以身殉。豈不痛哉。

中華民國二十一年五月十日

八十七師抗日陣亡將士事略

▲第五一七團第一營營長朱烈士耀章傳記

第五一七團第三營第十三連連長 楊緒釗

浦江之野。有烈士焉。朱其姓。耀章其名。黃埔五期生。第五一七團第一營營長也。工書畫。擅文章。嗜讀曼殊集。醉後高歌。輒引其人以自況。壯士橫刀看草檄。美人挾瑟請題詩之句。尤為廻環諷誦。不忍釋焉。方其學劍埔島也。聽潮音。睹駭浪。一詠一遊。靡不汲汲以天下為己任。及至倚劍粵嶺。浮大江。北顧黃河之奔流。慨然以同根相煎為可痛。然其一嗷一嘯。卓然不苟。謨猷籌劃。顯然有績。挺刀儕輩。早已期國士矣。何圖國家不造。滬濱砰然一響。而太平洋之驚濤遽告拍岸。舉國騷然。和戰莫是。而烈士奮然急呼曰。今日之事所恃者惟鐵與血耳。彷徨奚為。於是奔走呼號。領銜請願。劍之所及。莫不鏗然有聲。廟行一役。烈士之身手畢顯。繼以敵衆我寡。瀏河告警。因戰略而全線撤退。烈士常斤斤以未盡虜頭為恨。不料三月三日。恨落朱家橋頭。鑄壯史。悲夫。朱家橋者。太倉嘉定間之要衝。位於婁塘之西南。崑山之東北。曾有敵機在斯處梭織。曾有熱血在斯處沸流。曾有我孤軍(五一七團)在斯處苦鬥。曾有我團營長在斯處幾唱楚歌。槍如林。彈如雨。血戰經時。敵衆且頑。敵縱火遍村野。烈士吐壯語。擲頭顱。灑熱血。千載一時。雪國恥。彈若盡。援若絕。尺地寸土決死守。團部四週白米許。敵嗎語。語可審。敵躍進。面可識。砲聲隆隆驚霹靂。機槍嘈嘈如急雨。吾人置身重圍裏。舉頭四顧歸路絕。烈士臨陣先士卒。舉刀指虜虜胆裂。夕陽西下寒雲降。烈士中彈三軍泣。同仇敵愾咸切齒。立剪凶仇報壯烈。鐵漢蒼蒼誤芻狗。烈士生前人中傑。嗚呼浦江之野烈士豪。簡陋傳略如一毛。魂兮歸來滅虜日。典型留與雲天高。

▲朱烈士耀章遺著

參加抗日救國戰爭效命宣誓

矮禍連天降。風聲日數驚。強權無公理。弱肉有同傾。欲雪此奇辱。同胞應速醒。男兒頭和血。是山河干城。當此外侮迫。制馭惟同心。願我操柄者。共扶紅白青。

感懷 七絕三首

人生原是等浮萍。富貴功名莫繫心。有酒不妨醉復醉。何須彈鋏學狂吟。

不待封侯為國哀。一腔壯志竟成灰。數年流盡征鴻淚。愧煞男兒鬚下材。

冰心傲骨志猶堅。斗米折腰事可憐。吳市吹簫斯可效。又當救國學田單。

弔亡友國光破紅軍陣亡時年十九歲

同學弟最少。盡節爾當先。空懷救國志。遺恨到黃泉。浦鎮分離日。音書不再傳。誰知成永別。灑弔此心懸。

▲第五一七團第三營第十四連連長陳烈士陽屏

傳記

第五一七團第二營第十四連連長 周春生

陳烈士韓陽屏。號炳宜。籍隸湖南寶慶。任陸軍第八十七師第二五九旅第五一七團三營十四連連長。陣亡於民國二十一年三月三日淞滬禦倭嘉定宗家宅之役。年僅二十有四。烈士家寒微。九歲失怙。終鮮兄弟。零丁孤苦。賴母教養以成年。負大志。寡言笑。性情慷慨。見義勇爲。民國十三年。年十五。值國家多難。外侮瀕臨。內亂蠭起。毅然投筆入行伍。越二年考入黃埔第六期軍校步兵科。十八年秋畢業。復入軍校機槍研究班。旋又入陸軍教導隊軍官大隊。對於兵學細心研究。翌年春。烈士任教導第一師步一團十二連排長。於河南山東諸役。莫不身先士卒。後擢升上尉連長。烈士待同僚以誠懇。遇士卒如子弟。故官兵均樂爲用命。此次抗日。作戰於廟行楊煥橋等處。烈士統率全連拼命肉搏。不分晝夜。血戰旬餘。官兵無一倦容。皆烈士平日訓練有方之所致也。三月一日奉命變換陣地。三日上午六時。敵以數倍之衆直撲我婁塘一帶陣地。烈士挺立陣前。毫無懼色。振臂一呼。士氣百倍。不幸烈士頭部中彈。熱血淋漓。嗚呼。烈士之仁成矣。烈士之死重於泰山矣。謹傳其略。以垂不朽。

▲傳記 第五一八團第三營第十一連連長 朱烈士明悠

第五一八團第三營第六連連長 王燦

朱烈士明悠。字子久。江西瑞金縣壬田市人也。父良玉。母楊氏。兄明孚。妻某氏。無子女。家道小康。此烈士家庭狀況也。幼聰敏。有大志。在薰篪中嶄然露頭角。雙親鍾愛之。伯叔稱許之。此烈士髫齡慧穎。天眞爛漫之表徵也。年十餘入小學。旋入中學。每考試輒名列前茅。爲師長所奬飾。友儕所欽佩。此烈士卓爾不羣。鷄羣鶴立之特點也。畢業後。痛國內政治腐敗。軍人跋扈。欲挽救危亡。非刷新政治。撲滅軍閥不爲功。欲拯救國家。非青年學子捨文就武。參加革命戰線。實行犧牲不可能。乃決心投筆從戎。南下百粵。追隨革命領袖 孫總理從事革命工作。此烈士立志從軍。開始與萬惡軍閥奮鬥之第一步也。初隸黨軍部下。充司書職。後立志操練。實行戰鬥技能之準備。在討陳。討孫。討奉。龍潭。徐州。歸德等戰役。莫不奮勇爭先。捨身殺敵。民十八卒業軍校。旋入陸軍教導隊軍官連肄業。後任教導隊二營七連班長。翌二年升上尉連附。調充三營十一連連長。至本年二月十五日。我軍奉命抗日。軍行和平門車站時。烈士語余曰。中華不幸。天災人禍。內憂外患。接踵而起。倭寇侵掠。舉國昏濁。土匪共黨。猖獗橫行。人民憔悴流離。貧苦萬狀。倭寇小醜。乘虛蹈隙。恣意侵掠。東北三省。淪於萬刼。東南半壁。豈能苟全。吾輩軍人。食國之俸。捍衛國土。奮勇殲敵。馬革裹尸。此其時耳。好男兒展七尺軀。握三尺劍。此役戰而勝則成功。戰而敗則成仁。吾人已抱必死之心。曷不將家庭狀況。彼此書明。備戰後之紀念。余應之曰。此舉誠良佳矣。將軍有必死之心。士卒無生還之望。此行定旗開得勝。馬到成功也。十九日本團連長以上官長至前線參觀工事。得便與烈士重行相見。握手道故。烈士精神弈弈。態度壯嚴。不愧良將風雅。復語余曰。倭寇良的美教書。荒謬絕倫。毫無人道。是可忍。孰不可忍。除非喪心病狂之徒。始能默認。吾堂堂中華。巍巍漢族。頭可斷而身不可辱。命可絕而士不可失。國家養兵千日。用在一朝。我此行必手刃強寇。驅逐倭賊。殺個痛快淋漓。我家鄉久成赤化。父兄不知下落。數載奔馳。子職攸虧。予不孝之至矣。此戰苟不赤心爲國。努力殺敵。將爲不忠。不孝不忠。何以爲人。苟且偷生。生又何益。余現決志拚命於沙場。不願老死於溝壑。戚友之誼。互相維護。余聆其言。不勝感動。二月二十二日。我團奉命增援。派第三營奪回廟行。烈士統率本連官兵 。向敵猛力衝擊。當時彈如注雨。砲若流星。烈士沉着應戰。指揮若定。喪土恢復。功亦偉矣。詎意被流彈穿透烈士咽喉及背脊。負傷仆地。不省人事。昇送上海醫院診治。終因傷重藥石無效。(三月十一日於滬上勞工醫院)飲恨而亡。噩耗傳來。悲憤何極。嗚呼。黃龍之酒未飲。日寇之猖狂如舊。壯志未竟。英靈已杳。悠兄乎。爾死諒亦難瞑目矣。爾生不能食倭奴之肉。死當殲倭賊之魂。爾精忠之熱忱。勇敢之精神。已足振已頹之民氣。蘇已死之民心。爾軀殼雖逝。精神尤在。亦可稍慰於泉下矣。回憶前言。歷歷在耳。同生死。共患難。有過相規。有善相勸。從此遂不復相見於人世矣。吁傷哉。現本旅編纂抗日烈士傳。烈士言行。余知之綦詳。略爲敘述。聊表烈士平生事蹟於萬一也。

▲第五一七團第一營第三連連附 蔡烈士策元傳記

第五一七團團長 張世希

蔡烈士策元本團第三連上尉連附。黃埔六期生。粵之汕頭人也。賦性恬淡。落落寡言。臨陣孔武。好謀多成。嗜讀史。慕武穆。歷經戰役。累建奇勛。爲同僚所贊美。每當論功。諸多謙避。嘗謂人曰。仗策乃因圖雪恥。橫戈原不爲封侯。迨日寇西犯，東省淪亡。烈士奮然作色曰。丈夫當一仰天嘯。閱牆相煮草芥榮。茫茫塵海幾俠骨。更誰人去問東屏。及至滬濱告警。倭寇猖狂。本團奉令增援廟行。力拒頑寇。壕中枕戈。苦戰經旬。而烈士高奏其愛國歌曲。以勵部屬。數襲頑敵。無不搴旗先登。奮奪敵胆。既而奉令變換陣地。移防蔞塘之線。本團策千餘疲乏之兵。當敵十一師團五千新羈之馬。午夜應戰。血搏竟日。三面被圍。而我左翼之第三營遽變陣地。指揮應變。自受影響。不移時而敵竟以千餘之衆。突佔我朱家橋頭。遂將團部陷入重圍。而團部人員各執手溜彈。正與頑敵背城一決。我第一營營長朱烈士耀章率所部數十人倉促來援。奮勇懸戰。所向披靡。敵遂潰退。當時我團得免於垓下之困者。其間幾不容髮。不幸烈士竟於此役。偕其營長朱耀章先後身中數彈。長埋於腥風血雨之中。當其一息猶存時。尙喃喃作語。此死心期殊未了。我頭須向東海塡。同志們。除惡未盡。兄弟們。努力殺敵。嗚呼。可謂壯且烈矣。夫朱家橋一役。爲我前線安危所繫。使不幸早落敵手。則可乘勢下外岡。攻葛隆。迫錢門。蘇崑之背可拊。而京滬之路將作片片斷也。其危奚如。其險奚若。解我軍累卵之危。而措全線於盤石之安者。非朱耀章烈士與烈士二人奮勇支撐之力也歟。志雖未就。功足嘉矣。嗟呼。江南春草。多是倭賊鐵蹄蹂躪之場。撫今追昔。烈士魂兮焉往。嗚呼。可勝慨夫。

▲第五一七團第二營第八連排長 劉烈士元凱傳記

第五一七團第三營第十三連連長 楊紹釗

岳麓挺秀。代生賢俊。建國以來多能赴大義。劉烈士元凱事親孝。交友信。臨財廉。取予義。分別有讓。恭謹下人。嘗思奮不顧生。以殉國家之急。偶與過從。戲檢其行囊。烈士慨然笑曰。此囊只留鐵血卷。寥寥一語。吾人當可略烈士之懷抱。方烈士肄業黃埔軍校。以博學著。精射擊。此次滬變遽起。廟行諸役。眞不身先士卒。以自勵步槍重創頑敵。蔞塘之役。敵衆累累。烈士飄眉飛色舞。敵彈偶穿其衣。則欣然曰。予當穿其胸也。稍頃。彈之所及。敵莫不應聲而倒。三月三日。敵以重兵鎖我朱家橋渡口。烈士轉鋒相向。始而指揮應戰。繼而自充射手。敵迫近。烈士鋼盔頻中數彈。然其神色仍自若。屹然不動。但以連續射擊創敵。遽意當烈士高呼衝鋒努力口號時。而烈士之頭部與胸部已血湧如注倒地立逝。嗚呼。勇且烈矣。

▲第五一八團第一營第三連排長 陳烈士勁傳記

第五一八團第一營第三連連長 錢立

陳烈士名勁。字心如。湖南耒陽人。余之排長也。性誠樸。寡言笑。生平無嗜好。品格端正。爲儕輩冠。尤其對于部下。親如子弟。待以精誠。如遇過失。則叮嚀教誡。故部下無有不願與之共生死同患難也。父年邁。弟幼妹弱。家業農。貧甚。卒賴伊父之勤樸。得畢業於省立第三師範。當五卅慘案發生。烈士深痛軍閥爲虎作倀。抑制同胞。哀國家頹敗。民族淪亡。乃毅然決然以救國自任。民十五年。遂投入黃埔軍校第六期入五生。民十八年畢業。復入教導第一師軍官連肄業。歷任學兵連排長職。後奉命調充本團一營三連排長。迄九一八慘案發生。烈士悲憤填膺。時以不能赴前方殺敵爲恨。及一二八滬案暴起。本師奉令抗倭。烈士謂我等曰。此吾讐救國殺賊千載一時之機矣。二月二十二日我營奉命增援塘東宅。烈士身先士卒。奮勇惡鬥。塘東陣地既失復得者。烈士與有功焉。是晚在戰壕內徹夜巡查。未肯稍息。至翌日黎明時。不幸左腿中彈。部下均勸其回後方休息。烈士曰。區區微傷。何足介意。吾人爲國家爭人格。爲民族爭生存。爲世界人類正義而殺敵、雖死猶榮。語未畢。敵大部來襲。烈士巨聲向部下曰。吾等當以熱血灑遍淞滬。誓以最後之一滴血與此頑寇奮鬥到底。斯時也。敵彈如雨。烈士飲彈殉國矣。噫。當仁不讓。殺身成仁。其烈士之謂也。謹誌其忠勇殺敵事績。以示不忘。

▲第五一八團第三營第十二連排長 李烈士敏如傳記

第五一八團第三營第十二連排長 陳闓新

烈士姓李字敏如。號九如。湘之湘陰人。父諱爲政。母謝氏。兄弟四人。烈士其季也。幼聰慧異羣兒。有大志。嘗語人曰。人不能立功異域。死與草木同腐耳。民十五年秋。我革命軍北伐入湘。烈士請于其父曰。軍閥不滅。列強不倒。則國亡家破。指日可待。吾三兄在家經商務農。侍雙親足矣。兒決投身革命。爲國家謀解放。爲人民除痛苦。幸勿以兒爲念。其父母愛子之心切。不允。烈士遂輟學私奔鄂垣。投入第八軍行伍。忠勇耐勞。十六年春得擢升為旅官。同年五月。矢志求學。投入第二軍六師軍官教育團。期滿以成績超羣。分發該師七團。充少尉排長。翌年晉升中尉排長。十七年第二軍改編為陸軍第十八師。升充該師一零三團三營上尉營附。同年四月復入中央軍校第七期步科肄業。畢業後分發警衛旅第四團見習。十九年十一月警衛旅擴充成師。調六團服務。旋調充第八十七師第五一八團三營十三連少尉排長之職。烈士好學寡言。品性篤厚。守信矢忠。為同僚所贊許。九一八東省變起。是時我師軍次湘江。烈士拍案對人曰。時至今日。身為軍人。不能保土衛國。羞辱孰甚。彼東北守土者曳甲逃遁。失地千里。有何顏以見國人。吾輩惟有枕戈待旦。馳赴疆場。為國家爭人格。為民族爭生存。成敗利鈍。在所不計。惜不能指日揮戈為憾事耳。未幾。軍歸首都。烈士終日鍛鍊身軀。以殺敵自矢。對部屬尤時加激勵。以啓發士兵救國精神。一二八滬案發生。本師奉令赴滬。二十二日增援廟行。烈士勇敢善戰。時挫強敵。三月一日敵以全力來犯。烈士振臂一呼。躍壕刃虜。不幸中彈倒地。尤大呼士兵。奮勇殺敵。語已身亡。嗚呼。烈士仁成矣。彼偷生畏縮者。視烈士能不愧歟。

▲陸軍第八十七師步兵第二五九旅第五一七

團官佐士兵禦日陣亡簡歷表

朱耀章	陳陽屏	蔡策元	劉遠凱	周夢熊	王協民
蕭春林	王殿臣	江景良	勸功德	楊振軍	繆章和
郭成賓	周庫書	侯榮貞	孟昭才	楊文清	鄭祥春
任見春	孫壽清	鄭金玉	張雲法	楊鳳祥	蔣雲鵬
沈起龍	周永長	陳發坤	陳兆廷	王洞賓	張復臣
余承昌	程守本	邱金城	宋高升	梁書雲	呂榮祺
曾得明	高楚生	孫文華	閻守林	許鵬程	蔣永勝
劉玉漢	張振德	彭桂林	馬仁祥	徐福祺	劉永福
崔世興	張連清	趙得成	彭萬德	王興隆	傅文四
沈賢省	杜得勝	徐榮勳	張西洪	任傳德	王平安
黃如海	袁桂華	張　振	石異帝	丁守營	趙中文
方雲安	何得才	顧　斌	武振森	張寶元	陳貴元
李懷亮	尹得美	趙延明	趙戈春	楊金海	吳祝杯
陳建新	李上保	劉紀周	田紹棟	張明清	王鐵柱
陳樹山	邢得功				

▲陸軍第八十七師步兵第二五九旅第五一八

團官佐士兵禦日陣亡簡歷表

易育全	趙　健	裴福龍	黃宜武	陳　勁	陸壽榮
袁漢臣	吳興偉	李敏如	朱明悠	王得和	周義發
陳一林	梁體康	程庚大	潘保林	朱立華	張開太
王福昌	李金波	胡　彪	陳宗澤	劉　俊	郭勉松
張駿雄	孟昭勝	周家駒	朱法愛	梁幹民	王阿太
劉點清	歐長軍	趙正海	張榮林	孫從芝	李仲科
楊遇芝	王汝成	趙洪生	何炳田	梅重武	耿長根
童相木	范　猷	徐保章	張伯岐	李長軒	張漢民
賈錫元	丁佑軍	郝魁武	田起生	莊挑多	許成義
杜青生	王永法	蔣海良	王榮全	許成發	孟慶云
寇柳書	馬良福	周亞伯	饒　冲	李國義	蔣洪亮
韓世德	羅福明	朱廷榮	藍天華	王璽元	舒山根
雷永發	孫邦勝	馮金元	孫永陞	唐正法	周　奎
胡正坤	鄭元法	鳳金璽	傅金標	李玉章	高有明
宿仁慶	張爾興	劉棲鳳	許宗和	蕭福喜	張　席
張明盛	費海泉	李定才	紀學易	曾　毫	蔣興武
熊鳳起	李金榮	羅泰昌	姜朝鈞	洪紫靄	劉華廷
任伯富	胡利民	李白順	許鳳山	洪方玉	徐財生

孫誠雪　林財隆　趙景山　熊繼善　郭俊修　唐報悅
冒必昌　仇正修　孫學良　徐鳳岡　蘇日新　李智足
黃德福　梅龍鳳　葉桂紅　倪伯麟　劉丙英　吳宗才
陳櫻松　袁少卿　侯永清　丁玉成　周廣文　謝文近
許傳朋　黃邦達　張志堂　胡漢卿　李得勝　董世有
袁　知　馬玉佩　周禎祥　田永生　張春榮　朱信官
馬成修

▲第五軍第八十八師在滬與日寇作戰陣亡官佐姓名簡冊

排長連逸卿　連長許永賢　中排長胡鳳翙　中排長駱雁行
排長鍾筱筠　劉光鑑　連長陳紹笙　營附盧志豪
連長李德富　副官章煦東　代排長陳鎮南　連長唐　鄴
特務長譚維禎　連長馬　驄　排長張　熙　排長高鵬翼
營附徐　旭　連附趙公毅　排長李公侚　張　展
中排長陳桂鴻　排長朱煥然　排長張　斌　中排長陳　益
連長胡濟川　連附楊學程　連長傅允文　連附許培華
特務長何養新　排長任益珍　連長駱朝宗　排長周桂標
中排長查　英　排長梁修身　排長盧世鏞　排長王倫敦
營附呂義灝　連長駱健郎　排長李　章　連長萬　羽
排長顧　焯　排長張夢文　胡家驊　排長王志英
連附謝樹松　營長唐　循　代排長金雲初　李福光
排長劉伯軒　曹　榮　服務員雷翼龍　排長俞善爲
代排長金玉高　任秀根　代排長蔣炳龍　連長周傳柄
連附錢瀛川　連附陳鼎勳　連附鄭任邦　排長張文良
諜報員吳繼善　排長商文宇　林彌堅

▲財政部稅警總團步兵第二團在滬與日寇作戰陣亡官佐姓名簡冊

●財政部稅警總團步兵第二團第一營第一連在滬與日寇作戰陣亡官佐姓名簡冊

排長李紀常　排長曾沖漢　副排長楊定華

●財政部稅警總團步兵第二團第一營第二連在滬與日寇作戰陣亡官佐姓名簡冊

連長鄒冠雄　連附江爾雄　副排長王　熹　特務長龔安邦

●財政部稅警總團步兵第二團第一營第三連在滬與日寇作戰陣亡官佐姓名簡冊

連長龐子廉　連附譚冠英　連附劉多摯　副排長徐士良

●財政部稅警總團步兵第二團第二營第五連在滬與日寇作戰陣亡官佐姓名簡冊

連長古　鉀　特務長曾志斌

●財政部稅警總團步兵第二團第二營第七連在滬與日寇作戰陣亡官佐姓名簡冊

連附孟繁琦

●財政部稅警總團步兵第二團第二營第八連在滬與日寇作戰陣亡官佐姓名簡冊

連附楊景衍　副排長葉恩如

▲財政部稅警總團步兵第二團在滬作戰陣亡士兵姓名簡冊

●財政部稅警總團步兵第二團第一營第二連在滬與日寇作戰陣亡士兵姓名簡冊

馬向陽　楊田斌　楊得坡　章記玉　歐陽彬　萬嘉興
王永興　常啓仁　張洪明　黃進生　余濟明　彭福生
方雲生　周森桃　胡光斗　張伯能　王玉山　劉運廷

羅　彪　金振鐸　陳漢忠　孫仲高　燕然信　王　庭
楊傳寅　閻治軒　張明華　王明高　雷鴻章　周子斌
馮蔭生　劉福蘭　鞠孝元　吳凱勳　汪秀成　王亨傑
岳海桑

●財政部稅警總團步兵第二團第一營第三連在滬與日寇作戰陣亡士兵姓名簡冊

張文貴　盧國鴻　王松勳　高金山　楊榮軒　劉義廷
王明正　王振武　周子明　項明三　王金標　張進侲
李子源　孫紫雲　孫延亭　郭得標　吳榮清　周京山
宗光祺　陳漢卿　范德和　杜玉廷　翟宗發　周常君
李祥三　劉廣盛　黃漢相　蔣　坤　洪國田　彭秋雲
王松文　王得功　岳懷義　羅潤海　張世忠　李幹雨
胡炳榮　姜正先　文昌高　楊新順　朱炳南　田萬峯
顧德新　梁榮春　向雲卿　張樹榮　王方賢

●財政部稅警總團步兵第二團第一營第四連在滬與日寇作戰陣亡士兵姓名簡冊

馬澤英　王啓山　孫玉明　陶彥發　張文清　李冠友
陶國聲　化　傑　惠振庭　黃泰祥　朱長迎　李得蘭
馮獻奎　滕佩京　高占奎　錢克功　劉才章　孫有才
阮春發　柏桂青　周季玉　高士山　趙　勳　郭正瀛
陳　明　姚長生　婁成修　陶彥好　王德順　張　雲
崔吉祥　高林生　張　焜　詹有志　文金山

●財政部稅警總團步兵第二團第二營營部在滬與日寇作戰陣亡士兵姓名簡歷冊

許　剛　熊　飛

●財政部稅警總團步兵第二團第二營第五連在滬與日寇作戰陣亡士兵姓名簡冊

吳錦雲　歐福廷　吳世龍　葉廣茂　施榮清　程海香
王子元　楊吉林　薛維章　孫煥本　羅少坤　陳元美
陳松亭　劉　坤　張德標　張得星　郭家錢　羅是法

●財政部稅警總團步兵第二團第二營第六連在滬與日寇作戰陣亡士兵姓名簡冊

陳得勝　賀星祥

●財政部稅警總團步兵第二團第二營第七連陣亡士兵姓名簡冊

孫萬良　馬云生　李平安　陶云生　趙榮清　姜志斌
趙寶山　歐鳳林　劉貴云　劉自敏　汪　超　謝慶三
彭海生　張志禮　李知平　李守仁　張印天　程　英
劉心法　石芳明

●財政部稅警總團步兵第二團第二營第八連在滬與日寇作戰陣亡士兵姓名簡冊

胡裕泰　汪錦廷　許世有　徐海龍　慕春田　張鳳岐
譚臣輝　楊　輝　蕭滿林　蔣茂君　吳貴遠　祁振揚
劉子明

●財政部稅警總團步兵第二團第三營第九連陣亡士兵姓名簡冊

李本田　王有才

●陸軍第八十八師獨立旅步兵第二團第三營第十連在滬與日寇作戰陣亡士兵姓名簡冊

李　彪　戴漢廷

●財政部稅警總團步兵第二團步兵砲連在滬與日寇作戰陣亡士兵姓名簡冊

張伯勳　王玉祥　賀順侲

●財政部稅警總團步兵第二團通信連在滬與日寇作戰陣亡士兵姓名簡冊

吳道羊

●財政部稅警總團在滬與日寇作戰士兵陣亡姓名簡冊

花甫讓　劉鴻昌　宋學先　梁海青　王紹曾　張永祿

尙平安　蔡　宇　周長勝

▲中央陸軍軍官學校教導總隊在滬與日寇作戰陣亡官兵姓名簡册

◉中央陸軍軍官學校教導總隊在滬與日寇作戰陣亡官佐姓名簡册

連附　劉中柱

◉中央陸軍軍官學校教導總隊步兵第一營第一連陣亡士兵花名册

胡甯生　雷勝海　王立行　王湘波　王貴州　段海珊
程保烈　顧烈憲　彭　燦　嚴　明　丘世崇　丘永輝
易克春　李占魁　許克武　趙運生　曹介民　李少田
童興盛　張亞東　李長興　李大明　蒙玉卿　竇世昌

◉中央軍校教導總隊步兵第一營第三連在滬與日寇作戰陣亡士兵姓名簡册

許家椿　衛思秀　陳　明　陳　清　唐　明

◉中央軍校教導總隊步兵第一營第四連陣亡士兵花名册

王　與　徐得勝　方永新　夏文榮　劉清功

◉中央軍校教導總隊步二營在滬與日寇作戰陣亡士兵姓名簡册

張青雲　徐天發　劉占華　李鐘德　邵德山

◉中央軍校教導總隊第三營第十連與日寇作戰陣亡士兵姓名簡册

柏春富　朱熟法　曹開順　張志高　余勝奎

◉中央軍校教導總隊特務排前在大劉宅被日機炸亡士兵姓名簡册

王克軍　劉成衛　單必飛

▲憲兵第一旅第一團陣亡士兵

范占春　黃仁來　程鵬飛　胡伯至　吳家駒　湯文卿
李　震　劉貴璋

▲電雷大隊死難烈士

李明山　楊金才　梁玉山　王文卿　張廣昌　唐錫君
張學忠　苗廷有　孟度坤　葛啓順　孫敦言　楊得山
趙衍慶　曹會鵬　李培光　田俊傑　顧貴榮　楊自根
馬福勝　吳得勝　蕭世芳　姬寶珊　李朝進　鄒福奎
武金鐸　陳顯和

▲義勇軍死難烈士

上海救國義勇軍第三大隊九十一名於二月十四晚隨十九路軍六十師赴閘北，天通庵路，任掘戰壕，堆砲壘，樹木柱，張電網等工作，因在最前綫爲敵發覺掃射，當卽喪亡十六名如后：

張仲漢　王得祥　饒瑞生　丁廣太　何傳生　趙月椒
張　塘　周　楚　何阿毛　范有恆　吳　謨　徐長友
王阿根　許金生　錢秉坤　孫玉禮

負傷二名

劉光賢　陸鎭球

文　藝

▲怎樣來追悼我們的戰士

甯寶光

我們是鉄般的軍人，是政治的工匠；站在這一堅定的立場，對於一切政治軍事之內外因所生的結果，必須要把握住事件之眞象，學習勝之由，知有以更鞏固他，不能以勝而狂喜；認識敗之所然，進而改正之，不應因敗而消沉．不是這樣，就不是一個知進知退，百戰不惓的戰士．

上海中日戰爭的發生，顯然是中日間政治的矛盾同時又是國際間政治矛盾的體示．我人拋却道德倫理觀念，分析滬戰的主因是：

一、近年以來，國際經濟恐慌，日益顯示危機之加深，日本也是世界資本主義最榮盛的一環，所以他也脫不了經濟恐慌圈套．工廠停業，銀行倒閉，農業崩毀；輸出減少，輸入却相對的加多．我們一讀如下的統計，便明日本帝國主義的危機之嚴重：

年代	出輸日元	入輸元日
一九二九	二，一四八，六一八，六五三	二，二一六，二四〇，〇一五

一九三〇	一，四六九，八五二，三九三	一，五四六，〇五〇，八〇〇
一九三一	一，〇六四，一九六，〇〇〇	一，二三四，〇八〇，〇〇〇

從此進出口的統計中，表現着日本之經濟狀況，在三年衷落了百分之五十以上。

我們考察日本主要生產品價額，在過去三年中，也日見減少：

	一九二九	一九三〇	一九三一
生絲	七八一，〇四〇，〇〇〇	四一六，六四六，〇〇〇	三三四，八九〇，〇〇〇
屑絲	一五，〇四二，〇〇〇	六，五七八，〇〇〇	二，二〇三，〇〇〇
棉織絲	三六，七五五，〇〇〇	一五，〇三二，〇〇〇	七，五九四 〇〇〇
絹織物	一四九，九五四，〇〇〇	一〇〇，七一〇，〇〇〇	六六，五六〇，〇〇〇
石灰	三三，二二五，〇〇〇	三一，七八三，〇〇〇	一三，七六三，〇〇〇
精糖	一九，九七四，〇〇〇	一六，七一四，〇〇〇	一四，四六八，〇〇〇
茶	一三，〇八八，〇〇〇	八，三六七，〇〇〇	七，三五一，〇〇〇

日本生產界之暴落，影響於經濟之枯敗，工人之失業，社會之不安，無款的迫代走上死亡的道路，而其有鞏固之政權，自然企圖挽其危境的，其方法自然又是帝國主義形態的方法，就是說爭奪市場的侵略方法。日本舉目四顧，戰後的世界，市場都已瓜分定確了，向南奪英荷屬地，向西侵略美國屬地，或向壯侵侵蘇聯，都必會迎受打擊，惟有中國一塊肥肉，尙有可圖。因此『滿洲是日本的生命線』之聲浪，高唱入雲。

二、因爲中國連年內戰，加以禍不單行，天災常降，既患旱荒，又患洪水。據各方之統計或估一九二八——一九二九年之西北大旱災，災民竟達一萬一千八百萬之巨，去年之水災，遭牢面積達四十餘萬方里，災民達八千萬。據南京主計處之統計受災農戶達八百萬，佔全國農戶百分之二十六，已被帝國主義摧殘得不堪的中國農業，再受天災兵禍之毀壞，簡直破產到體無完膚了，因此影響及國內政治經濟和社會之濤動。日本便乘我之危，侵我東北，再略我淞滬：藉以挽救自國之危境。

根據以上簡單的敍述，我人便可以明瞭東北事件和滬戰之內因外因，如果我們再進一步去體認國際間各帝國主義的關係，更可了解這些事件之眞實意義，絕非突如其來的偶然事件。

中國的命運是被國內外的環境決定了，難道我們就不抵抗的任日人之宰割嗎？不是的！我十九路軍是這樣的回答，創造中日三十餘日的戰事，以不滿五萬的兵力，敵日軍十萬之衆；以簡單的槍械，反抗日軍之新式武器；我軍在日軍之海陸空軍嚴重壓迫之下，苦戰數十日，援兵不到，也不見敵人輕進一步，因此驚震了世界人士的耳目，喚醒了國人自信心，這一點，在政治上是光榮的，軍事上是英勇的，現在，我們所苦守的戰場，雖已被日軍之臭蹄踏過，但是，我們的戰士所流留下的鮮血，是能洗淨這穢氣的。

我後死的戰士們！滬戰雖因停戰協定之簽字而終止了，可是，如前所說的滬戰之內外因，却沒有隨協定而消滅，所以第二第三……次之戰禍，隨時都有一觸即發之可能。我們必須有這樣的認識，堅定的踏實脚步跟隨烈士的鮮紅血跡前進！反抗敵人第二第三次之侵略來臨。

我們根據上海六千受傷戰士所給予的經驗，他們是奮不顧身的爲國犧牲，受傷之後，他們還在戰壕之上掙扎應戰，竭其一息之氣力去殺敵，所以中彈多處的傷兵，數以千百計，上海管理傷兵委員會有以下的統計，看罷！

受傷一處者——百分之四十一
受傷二處者——百分之三十
受傷三處者——百分之十七
受傷三處以上者——百分之十二

……………………

傷頭部者——百分之二十
傷手部者——百分之三十
傷脚部者——百分之二十
傷軀部者——百分之三十

……………………

子彈從正面射入者——百分之八十五
子彈從側面射入者——百分之十
子彈從後面射入者——百分之五

再看罷！我們的戰士是這樣死的！

中達姆斯彈死者——百分之六十三
中炸彈死者——百分之十一
中砲彈死者——百分之十七
中普通彈死者——百分之九

後死的戰士們！這是一幅最眞切的戰畫！已死的和已傷的戰士給予我們的無上傑作！我

們讀此圖，如撫創痕，却不應徵痛怕懼一而應奮毅堅決！準備與侵害我國領土的一切敵人拚命，這樣才不辜負已死已傷的戰士！才是我們追悼死難諸烈士之最敬禮。

一九三二，五，十二夜。

▲追悼淞滬戰役陣亡將士感言

七十八師一百五十六旅第六團第三營（鐵）

暴日不惜破壞世界和平，在去年九一八以武力侵佔我東北，復于今年一二八襲擊我上海，愚弄國聯，視我國若無人，得寸進尺，相迫無已，意欲亡我國家消我種族以遂其進而侵略世界之野心。我十九路軍，因守土有責，奮起抵抗，血戰月餘，迭挫其鋒。回憶殉國諸同志與敵肉搏，血濺淞滬，爲民族爭生存，爲國家保疆土，捐軀報國，雖死猶榮，其偉大之精神，值得我們永遠崇拜；但其未竟之志，尤須我們後死者繼續奮鬥。所以我們今日在此追悼當中，我們應有以下之認識：

一、追悼殉國諸先烈，不在于形式上之追念，應認識諸先烈偉大之精神。在此民族情勢危殆不可終日之危機，要步着先烈之血蹟，繼續先烈未竟之志，喚起同胞，共同作艱苦之奮鬥，以打破當前國難，不爲儒弱之嘆息，作無謂之追念。

二、在淞滬戰役陣亡之諸同志，是死于國難，爲最有價值最光榮之舉，我國連年內戰，犧牲不少大好男兒，消耗鉅額民脂民膏，但其結果，無非造成個人之勢力，陷國家于危境，致民生日益凋敝，使强鄰有可乘之隙，侵我國土，慘殺我同胞，撫着過去遺痕，猶有餘痛，故我們今日在此追悼當中，應有此種覺悟，捐除成見，共謀國是，以奠國基，準備應付世界未來之危機。

三、『一二八』慘痛，爲我們永遠不能忘却之一頁！不要在此血跡未乾，白骨猶寒，忽略我們世仇之暴日，鬆懈我們奮鬥之勇氣。須知日本侵略我中國，是始終一貫主張，我們應積極準備，臥薪嘗胆，備雪恥于將來，若不急起圖存，國亡無日矣。

今者死者已矣！生者在今日國勢危急存亡僅屬一息之艱境，宜本着先烈殉國難之大無畏精神，刻苦耐勢，繼續奮鬥，誓雪歷年國恥，保我民族，慰死者于地下，維持世界之和平，方不負今日追悼之眞意義。

▲追悼陣亡將士應有之感想

七十八師一五六旅三團一營機關槍連士兵 曹其爭

硝煙瀰漫火燄灼天飛機軋軋礮聲雷鳴血雨腥風咄咄逼人此非淞滬抗日戰爭之情況乎彼日本帝國主義者本其傳統的一貫侵略政策已暴露其猙獰之面目嗾使獸兵屠殺我同胞斯時也負有保國衞民之職責厥爲我輩軍人若不起而拚命與之抵抗我中華民族將永淪於萬刼不復之境地乃人心未死愛國健兒尚有人在一二八抗日戰爭其悲壯熱烈可歌可泣實爲我中華民族起死回生之轉機於是陣亡諸將士不啻我民族之救星其偉大的犧牲精神懸萬古而不朽吾人應如何表示景仰表示崇拜以至永矢弗諼雖然今日之開會追悼其意義不僅在如何景仰如何崇拜已也今日之國難較之一二八以前爲尤烈東省淪亡榆關敵軍不時挑釁淞滬要塞咽喉已失敵且圖作久佔環顧國內人心渙散未能團結諸烈士之血跡未乾師丹老而善忘一若大難之已過去魚游沸釜猶認爲水煖之春江燕處燎堂尙嬉爲煊染之朝暉寇深矣事急矣吾輩軍人平日受人民之供養負國家干城之寄者在追悼陣亡將士會中應作如何之感想其勵礪以須枕戈待旦繼續諸烈士大無畏之精神踏着烈士之血跡前進濟河焚舟秦伯終有敗晉之日臥薪嘗膽勾踐終有沼吳之時願我後死之衞國健兒其急起而圖之庶幾陣亡諸將士亦當含笑于九泉不然國亡家破雖欲開會追悼亦無由也

▲五個神勇的烈士

六十一師一二二旅

嬌柔半圓的月亮，微笑茫光的稀星，好似彼殘酷的戰雲欺淩着；嬌柔的不嬌柔！微笑的也不微笑！

遙遙的火光冲天，大槪屬於閘北區罷。這都是大光燈陳對乒乓波劉說的話，地點在竹園墩陣地戰壕裏，時間是二月二十四日午後八時三十分的光景。

牛津草插嘴：你們這些名士派的戰友，該明瞭時間性的潮流啊！敵人埋頭埋腦的怕死而一點目標也沒有的射擊，眞替他可惜了子彈；這樣密的槍聲格格，繼續地——三十分鐘放下去，怕他們的子彈不告缺乏的危險？他們的危險，就是我們的安全，連長（乒乓波劉）！我們砲彈不是也放完了嗎？補充嗎，須在六小時以後才可能，那末！趁這個閒空的當兒，赴敵人的歡迎會，順帶借幾桿六五槍及一兩挺輕機關槍來，做紀念也好；祇要你派上等兵胡炳生一等兵歐榮兩個幫我的忙就夠了，可以不？

乒乓波劉：大光燈呀！我們歸你指揮，覃連附雖然牛津，這個提議，可以成立，你以爲何如？

大光燈陳：事實告訴我們，自己彈藥盡了，牛津覃判斷敵彈缺乏，牠們就危險，但我們自己也是一樣，何嘗不危險；贊成牛津覃的提議成立，並且我附請我你都參加，乒乓波！實行於卽刻吧？

劉覃：旣蒙壯許，又得協助，那末，決定：每人一枝駁殼，備一百子彈，六個手溜彈，一把大刀，就夠了，卽刻實行啊（覃一面招呼胡歐倆）！

陳：我主張推牛津覃爲指揮官

劉：好呵！贊成贊成。

覃：你們推我爲指揮官，我也就不客氣，不再辭讓；但你們不要以爲都是上尉」不聽指揮呵，老實說，軍法無情留的呢。

陳劉：那個自然。

覃：各人趕快裝束好，限本午九時在左翼的出擊線口集合。

大光燈陳乒乓波劉和胡炳生歐榮與牛津覃握手，互相告別，各歸各的掩蔽部去了、牛津覃也回掩蔽部去裝身，但他沉沉靜地在交通壕裏彳亍着，一面在想定計畫：如何襲擊，……；……在他的腦海中旋轉，最後決定了：左翼出擊線口右前方，其陣地區的敵，約一小隊，配了兩挺輕機關槍，牠備配兵力這樣單薄，因地形處於我們的交叉射擊線之下，爲減少犧牲計，爲陣地支撐點的安全計，此乃敵胆小的不得已的苦衷，（敵陣地的兵力通常備配得很雄厚）我擇其弱點，尤利夜戰，使敵的空軍失其效用，甚至等於零，以快刀斬亂麻的手段，以先發制人的機緣，實行死裏求生的缺乏彈藥的救濟法：向敵襲擊。

前進的姿式，用散開的匍匐形，以免打草驚蛇，而求一網打盡之巨效。

武器使用法，駁壳槍上子彈一排兼上筒，關保險機，懸於腰右稍前傾間，口啣駁壳彈一排，準備繼續槍筒掃射完了的承繼者，手溜彈除左右手各持一枚外，頸項懸四枚，背項負大刀，（並順右反手的抽出）一面斂捷地裝好了身，隨卽出掩蔽部，在交通壕裏的向目的地前進，忽一會，到達了自己指定的地點——右翼的出擊線口，但胡炳生和歐榮倆已先在等待，爲肅靜避敵耳目故，各人見着祇點點頭，隨後大光燈乒乓波都到了，也僅互相點點頭，牛津覃檢閱手錶，還差十分鐘方夠九點，卽以手招四人進了附近的掩蔽部，將擬想定的計畫，向大家宣佈，又要大光燈和乒乓波各寫幾張通報，交鄰近的俯兵卽刻傳遞，並請鄰近的指揮官侯我們的手溜彈擲到第二個，則指揮所屬以猛烈的火力向敵射擊，又規定了幾個代名詞的記號，必要時卽變更匍匐爲躍進，復議妥了，時光正九點，牛津覃率領了幾個同志魚貫的出掩蔽部，再出了擊線口，散開匍匐前進着！牛津覃的愛國，忠勇殺敵的大志，使他的熱血騰沸到最高率；忍不住匍匐的慢慢前進，把規定躍進的符號表示於左右的大光燈乒乓波胡炳生歐榮睇，他們都領會了，個個服從，爭先恐後的一鼓作氣，衝到敵人的戰壕前，敵人發覺了，就射擊，胡炳生他們也不客氣，就把右手的假頭——北門式的手溜彈，答禮！也不失國際外交的禮貌了。

轟轟的响了五聲！又轟轟的响了五聲！啊，這個响聲就是牛津覃大光燈乒乓波胡炳生歐榮各人右手左手北門式假頭共十枚，饋贈了我們同文同種的東洋友響受着；但敵人除當時一命嗚呼的外，其餘的仍在掙扎中！五個忠勇的同志，先伸右手把懸在腰間的駁壳槍拿起啓了保險機，瞄準的放，一排子彈放完了，將口啣的駁壳槍彈順勢又上了膛，牛津覃以跳檻的姿式一蹤而越過敵人的鐵絲網了！胡炳生歐榮大光燈乒乓波也依一樣式也越過了敵人的鐵絲網，胡炳生是精於國技的，他把第二排駁壳彈最先瞄準的又放了，他則不再裝駁壳，把駁壳槍去着掛在右脚邊，一反右手就抽出他那光亮亮的大板刀！飛舞着對敵人砍，有一個我們同文同種的東洋友，被他的大板刀一砍，由腦売頂劈到肚臍，眞怪可憐的呢。

剎那間！五虎齊飛了大板刀，把敵人砍的七零八落，最後只剩了歐榮還同一個敵人在以大板刀與他的刺刀鬥劈，因爲歐榮在五人中，要算他的年紀最小，逼逼遇着勁敵，幸喜胡炳生把他的範圍品的敵人收拾了，又發現歐榮尚在肉搏，且有不支之勢，精於國技的胡炳生卽橫馳到，在與小小年紀的歐榮的對手敵人腰間，把大板刀一畫，卽時，所謂歐榮的勁敵竟成了兩段！這個時節，鄰近的敵，何以不來援救呢？因爲在未出發以前，已通報我們在主要的陣地的戰友，一聽到擲了第二個手榴彈，就以猛烈火力向敵壓迫！敵定驚恐以爲我們全線出擊，鄰近的敵不敢出救，就是這個緣故。

至於戰利品呢，除受了我們北門式的傻頭的洗禮燬了的輕機關槍一挺，六五步槍六桿外，啍！成績不好，僅奪得六五步槍八桿，輕機關槍一挺，而已矣。

時候到了十一點一個刮，燬了敵人的鐵絲網，胡炳生托一挺輕機關槍，歐榮大光燈乒乓波牛津單每人托了兩桿六五步槍，而塡補消耗了二十顆駁売彈兩枚北門式手榴彈的數了，向自己的主要陣地歸來，一路敵人又不追，他們就隻得從從容容慢慢地回來。

二十五日上午十一時的時候，大光燈對我說：昨夜歐仔(卽歐榮)左手負了傷，據他自己說是和他的勁敵的刺刀接吻呢，他怕人家知道了，難爲情，所以祕而不宣，僅自以衞生包裹了，免得去後方。

在晨光徵熹中，歐仔，乒乓波，胡炳生，牛津單，四個，見敵施拂曉攻擊，有幾個同文同種的東洋友，將近我們的突出部，他們不約而同，一齊躍出戰壕，一心想生擒那幾個敵人，不幸之至！敵一炮轟，正落在該處，他們四個也就同幾個同文同種的東洋友，同歸於盡了這樣的，不能說沒有錯誤，苟我們不仗一莽之勇，留着有用的身體，多殺幾個獸兵，尤其是，倘他們這時光不躍出戰壕，聽敵的炮彈自己爆炸自己，你話多麽爽利呢。

二十六日上午五時許，又逢着敵人以犀利武器向我們遙轟的示威，大光燈在戰壕裏上下一帶巡邏，不料被流彈貫穿了腦袋，也就赴烈士的蓬去了！

這一幕壯烈與悲痛的事實，永遠印在我腦海裏，使人敬慕的五個神勇的烈士，他們以前都立了不少的戰績，這一次的戰績，我們墩士拜服其神勇，他們雖脫了形骸，然而精神並不死，我馨香祈禱着，將來還有大多數的神勇的同志踐着烈士的血跡，拾起烈士骷髏，繼續的向帝國主義者進攻，總不滅了五個烈士的神勇。

附註：大光燈乒乓波牛津單都是粵語中叫人渾名的名詞

五個神勇的烈士的姓名如下

十九路軍六十一師第四團第一營	上尉營附	陳漱石	廿八歲	廣東順德
十九路軍六十一師第四團步兵砲連	上尉連長	劉牖民	廿七歲	廣東番禺
十九路軍六十一師第四團步兵砲連	少尉連附	覃慈恩	廿七歲	廣東平南
十九路軍六十一師第四團步兵砲連	上等兵	胡炳生	三十歲	湖北宜城
十九路軍六十一師第四團步兵砲連	一等兵	歐榮	廿二歲	廣東番禺

編輯後語

本刊倉卒出版，同人力薄，諸多不備。而尤有應申明者：(一)第五軍之陣亡將士姓名錄及傳略，除二五九旅及八十八師一部外，迄今尚未送到[redacted]刊入。(二)各傳略皆陣亡將士之親友所撰，其行文方法雖與編者所見有異，亦不敢多所删改，以存本眞。(三)此次各方惠稿極多，美不勝收，而限于篇幅，未能盡量刊佈，殊深歉仄，尚望惠稿諸君諒之。